学校教育质量保障机制探索与展望

基于学校认证与督导评估两个视角

韩江萍 著

河北出版传媒集团
河北教育出版社

图书在版编目（CIP）数据

学校教育质量保障机制探索与展望：基于学校认证与督导评估两个视角 / 韩江萍著. -- 石家庄：河北教育出版社，2022.8

ISBN 978-7-5545-7141-5

Ⅰ. ①学… Ⅱ. ①韩… Ⅲ. ①中小学－教育质量－研究－中国 Ⅳ. ①G632.0

中国版本图书馆CIP数据核字(2022)第095495号

学校教育质量保障机制探索与展望

基于学校认证与督导评估两个视角

作　　者　韩江萍
责任编辑　孙中华
装帧设计　于　越
出版发行　河北出版传媒集团
　　　　　河北教育出版社　http://www.hbep.com
　　　　　（石家庄市联盟路705号，050061）
印　　制　河北新华第二印刷有限责任公司
开　　本　787mm×1092mm　1/16
印　　张　20
字　　数　200千字
版　　次　2022年8月第1版
印　　次　2022年8月第1次印刷
书　　号　ISBN 978-7-5545-7141-5
定　　价　45.00元

自序

2018 年，全国教育大会召开后，中央相继印发了关于学前教育、义务教育、普通高中改革发展三个文件，即《中共中央 国务院关于学前教育深化改革规范发展的若干意见》《关于新时代推进普通高中育人方式改革的指导意见》和《中共中央 国务院关于深化教育教学改革全面提高义务教育质量的意见》，对新时代基础教育改革作出了系统设计，标志着我国基础教育迈入全面提高育人质量的新阶段。随着基础教育事业的发展，教育评估的重要性日益突显。2020 年，中共中央办公厅、国务院办公厅印发了《关于深化新时代教育督导体制机制改革的意见》，要求“完善学校督导的政策和标准，对学校开展经常性督导，引导学校办出特色、办出水平，促进学生德智体美劳全面发展；指导学校建立自我督导体系，优化学校内部治理；完善督学责任区制度，落实常态督导，督促学校规范办学行为”。健全学校教育质量保障体系在新的时代背景下成为重要的议题。

本书试图从学校认证和学校督导评估两个方面探讨如何健全学校教育质量保障体系的问题。认证最初起源于美国，是 100 多年前由美国大学和中小学发起并自愿进行的一种教育质量保证方式，它是一个非政府的、独立的、由第三方进行的教育评估过程[1]。而学校督导评估是由

[1] 郜晖．美国私立中小学校认证制度浅析 [J]. 教育科学，2003（8）.

教育督导机构依据国家有关教育的法律、政策以及教育目标制定评估标准体系，运用科学手段收集信息，为促进学校发展及教育质量提升，而对学校的办学状况和效果，进行监督、检查、评价和指导的教育活动。学校督导评估是教育督导的重要内容，它是在教育督导制度框架下发展起来的一种教育质量保障手段。

本书分为上、下两篇，上篇集中介绍了学校认证的理论与实践，主要是对 NCCT[1] 开展的学校认证实践的经验总结，包括认证理念、标准、程序、组织实施等。下篇聚焦学校督导评估，探讨了学校督导评估的内涵及特征；梳理了学校督导评估的国内外经验；分析我国学校督导评估的发展历程、总体概况以及面临的新形势新任务，探讨未来的变革动向。本书希望从学校认证的实践以及国内外学校督导评估的经验中，发现其中本质性、规律性的东西，为健全完善中国特色学校督导评估体系提供借鉴与参考。

在研究过程中发现，学校认证与学校督导评估正在走向融合发展之路。学校认证的标准兼顾统一性与学校多样化发展、外部评估与学校自我评估的紧密结合以及后续程序的持续跟进，进而形成学校教育质量保障机制，促进学校教育质量的改进与完善。而学校督导评估也呈现强化学校自身督导评估发展性功能与外部督导评价导向性功能相结合；学校督导评估机构的独立性和权威性与尊重学校自身发展特殊性和持续改进机制相结合等发展趋势。当下，两者正在自发地走向融合，但依然存在诸多观念和制度上的限制与阻碍，如果能够将学校认证的改进与学校督导评估的问责很好地结合起来，特别是在国家决策层面强化两个方面的融合、转化与创新，在中小学和大学、职业院校把学校认证和学校督导

[1] 教育部基础教育课程教材发展中心的英文名称是：National Center for School Curriculum and Textbook Development，Ministry of Education，China。其英文名的缩写为“NCCT”。教育部基础教育课程教材发展中心现已更名为课程教材研究所。

评估有机结合起来，抓一批试点，搞一些试验，在实践成果基础上不断完善和提高，从而逐步建立起中国特色社会主义学校督导评估认证制度及其工作体系，将会为我国大中小学教育质量提升提供坚实而有效的制度保障。

本书参阅了莫景祺先生的《国际学校认证理念与方法》以及学校认证项目的相关文件。在这里特别感谢莫景祺先生以及为研制文件做出重要贡献的高兰生先生。同时，在撰写中，也参阅了大量国内外在学校评价领域的研究成果，受益匪浅。本书中凡直接引用的都已在脚注中指明，但一些研究成果对我的启示很难一一注明，在此表达谢意。

十几年的坚守与梦想，终于迎来本书稿的问世。感谢家人的支持，感谢一起努力推动学校认证评估工作的同事、同行们。

目录

上篇

学校认证

第一章　学校认证概述

“认证”一词的英文原意是一种出具证明文件的行动。ISO/IEC 指南 2：1986 年中对“认证”的定义是“由可以充分信任的第三方证实某一经鉴定的产品或服务符合特定标准或规范性文件的活动。”例如对第一方（供方或卖方）生产的产品甲，第二方（需方或买方）无法判定其品质是否合格，而由第三方来判定。第三方既要对第一方负责，又要对第二方负责，不偏不倚，出具的证明要获得双方的信任，这样的活动就叫作“认证”。而学校认证是借鉴认证的方式，结合教育的特点与规律而形成的一种推动学校持续发展、进行教育质量保障的有效机制。本章将从学校认证的内涵、特点、价值取向、历史发展脉络以及在我国的实践探索历程等方面进行比较概要的介绍，这是全面认识学校认证的基础。

一、学校认证之界说

作为一种教育管理手段，分析和界定“学校认证”的内涵是必须首先予以探讨的。《国际高等教育百科全书》中提到“认证是由一个合法负责的机构或者协会对学校、学院、大学或者专业学习方案（课程）是否达到某既定资质和教育标准的公共性认定。认证通过初始的和阶段性的评估进行。认证过程的宗旨是，提供一个公认的、对教育机构或者教育方案质量的专业评估，并促进这些机构和方案不断改进和提升质量”。

美国高等教育认证委员会主席伊顿博士指出："在美国，（高等教育）认证是一个供高等教育界使用的，为保障学院、大学、专业课程质量和质量改进的外部质量评议过程。[1]"

美国西部院校协会（Western Association of Schools and Colleges，简写为 WASC）对认证（accreditation）的定义是："认证是一个学校在自评基础上接受考察团评议的过程，考察团帮助学校评议他们的教学计划。学校将在以下两个方面接受评估：一是学校办学目标的达成度；二是达到 WASC 标准的程度。"

美国新英格兰院校协会临时执行董事戴维·弗林认为，"认证"在不同的语言中有不同的意思，如果试着去寻找一个固定的翻译，反而会使认证本身的内涵遭到误解。认证实际上意味着一种信任，学校的荣誉和公信力可以从认证中获得，可以使学院资源根据这个要求改进它们的能力，同时克服教育中间的一些障碍和挑战，以获得持续的提高和改进。通过这种方式，学校接受同行的评估，同时进行自我评估，通过这个评估可以看到自己的需求，看到自己面临的挑战和自己的强项。经过认证的各种教育机构，不管其所处的地理位置如何和人口比例是什么样的，在办学质量上可以被证明是"言行一致"的。然而，这并不意味着终点。经过认证的机构仍会持续希望保持自已的公信力和地位，因此，这些机构会持续进行自我评估、规划和监督，最终迎来新一轮的再评价[2]。

而我国的研究者对于认证的认识也基本源于国际上对于"认证"的界定，如有的学者指出，所谓认证制度，是指通过得到社会、学校和政府认可的社会中介组织，根据恰当合适的标准对学校尤其是私立学校进

[1] 张民选．关于高等教育认证机制的研究 [J]. 教育研究，2005（2）.

[2] 戴维·弗林．美国新英格兰学校与大学协会与教育质量认证 [C]. 中外合作办学认证圆桌会议论文集．

行评估的一种制度。（张东娇，2002）“认证是一个以学校自我评估和同行、社会中介机构评价为基础，以满足公众要求和提高办学质量为目的的教育质量评估过程。”（吴忠魁，2006）

总体来看，学术界对于认证的内涵和功能有比较一致的看法。第一，认证是一个质量评估过程；第二，认证是学校自愿参加的；第三，认证的过程是以学校自评为基础，同行评估为主要方式；第四，认证的标准有两个基准，一个是学校的办学理念和办学目标，另一个是学校和社会共同认可的标准；第五，认证的功能是提供质量保证和促进学校教育质量提高。综上，我们认为学校认证是一种是由学校自愿参加、学校自评与同行评估相结合、旨在达到或超过利益相关方共同认可的教育质量标准的质量保障机制。

二、学校认证制度的发展历程

学校认证制度诞生于19世纪末20世纪初的美国，距今已有100多年的历史。在这一百多年的发展过程中，学校认证制度主要历经了三个发展阶段：

（一）探索阶段（1885年至第二次世界大战）

18世纪，美国人开始建立自己的学校，这些学校多是由不同宗教派别建立的私立学校和许多团体建立的独立学校。与此同时，在18世纪和19世纪，许多城镇为所有儿童建立了靠税收支持的免费公立学校。随着以上三种类型学校数量的增长和要求的多元化，19世纪开始出现问题：由于缺乏统一的教育指导政策，这些学校之间彼此具有不同的办学目标，运用各具特色的教学方法，采用不同的教育标准。在一定程度上显得比较混乱。在这种情况下，学校认证应运而生，大学和中学的管理者走到一起，形成了后来的美国跨地区认证机构。

1885年，新英格兰地区学校联合会首先成立。1887年，中部地区中小学校联合会成立。1894 年，北部中心认证协会成立。1895 年，南部地区和中北部地区学校联合会成立。这些协会主要的认证对象是中学，包括公立、私立学校，主要解决中学与大学的衔接问题。此时期认证机构的贡献是：使高中课程标准化，发展了同行评估方法，建立了标准化测试方法。这一时期可以称为美国学校认证制度的早期形成阶段。

（二）确立阶段（二战后到 20 世纪 80 年代）

第二次世界大战以后，美国各级各类教育迅速发展，相应的学校认证制度也随之不断发展，日趋完善。此阶段呈现两个特点：一是教育认证覆盖了全美国。到 1954 年，美国已经建立了六个地区性教育认证机构，覆盖美国西部、南部、中部、西北部、北部、新英格兰地区，负责各地区各级学校的认证和鉴定。这一时期，美国成立了协调各认证组织的“中学后教育机构认证委员会”。二是美国联邦政府介入了教育认证，促使教育认证制度化、法定化和社会化。1952 年，美国国会通过法案，批准联邦政府通过对这些民间、学术、专业、行会和地区性质的教育认证机构的评估、认可和授权，使美国的教育认证获得了法律和行政的权威性，使教育认证成为一种具有法律意义的质量保障制度。美国政府对教育认证的介入，主要通过两个渠道：第一个渠道是对教育认证机构的评估和认可。1952 年，美国联邦政府教育署首先认可了“新英格兰院校协会”及其下属的六个认证机构对各级各类教育机构的认证。第二个渠道是联邦政府规定，经过被“认可”的认证组织认证的教育机构，不管是公立还是私立，都有权接受政府的财政支持。学生可以申请政府的助学贷款，教师可以申请政府科研项目，院校可以承接政府的教育培训。

（三）拓展阶段（20 世纪 90 年代至今）

20 世纪 90 年代以来，美国的教育认证机构在数量发展的同时，走向联合与合作。一些国家级的认证机构相继成立，全国性的协调机构负责协调各地区各专业认证机构的工作，同时沟通各认证机构与美国联邦政府的关系。同时，美国联邦政府加强了对教育认证机构再评估和再授权的工作。譬如，从 1977 年到 2002 年，美国联邦政府教育部对教育认证组织进行了新一轮的评估、认可和授权。评估的主要内容是：检验各地方性认证机构是否按照 21 世纪国际竞争和知识发展要求，修订认证标准和认证程序。

美国的认证机构在发展国内认证市场的同时，也在向美国本土之外发展。1994 年美国成立国际与跨地区认证委员会（Commission on International and Trans-Regional Accreditation，简写为 CITA）就积极开展国际认证方面的工作，将认证制度推向世界。在此期间，美国的教育认证机构开始进行国际区域划分，力图占领国际教育质量认证市场，根据公开的资料显示，“西部院校协会”负责认证亚太国家和地区的教育机构，“新英格兰院校协会”负责认证欧洲、加拿大的教育机构，“南部院校协会”认证中南美洲的教育机构，“中北部院校协会”负责认证中东和北非的教育机构。

同时期，学校认证在其他国家也得到了一定的发展。据统计，截至 2003 年底，依照美国的教育认证制度，欧洲共有 23 个国家建立了 31 家教育认证机构，东亚和太平洋地区则有 10 个国家建立了 12 家教育认证机构。这种教育认证制度也得到了世界银行、联合国教科文组织和经济合作与发展组织的大力提倡和推广[1]。

三、学校认证在我国的实践探索

进入 21 世纪以来，国外的学校认证制度对中国教育领域产生了较大影响。随着国际交流的日益频繁，在中国教育实践领域出现了学校认证的实践探索，其中将学校认证体系引入并付诸实践的便是教育部基础

[1] 江国强 . 教育认证——一种适合社区学校评估的新方式 [J]. 成长与就业，2009（17）.

教育课程教材中心（NCCT）推进的国际学校认证项目。该项目是自下而上自然形成的，在国际学校、国外学校认证机构和中方专家多方积极参与和努力下，形成了相对完善的认证体系，并且得到了国家教育行政部门和地方教育行政部门的大力支持。该项目虽然已于2018年终止，但其近20年的探索，为探索建立学校教育质量保障机制提供了重要的实践经验。

（一）NCCT开展的国际学校认证

1. 背景

随着中国对外开放政策的实施，来华从事外交、工商贸易、文化和教育交流等活动的外籍人员不断增加，于是妥善解决他们子女的受教育问题就成为中国对外开放工作的一个重要组成部分。国际学校就是为了满足这些外籍人员子女就学需求应运而生的一种教育类型。国际学校是一个相对独立的教育系统，在中国法律框架之下独立运行，享有充分的办学自主权，有自己特定的办学主体、经费来源、教育对象、教师、课程体系、教学规范和质量标准，其办学主体为在中国境内合法设立的外国机构、外资企业、国际组织的驻华机构和合法居留的外国人，办学经费主要来自学生缴纳的学费及其他社会资金，招生对象为外籍人员子女，绝大多数教师和管理人员是从国外招聘来的，只有少数教师和管理人员是从中国国内招聘的，教学采用某些国家或国际学校通用的课程体系和教学方法，多数国际学校用英语授课。

按照中国法律的相关规定，外籍人员子女学校成立之前，办学者需要向所在省、自治区、直辖市教育行政部门提出申请，经审核同意后，报教育部国际合作与交流司审批。据中国官方统计，截至2017年3月，经批准设立的外籍人员子女学校共有116所，如表1-1，这些国际学校主要分布在北京（20所）、上海（21所）、广东（18所）、山东（12所）、天津（10所）、江苏（10所）等地。国际学校这种非政府办学形式基本上满足了在华外籍人员子女接受基础教育的需求。

表 1-1　外籍人员子女学校数量

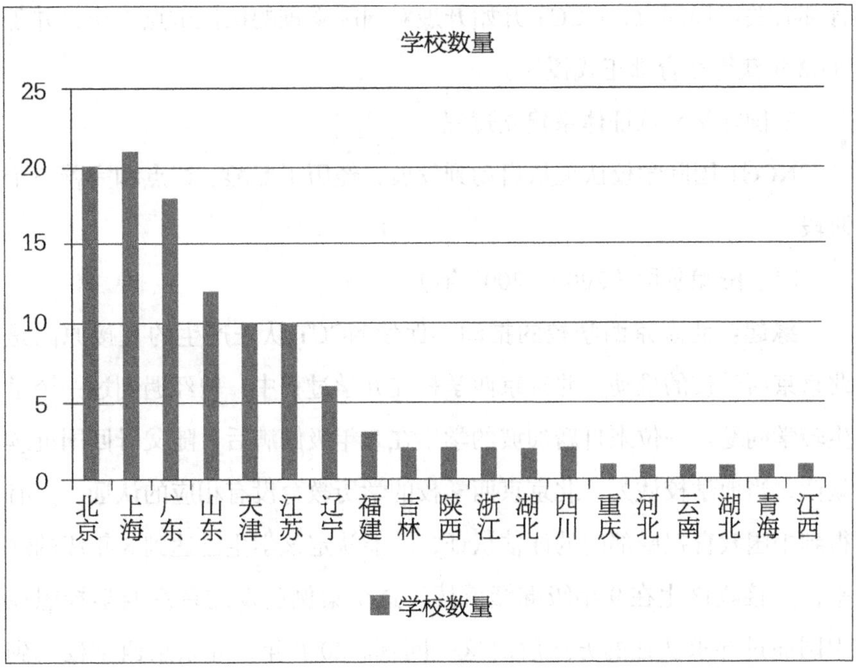

（数据来源：教育涉外监管信息网）

国际学校的发展对各方面提出了挑战，如何有效地促进国际学校的规范发展，帮助国际学校不断提高教育质量，保持良好的投资环境？如何深入地了解国际学校的办学实际，制定切实可行的政策？随着国际学校数量的增加和彼此间竞争的加剧，国际学校在办学质量方面希望得到中国教育权威机构的承认，提高学校的办学声誉，加强与中国政府有关部门和其他一些机构的沟通，并期望帮助他们解决办学中的实际问题。家长为孩子选择学校时，面对越来越多的国际学校，也想了解，哪些国际学校是办学规范以及高质量的学校。

从为学校提供质量保证和为政府、社会等方面提供信誉保证的功能来看，学校认证能够满足各方面的需求。国际学校的发展以及各方面对国际学校的关注成为 NCCT 认证[1]产生的现实基础。2001 年，经教育部有关司局同意，NCCT 开始开展对国际学校的认证试点工作，并于 2002 年获得教育部正式授权。

2. 国际学校认证体系建立过程

NCCT 国际学校认证从启动到发展，经历了酝酿、试点和完善三个阶段。

（1）酝酿阶段（2000—2002 年）

缘起：北京京西学校的推动。促使 NCCT 认证产生的直接原因是北京京西学校的推动。北京京西学校在办学过程中，曾经遇到过一个学生转学问题。一位来自新加坡的学生在 8 年级修满后，随父母回国继续就读，当地学校认为，北京京西学校的学历教育没有相应的认证，只有得到中国教育权威部门的评估认证，才能认定该学生已达到 8 年级的水平，并接收该生在 9 年级继续就读。这个案例启发北京京西学校想在中国通过寻求认证的方式解决这一问题。2000 年，北京京西学校找到 NCCT 探讨在中国开展国际学校认证的事宜。

争取合法地位。2001 年 1 月 2 日，NCCT 向教育部有关司局递交了第一份《关于承接在华国际学校基础教育阶段学历评估认证工作的请示》。2001 年 5 月 24 日，NCCT 向教育部有关司局递交了《关于对在华外籍人员子女学校进行评估和学历认证的补充报告》，得到了主管部门领导的批示：“同意。认真论证，先作试点，总结经验。”2002 年 2 月 10 日，教育部印发的《课程教材中心职责任务、管理体制、机构设置和人员编制方案》正式授权 NCCT 开展国际学校认证工作。自此，

[1] 国外及国际学校往往将教育部基础教育课程教材发展中心开展的国际学校认证，称为“NCCT 认证”。本文为了叙述方便，沿用此称谓。

NCCT 开展国际学校认证工作的行政合法性地位得到确立。

（2）试点阶段（2002—2005 年）

寻求国际合作。国际学校认证是一项专业性很强的工作，NCCT 要高起点、高水准开展国际学校认证工作，与国外知名认证机构的合作成为必然的选择。在与国外认证机构建立合作关系的过程中，北京京西学校发挥了重要的桥梁与纽带作用。

在 2000 年之前，北京京西学校就已经通过了国外两个著名的认证机构——美国新英格兰院校协会（NEASC）与欧洲国际学校协会（ECIS）的联合认证。于是，北京京西学校积极推动 NCCT 与上述国外认证机构的交流与沟通。2001 年 5 月 30 日，在北京京西学校校长等人陪同下，美国新英格兰院校协会（NEASC）关系部主任伊娃·坎派茨（Eva. Kampits）博士访问了 NCCT，双方探讨了合作开展国际学校认证事宜。2001 年 8 月 14 日，伊娃·坎派茨博士代表 NEASC/ECIS 致函 NCCT 负责人，同意 NCCT 使用 NEASC/ECIS 的指标体系，并准许 NCCT 在中国境内翻印其提供的资料（NCCT 最初采用的国际学校认证工作文件基本上是在借鉴 NEASC/ECIS 资料基础上形成的）。2001 年 10 月 13—19 日，应 NEASC 的邀请，NCCT 的 2 位工作人员以观察员身份参加了 NEASC/ECIS 对泰国曼谷帕塔纳学校（The Bangkok Patana School）的考察团考察。2001 年 11 月 11—15 日，伊娃·坎派茨博士再次访问 NCCT，研讨 NCCT 起草的三个工作文件《外籍人员子女学校认证办法》（征求意见稿）、《外籍人员子女学校认证标准》（征求意见稿）和《外籍人员子女学校认证申请表》（征求意见稿），进一步讨论合作事宜。

2002 年 6 月 22—29 日，应 NEASC 的邀请，NCCT 有关人员参加了在美国波士顿召开的 NEASC/ECIS 联合年会，并访问了位于美国旧金山的 WASC。在此期间，NCCT 与 NEASC、ECIS、WASC 四方达成签署《合作框架协议》意向。2003 年 7 月 23 日—8 月 18 日，NCCT 与 NEASC、ECIS、WASC 正式签署《合作框架协议》。明确了合作的领域，四方确定在人员交流、人员培训、认证标准、认证程序等领域开展合作。建立了四方沟通机制，即四方每年开会一次，会议的主题和参会人数由四方商定，会议由四方轮流主持，四方的具体联络人由各方具体确定。

NCCT 国际学校认证的首次实践。对于国际学校认证活动有了一定的感性认识后，NCCT 就开始着手认证实践。而此时，北京京西学校主动提出可以作为认证试点学校，请 NCCT 组织人员首先对其进行认证，一边试验，一边学习和提高。2002 年 1 月 30 日—2 月 1 日，NCCT 派三位专家对北京京西学校进行了初步考察。认证专家组成员刚进入北京京西学校时，由于缺乏对国际学校认证经验，他们以中国政府派出检查工作人员的姿态出现，引起了学校的反感。北京京西学校校长感到情况不好，于是连夜通过北京京西学校人力资源部主任将此信息及时地传递给认证专家组，并且亲自拟定了第二天需要使用的谈话提纲，专家组也积极调整，在第二天开展工作时，转变了姿态，以同行的身份与学校教师进行平等对话与交流，避免了开局的不利。

2002 年 4 月 3—4 日，NCCT 邀请北京京西学校约翰 · 麦克布赖德（John McBride）校长对参加该校认证的 12 位专家进行了培训，培训内容包括：国际学校认证程序、标准及工作规则。2002 年 5 月 13—17 日，NCCT 派出 13 位专家对北京京西学校进行了考察团考察，完成了学校认证报告。2002 年 6 月 18 日，NCCT 第一届外籍人员子女学校认证委员会成立并在北京召开第一次会议，会上审议了考察团对北京京西学校的考察报告以及对该校认证结果的建议报告，给予该校“认证通过”的决定。北京京西学校的成功试点使得 NCCT 掌握了一定的实践经验，为后续工作的顺利开展奠定了良好基础。

采用简捷途径独立认证模式。在完成北京京西学校认证之后，NCCT 又于 2002 年 12 月和 2003 年 9 月分别对天津 MTI 国际学校和北京顺义国际学校进行了认证。NCCT 对上述 3 所国际学校的认证均是在它们刚刚接受过国外认证机构认证后不久进行的。于是，NCCT 采取了简捷认证程序，即不再对其进行全面认证，而是侧重于对前面认证机构在认证过程中发现的问题和学校的改进情况以及 NCCT 特别关注的问题进行认证，如遵守中国的法律法规，鼓励将中国文化融入课程，强调学校与家庭、社区建立良好关系等。采取上述做法，一方面起到了规范学校办学行为的作用；另一方面也减轻了国际学校为此投入的精力和经济负担。每一次认证，NCCT 都邀请具有学校认证经验的外国专家参加，以协助处理一些特殊问题。在简捷途径独立认证时期，NCCT 共认证了 5 所在华国际学校，除了上述 3 所国际学校以外，还有北京 BISS 国际学校和上海长宁国际学校。但随着实践发展，简捷途径的独立认证与 CIS、NEASC、WASC 在标准框架、认证周期、认证进程等方面存在不一致的现象，这就促使 NCCT 进一步调整认证的方式，向联合认证过渡。

（3）认证体系建立并完善阶段（2005—2018 年）

形成联合认证与独立认证相结合的模式。经过一段时间合作之后，NCCT 与 NEASC、ECIS、WASC 四方逐渐形成了联合认证模式。联合认证时，采用认证机构认可的标准，即当 NCCT 与 NEASC、CIS 联合认证或 NCCT 与 NEASC/CIS 和 WASC 联合认证时，采用 NEASC/CIS 第七版标准加“中国标准（China Context）”；当 NCCT 与 WASC 合作认证时，采用 WASC 标准加“中国标准”。无论采取哪种方式的联合认证，合作方采用同一认证程序，分别派人参加，共同完成一个认证过程，但认证结果由各方分别决定。同时，国际学校也可以申请 NCCT 的独立认证。当 NCCT 独立认证时，采用 NCCT 标准。至于选择哪一种认证模式，取决于国际学校的申请意愿。

建立完备的国际学校认证体系。经过 10 多年的实践，NCCT 基本形成较为完备的认证体系，具体包括：一是得到教育行政主管部门的许可，确立了国际学校认证工作的法律地位；二是研制、修订了系列认证管理体系文件，包括认证章程、认证标准、自评手册、考察团考察、认证办公室工作规范等；三是建立了专门的认证组织机构，包括认证委员会、认证咨询委员会和认证办公室；四是确定了规范的工作程序，包括学校申请、资格考察、初步考察、学校自评、考察团考察、认证决定和后续程序等；五是建立了认证专家团队，主要由国内大学教师、教育科研单位的研究人员、中小学校长、地方教育行政部门负责人以及部分国际学校管理人员等组成；六是 NCCT 得到了 3 个国外认证机构的认可，并与其建立了稳定的合作关系，形成了有效的合作机制；七是建立认证结果报送制度。NCCT 的认证结果一方面上报国家教育行政部门，另一方面抄送地方教育行政部门。为政府部门提供了有关国际学校办学的基本情况，协助政府部门开展管理工作，是政府管理职能的有益补充。

经过十几年的探索，NCCT 基本完成了认证体系的构建，并逐渐形成了具有自身特色的多样化的认证模式，掌握了学校认证管理技术，积累了丰富的开展国际学校认证的管理经验。无论是从认证范围还是从专业水准来看，NCCT 认证都达到了一定水平，在国际学校以及国内外教育界产生较大影响。

（二）NCCT 开展的民办（公办）学校认证

自改革开放以来，我国民办教育事业发展很快，出现了各种类型的民办学校，这给广大学生和家长提供了更多的教育选择。但是家长、学生和社会并不是很清楚民办学校的办学水平。我们过去的教育评估系统主要是覆盖公办学校，对民办学校的评估处于一种相对缺失的状态。我国民办教育的发展需要有客观、公正、权威的评估认证。

在此背景下，NCCT 在开展国际学校认证工作的基础上，努力探索将国际学校认证的理念、方法和技术运用到中国的学校评估中（特别是民办学校），探索建立中小学学校教育质量保障体系。2008 年，NCCT 设立“学校评估认证项目”，并开展对中小学学校（含幼儿园）的评估试点。该项目将国际学校认证的理念、标准、方法和技术与中国民办中小学（含幼儿园）、公办中小学的发展实际相结合，努力建立既体现国际视野，又突出本土特色的民办学校中小学（含幼儿园）和公办学校评估认证体系。

2008—2018 年，NCCT 认证了北京市忠德学校、山东省寿光世纪学校、深圳市中英公学、北京市丰台区布朗幼儿园、北大附南山学校、深圳奥斯翰外语学校、深圳市宝安区潜龙学校等 10 余所中小学（含幼儿园），其中既有民办学校，也有公办学校。

（三）其他认证实践

2000 年前后，除了 NCCT 开展的国际学校认证及民办（公办）中小学评估认证实践之外，国内还出现了对于学校认证的零星探索，主要有两类实践。

一是 ISO9000 认证。我国教育界关注 ISO9000 标准，最早于 20 世纪 90 年代后期。根据文献资料显示，2005 年前后，我国通过 ISO9000 认证的学校（主要是民办学校）近百所。对于 ISO9000 认证体系在学校中的应用，一直存在诸多争论。有的教育专家认为，ISO9000 管理提出的许多管理原则和理念，切中了目前大多数民办学校管理工作中的症结，但用在教育上是不现实的。从学校进行 ISO9000 的认证实践情况来看，还存在操作繁琐、成本太大等弊端。它是一种管理理论和方法，并不能完全取代教育评估。

二是国际与跨地区认证委员会（CITA）在中国开展的认证实践。根据文献资料显示，从 2003 年开始，CITA 联盟分别同北京师范大学民办教育认证研究与服务中心和上海紫江鉴证审计事务所合作，在国内开展了少量民办学校的认证实践。接受过 CITA 认证的有北京师范大学南奥实验学校、广州华美中加高中、海富幼儿园、山东临沂双月园学校等十几所学校。

CITA，成立于 1994 年，是一个非营利性的、由美国六个地区认证委员会组成的联盟。CITA 及其所属的联盟已经对世界 125 个国家的 32000 多所学校开展过认证工作。CITA 认证具有六个特点：一是以学校自主要求参加为前提，只要学校符合 CITA 标准即可参加认证，但是后续性的、更实质性的指标，如学校发展规划、人力资源开发等是在学校参加评估活动以后实施的。二是 CITA 具有完整规范的认证手册、严密的程序和步骤，其认证程序包括“申请阶段”“候选学校阶段”和“认证阶段”三个阶段。三是认证学校资格有 10 条标准，认证阶段标准包括 12 项标准共 84 条细则。这些标准既是原则性的，也是具体的、可操作的，注重课程建设、学校发展规划与落实，强调可操作性和可测量的原则，突出发展观、效益观，强调稳定与持久，强调学校的社会责任感，如学校的辐射作用，包括对社区的影响和贡献、对家长的影响等；强调学校的合法性、学生的责任感等；注重服务，强调安全和均衡发展，严防歧视性行为等。四是 CITA 认证是“自评”和“互认”相结合的认证。CITA 强调“自我评估”。每个阶段、每次评估都从自我评估开始，同时也注重同行间的沟通与相互学习。认证过程必须有同行参加，不仅注重认证结果及其影响，也注重通过“互认”过程从同行那里获取资源和信息，并以此促进自身的进步。五是 CITA 认证的人员都是专业人员，包括民办学校校长、民办教育研究专家、认证专家等。六是 CITA 认证是跨国、跨地区的认证。[1] 被认证通过成为 CITA 所认可的

[1] 段素菊，赵旭明. CITA 认证：发展性评估的理论与实践探微 [J]. 国家教育行政学院学报，2007（4）.

"认证学校"，即在世界范围内的被认证学校之间可以进行学分、课程、学历水平之间的互认。

四、学校认证的特点及作用

为进一步加深对学校认证的理解，我们有必要对学校认证的特点与作用作进一步分析。

（一）学校认证的特点

1. 动机来自学校

与其他教育评估相比，学校认证的"参与"动机首先来自学校。一般来说，"学校申请"是认证的第一个环节和起点，是否参加认证是学校自身选择和决策的结果。学校清楚地认识到参加认证对学校质量提高和社会认同的意义，而且这直接影响学校的生源、师资和资金来源。因此，参加认证的动机是自下而上的。

2. 由第三方专业机构实施

认证一般是由政府认可的第三方专业认证机构组织实施。第三方专业认证机构提供了客观的、统一的标准及程序，能最大程度地获得家长与社会的信任。通常来说，学校教育质量评估是容易引起争执的活动，由第三方专业认证机构组织认证，让政府实施间接治理，从制度上避免了政府成为矛盾焦点的可能。政府通过对认证机构的评估认可，实现对学校教育质量进行间接的管理，是一种非常经济而有效的管理手段。

3. 认证基于两个基准

认证承认学校办学的多样性，坚持两个基准。一是被政府、学校和社会共同认可的认证标准，认证标准定义了一所高质量学校的标准。二是学校自己提出的办学理念和办学目标。认证专家在现场考察和评估过程中都十分关注被认证学校提出的办学理念和办学目标是否合理，是否有措施保证这些理念和目标的实现，学校的特色是否鲜明等，并对学校的办学理念和办学目标是否能够实现进行可行性评价，给出改进建议。

4. 自评基础上的同行评估

学校认证是以学校自评为基础，并通过学校自评与外部评估相结合完成的。自评能够给学校充分的自主权、选择权和发展空间，让学校根据自己的办学理念、历史传统、环境条件等制定学校发展规划。自评的过程能够促使学校及时发现问题，寻找对策，改进工作，提高自我发展的意识和能力。外评是一批专业化程度较高的评估人员（专业同行），深入学校工作的方方面面，通过较严格的评估程序、科学的评估方法，在学校自评的基础上，获得相对客观、中立、准确的学校信息并加以分析、判断。外评人员的专业活动（包括与学校教职员工、学生和家长的对话和交流）能够帮助学校确认目前存在的问题以及所采取对策的效果，并进一步明确未来发展的方向。这种内外结合的评估模式，是通过发挥了内因和外因的作用来提高学校教育质量的。

5. 持续改进是认证的核心

学校认证不是一项一次性、终结性的活动，而是一个过程性、发展性的评估活动。也就是说，认证并不只是派几位专家考察一下，给一个合格与不合格的判断，再由认证机构发一张证书，就完成了认证。学校认证是一个周期性过程，是由评估、计划、实施和再评估构成的循环（见图 1–1）。只要学校不退出，就要一个周期接着一个周期地走下去。

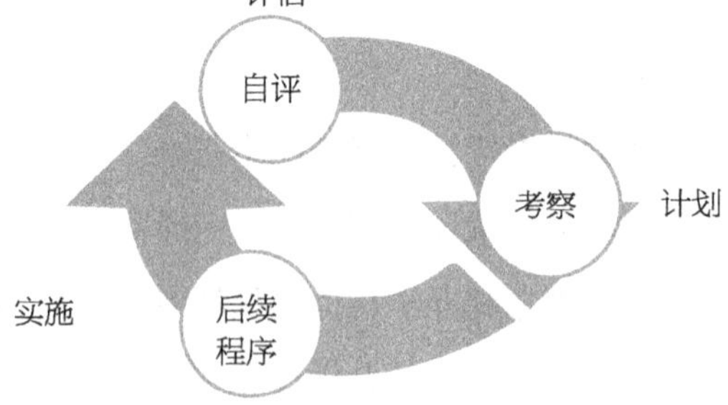

图 1–1　认证质量周期图

一般来说，学校认证的周期从5年到10年不等。正是通过这样的循环机制，来促进学校持续进行改进，进而实现学校教育质量保障的。

6. 采用多种评估方法

一是书面评估与实地考察相结合。认证既注重书面评估，即对学校提交的自评报告以及相关材料进行审读、评议，也注重现场考察，即由同行专家评估小组去学校实地考察，如前面所述，一般4～5天。书面评估在先，主要是为实地考察提供资料信息，实地考察在后，通常是为核实、确认学校自评报告相关数据、信息是否属实。书面评估与实地考察相结合，能全面地了解学校，进而能够为学校提供客观、公正的评估结果。二是实地考察采用参观、观察、阅读材料、访谈、座谈等多种方法，强调信息收集与证据确凿，基于事实做分析与判断。

（二）学校认证的作用

1. 帮助学校建立信誉

认证的基本目的是确保学校提供的教育达到相应标准。学校认证使学校符合一整套严格的行业标准，通过认证即向社区、其他个体或组织，证明学校所提供的是高质量的教育，使公众相信学校是符合学术组织的认证标准的，学校所制定的教育计划是经过质量评估的，学校提供的课程与服务是高质量的。简言之，认证的基本作用就是为学校提供有说服力的质量证明，帮助学校建立信誉，为社会、公众选择学校提供有效信息。

2. 促进学校质量改进

认证的另外一个重要目的是促进学校为追求优质与卓越而进行的自我改进和自我完善。从质量管理的角度来看，认证的过程是评价、计划、执行、调整、再评价、再完善的过程，换句话说，是学校在自我评估和接受同行评估的基础上，制定行动计划、实施、调整、再评价，不断改进教育质量的过程。在评估的过程中，学校有目的地在评估指标的引导下，系统地收集相关数据，分析、总结工作中的成绩，找出工作中可以改进、提高的方面，制定整改的具体计划与措施；同时进一步认识学校系统体制中各个环节之间的联系与作用[1]。可以说，通过认证，一方面可以推动学校形成有效的自我评估机制，促进学校自我发展的意识和能力的提高；另一方面帮助学校建立发展性学校评估制度，形成有效的自我评估和外部评估的互动与促进机制，使认证成为推动学校可持续发展的重要手段。

※ 相关链接

认证的好处

1. 厘清学校办学目标和学生培养目标；

2. 全员参与，共同解决学校面临的问题：分析学校设置课程、活动的机会；学校社区内部对话的机会；合作与分享决定的机会；

3. 利用高质量的评估标准评估分析学校办学质量的过程；

4. 制定学校的行动计划；

5. 得到同行建议与帮助的机会；

6. 认证过程是不断调整目标和行动的过程；

7. 认证过程对学校发展具有促进作用；

8. 认证的过程是评价、计划、执行、修改、再评价的过程。

——摘自 WASC（focus on learning）

认证的益处

（一）社会认可：评估认证向公众表明学校是一所值得信赖的学校。

[1] 孙建荣. 国际视野下的高等教育教学评估——兼谈美国高等学校认证中的院校自评要求[J]. 中国大学教学，2006（5）.

（二）自主发展：评估认证提供了一个让学校社区进行全面自评的机会，让学校系统深入地了解自身的发展状况，寻求并实施解决问题的办法，能够提高学校自主发展的意识和能力。

（三）同行评估：评估认证为学校提供教育同行的支持和帮助，教育同行通过审阅学校的自评报告，并对学校进行考察，为学校的运行提供建议。

（四）增进团结：评估认证加强了学校社区成员之间的联系和合作，也使学校社区成员更加了解自己的学校，更多地参与学校事务，提高大家的士气和增强学校的凝聚力。

（五）行动计划：评估认证在学校自评和考察团建议的基础上，帮助学校制订、修改并执行一项全面改进学校工作的行动计划。

（六）持续改进：NCCT 会在后续程序中继续追踪学校，帮助学校持续地改进。

——摘自 NCCT 宣传手册

第二章 认证标准

认证标准是学校教育质量管理的重要组成部分，是学校认证体系的重要工具和技术支撑。理解认证标准首先需要正确认识学校认证的价值取向与追求。所谓价值取向，就是关于价值的一定信念、主张、态度，它对人们的行为取向和评价原则起着重要作用。评估认证的价值取向关系着认证工作的根本方向。

一、认证理念

NCCT 开展的中小学学校认证项目坚持自愿、发展、合作、服务的基本理念。该项目以学校的自愿申请为前提，以促进学校发展、学生发展为目的，通过认证与学校建立平等合作的关系，坚持为学校服务、为政府部门服务、为社会服务的原则。为此，中小学学校认证至少有四方面的价值取向，涉及认证工作的根本目的和基本理念。

（一）促进学生发展

认证秉持的教育评价观是以促进学生发展为根本目标的教育评价观。它以促进学校发展作为直接目标，以促进学生全面发展作为其终极目标。认证的根本目的不是对学校的办学质量进行鉴定、甄别和选拔，而是将学校视为一个发展中的办学主体，密切关注学校发展中遇到的挑战和问题，明晰学校发展的积极条件和潜质，为学校发展提供有效的专业支持和服务，使认证真正成为学校发展的重要手段和学校管理的有机组成部分，建立起自我评估和外部评估相结合的质量保障体系，促进学校可持续发展，为学生的健康、和谐、全面发展提供良好的环境。

（二）强调学校主动发展

认证的最终目的在于促进学校可持续发展，但发展有被动发展与主动发展之分。学校的被动发展表现为学校发展受外部力量的驱动，学校在发展过程中没有主动权；而学校的主动发展则是学校拥有发展的主动权，学校根据自己发展的需要，主动、有效地开展活动，实现自我发展的目的。长期以来，学校在学校评估中一直被当作评价的客体来对待，而认证要求学校变被动发展为主动发展。在认证过程当中，学校不仅是被评价者，同时也是积极的评价者，这突出表现在学校自评活动中，同时也表现在学校积极参与到评价活动的始终，并在其中扮演重要的角色。认证鼓励学校将自评的结果与外部评价者协商的、共同认可的评估意见，用于改进学校的工作，最终推动学校高质量发展。

（三）关注学校的个性和差异性

学校在现实中的差异是客观存在的，我们必须承认这种差异。认证强调尊重学校的差异性，力图通过认证促使学校形成自己的办学特色。认证基于两个标准，一个是学校的办学理念和办学目标，另外一个是利益相关者共同认可的认证标准。认证首先要求学校根据社会发展及自身发展现状，确立自己的办学理念和办学目标，在认证过程中要考察学校办学目标的可行性以及实现办学理念和办学目标的程度。通过认证的过程，帮助学校厘清发展目标与方向，并在办学思路、管理方式、课程设置、学生发展、教师成长等方面形成自己的办学风格和办学特色。

（四）倡导平等、理解与互动

认证的宗旨始终强调以“为学校服务、促进学校不断提高”为中心，认为评价者与被评价者都具有主体性，两者之间是平等、合作的友好关系，需要沟通、理解和协作。从某种意义上来说，评价过程就是评价者与被评价者共同建构意义的过程。学校要充分认识外部评估的价值与意义，评估者要给予学校充分关注、理解和尊重，注重对学校发展独特性的认可和积极评价，帮助每所学校认识自我，挖掘潜能，发展特色，实现促进学生发展的终极目的。

二、认证标准的核心价值

（一）以学生为本

“以学生为本”的教育是把重点放在满足学生的需求上，强调学校要发展所有学生的潜能，为学生的发展创造良好的环境，向学生提供获得成功的各种机会。在领导决策、学生服务等组织管理环节，在师资、经费、设施等资源配置过程，在课程设置、教学实施当中，均将学生作为首要服务的对象，以学生的学习和发展为中心。认证标准关注和评价学校对于不同学生的帮助与服务，学校有义务为每一位学生提供符合他们学习水平的学习体验。

（二）规划有利于学校可持续发展

学校发展规划，又称为“学校蓝图”，是一种微观层面的教育规划。认证标准强调学校要建立短期、中期和长期规划，并通过定期检查、监控规划的执行情况和更新学校规划，改善学校管理，提高办学效能，促进学校可持续发展。在制定学校规划的过程中，需发挥学校共同体的协同作用，立足在对过去的分析，注重对现状的把握，诊断现状，又指向未来。

（三）强调全面质量管理

“21 世纪的质量运动的重点将从制造业转移到教育、医疗保健和政府管理……”。学校认证在实践中也吸收了质量管理的经验。在认证标准中坚持“三全”原则，即全面性、全过程和全员性。“全面性”原则体现在：把质量管理职能分解到组织的各个部门，并加强各部门之间的组织协调。学校教育质量是学校的各个领域在运行中相互作用、相互协调的结果，涉及学校工作的方方面面。“全过程”原则强调过程的重要性，注重对工作过程的管理，即需要关注的不仅仅是终结性评价，更应重视形成性评价。而“全员性”原则，强调充分调动全体人员的积极性和创造性，形成人人关心质量、全员参与质量管理的局面。具体来说，就要动员全体员工广泛地参与学校的各种决策和实践活动。

（四）强调教与学

课程与教学工作在整个学校教育系统中居于中心地位。学校必须充分了解学生当前和未来的需求并将它们转化成为适当的课程内容。学校的课程必须建立在教学的有效性之上，而教学的有效性必须强调促进学生学习和学习成就，即以学生学习为中心：强调对所有学生寄予很高的期待；要认识到学生是以不同的方式和速度进行学习的，学校需探寻各种方法来促进学生的学习；引导学生主动学习，广泛利用各种技术、材料和经验来唤起学生的学习兴趣；采用形成性评价和终结性评价相结合的方式来评价学习；支持学生运用自我评价来了解进步和明确目标与差距。教职员工对于这些理念的认识和掌握是衡量一个学校办学质量的主要指标。

（五）注重教师、员工发展

一所学校在提高学业成绩方面的成功，主要依赖于学校教师和其他员工的知识、技能和动机，而教师和员工的个人成功则依赖于不断有机会去学习和实践新的知识和技能。学校应该通过培训、教研活动等，为教师和员工的专业发展提供条件与机会。对于教师来说，发展意味着掌握更多学科知识以及有关学生学习风格和评价方法的知识。学校管理者应该减少教师专业发展的不利因素。对于其他员工来说，发展包括在职培训、工作轮换、付费学技等。

（六）建立和谐的社区关系

认证标准希望学校向家长、员工、社区以及学生敞开大门，协助学校创造、提高和保障质量。学校需要认识到他们是学校质量保障机制中的有机组成部分，要帮助不同群体认识自身在质量保障过程中的重要性。学校应该寻求建立内部和外部的伙伴关系，即与学校内部社区与外部社区建立和谐的关系，以便更好地实现学校目标。学校的内部伙伴关系包括促进教师和员工团体之间的合作。学校的外部伙伴关系包括与其他学校、企业、相关社区建立起伙伴关系。伙伴关系应该寻求持续发展的长期目标，并为此而创造互相合作的基础，并构建发展共同体。

（七）重视对学生学习结果的评价

美国早期的学校认证体系中，认证标准更多地聚焦于资源、过程、手段等。随着社会问责制的加强、学校自身对其教育服务与社会关系的重新认识、高科技对教育手段及方法的影响以及学生组成与学生特点的多样化等，体现教育质量最重要的部分——教学质量，开始把关注点放在对学生在学校期间学习结果的评价上，实现从输入到输入与结果相结合的转变。NCCT 认证标准也借鉴这一做法，强调不但要重视办学资源的充足，更强调学校的资源、项目和服务，不管何时、何地和以何种方式提供，都能促进、帮助学生学习和取得良好成绩。同时注重对学生学业成就的评价，强调学习结果评价对学生学习的帮助和促进作用。

三、中小学学校认证标准的基本内容

NCCT 对中小学学校评估认证的基准包括两个方面：一是学校的办学理念和办学目标。中小学学校认证标准要求每个学校都应有清晰的办学理念和办学目标，并要求“用学校所说评学校所做”，即要评估学校实现其办学理念和办学目标的程度。这些是形成学校为什么办学及如何办学的基础，这同样是学校课程、教学和评价工作的指引和方向。二是中小学学校认证标准反映了高质量教育的经验。这个标准不是为学校预设卓越的样板，也不是为了将一所学校与其他学校进行比较，而是强调学校持续的自我改进。评估认证的基准除了依据学校的办学理念和办学目标之外，还要依据评估认证标准来评估学校的课程与活动是否适合其特定的学生群体。

中小学学校认证标准由两级指标组成。一级指标包括办学理念和办学目标、机构与管理、课程与教学、员工、资源、设施及服务、学生服务、社区关系、德育工作和学生发展等九个方面。二级指标是一级指标的细化，每个一级指标下面有 2 ～ 6 个二级指标。如机构与管理指标下含有学校管理体制、管理制度、财务制度、教育计划制定等方面的要求。在二级指标下面提供具体的观测点。NCCT 认证标准体系中包含《公办学校评估认证标准》《民办学校评估认证标准》和《民办幼儿园评估认证标准》。本书以《公办学校评估认证标准》为例。

《公办学校评估认证标准》共有 9 个一级指标，64 个二级指标以及 200 多个观测点。学校在开展自评时，也可依据学校发展的实际在评估认证标准的基础上增列学校认为更重要的指标。具体内容如下：

（一）办学理念和办学目标

认证的一个基本原则，即学校在运作时必须清楚地了解自己的使命与学生的需求。学校的办学理念和办学目标是学校对自身办学宗旨和办学目标所持有信念的声明。在一所高质量的学校，每个人都应该知道这个机构代表着什么，知道它想要实现什么，并且应该理解它为什么以这样的方式开展教学。办学理念和办学目标需要由学校组织广大教职员工定期制定与修订。学校需要制定行动计划，将办学理念和办学目标转化为实践，并系统地监控其落实的程度，这是促进学校持续改进的重要组成部分。

一所高质量的学校，其办学理念和办学目标通常包含以下内容：

• 学校存在的原因，包括它服务的学生群体的特点。

• 学校在其服务的社区中所扮演的角色。

• 对有效教育实践的信念。

• 学校为所有学生提供教育机会的集体愿景。

• 学生应具备的智力、个性、社交、身体和情感特征。

• 在学校的教育过程中，学生、教师、学校管理者、家长和管理机构的角色和关系。

• 有外籍学生的学校致力于促进学生的国际和跨文化体验。

办学目标应该来自办学理念，并且是可操作和可测量的。应该涵盖学校所有的运作机制，使学校的所有部门都能从全校的目标体系中确定自己部门的目标。

标准 1　办学理念和办学目标

办学理念和办学目标 1.1
学校有清晰的、适合学生需要的办学理念和办学目标。
1.1.1 办学理念和办学目标反映了学校的使命和核心价值观。
1.1.2 办学理念和办学目标体现了时代、社会和学生的发展需求。
1.1.3 办学理念和办学目标体现了高质量教育的期望。
1.1.4 办学理念和办学目标的表述简洁明了，容易理解，便于记忆。
1.1.5 办学目标与办学理念保持一致。
1.1.6 办学理念和办学目标充分体现学校的特色。
办学理念和办学目标 1.2
学校的办学理念和办学目标符合国家法律规定的教育方针。
1.2.1 办学理念和办学目标与国家法律规定的教育方针保持一致。

1.2.2 学校在国家法律规定的教育方针指导下运行。
办学理念和办学目标 1.3
学校的办学理念和办学目标得到学校领导、管理者、教职员工、家长、学生和校外专家的理解和认可。
1.3.1 有适当程序，组织学校领导、管理者、教职员工、家长、学生和校外专家共同参与办学理念和办学目标的制订。
1.3.2 利用学校网站、出版物等公示其办学理念和办学目标。
1.3.3 在学校的适当场所展示其办学理念和办学目标。
1.3.4 有适当程序，组织学校领导、管理者、教职员工、家长、学生和校外专家共同参与办学理念和办学目标的审核。
1.3.5 有适当程序，组织学校领导、管理者、教职员工、家长、学生和校外专家共同参与办学理念和办学目标的修订。
办学理念和办学目标 1.4
学校有将办学理念和办学目标贯彻到实践的措施和评价机制。
1.4.1 制定适当的行动计划将办学理念和办学目标付诸实践。
1.4.2 使用适当的程序来监控办学理念和办学目标在学校运行中的可行性和有效性。
1.4.3 在决策过程中参考办学理念和办学目标。
1.4.4 采取有效程序收集和分析相关数据和意见，以确定学校的办学理念和办学目标的达成度。
1.4.5 当有证据证明学校没有达到其办学理念和办学目标所描述的期望时，学校有有效的程序来确保学校做出积极反应和及时采取纠正措施。
办学理念和办学目标 1.5
招收外籍人员子女的学校，其办学理念和办学目标促进学生的跨文化经历。
1.5.1 学校的办学理念和办学目标清晰地阐述了促进学生跨文化经历的使命。
1.5.2 各年级的学生通过学校的正式课程或活动，体验跨文化经历。

（二）机构与管理

学校的机构设置和管理模式，是实现其既定理念和目标的工具。一所高质量的学校具有一些基本特点，其中最重要的是需要确定各部门及其员工的职责，对教职员工进行持续培训和定期评价，以及建立良好的工作关系。要让管理部门的人员（包括财务）了解其在学校办学质量方面所发挥的作用。

标准2 机构与管理

机构与管理 2.1
学校采用校长负责制，校长对领导机构负责。
2.1.1 校长具有适当的资质和经验。
2.1.2 校长负责学校的全面工作。
2.1.3 校长对全体员工的招聘、选择、委派、培训、发展和评价全面负责。
2.1.4 校长可以在适当情况下，通过领导机构确认的程序把上述职责委托给学校员工。
2.1.5 每年校长应就自己的工作向教代会和教育行政主管部门述职，接受教代会和教育行政部门评定和考核。
机构与管理 2.2
学校制订与办学理念和办学目标相一致的短期、中期和长期的教育计划，并且已建立起适当的程序来监控计划的执行情况，评价计划执行的可行性和有效性。
2.2.1 有教育方面的短期、中期和长期计划。
2.2.2 有使员工参与制订教育计划的程序。
2.2.3 学校社区知晓学校的教育计划。
2.2.4 定期检查和更新教育计划。

机构与管理 2.3
学校制订了包含所有学校规定的手册，并确保学校社区理解这些规定。
2.3.1 有一套全面的、最新的学校手册，如员工手册、学生手册和家长手册等。
2.3.2 适时举办介绍会和培训会等，使员工、学生和家长了解并理解学校的规定。
2.3.3 利用介绍会、简报和会议纪要等方式宣传其决定及讨论的相关事宜。

机构与管理 2.4
学校依法管理财务，并达到政府行政主管部门的要求。
2.4.1 建立可靠的财务、会计和资产管理体系，依法管理账目。
2.4.2 学校的财务由可靠的专业人员管理，相关人员能够接触到公开的预算信息。
2.4.3 资金的管理和支出有严格的审核手续，符合会计管理规定。
2.4.4 学校在采购物品入库、租赁服务以及债务清偿方面严格按照合同协议或商业规则办事。
2.4.5 筹资只用于学校运行，未用于工商活动或其他的营利活动。
2.4.6 确保所有的资产都由学校管理和使用，不允许其他机构和个人非法占有。
2.4.7 在每个财政年度结束时，依法准备学校的财务和会计报表并聘请会计师事务所审计，接受社会监督。

机构与管理 2.5
学校向学生及家长明示收费项目、收费标准以及预计的支付总额。
2.5.1 将收费项目、标准以及变化提前向家长公示。
2.5.2 按照有关规定，有序、及时地向家长提供交费程序。

（三）课程与教学

学校要全面执行国家课程方案，创造性地实施国家和地方课程，并积极开发校本课程，以满足学生的需要，反映学校的办学理念和办学目标。课程设计要充分考虑学科内部的纵向衔接以及学科之间的横向衔接，并利用当地的资源来增强学生的学习体验。要加强课程之间的联系，以便学生能够建立有意义的知识联系。

了解学生情况以及学习风格至关重要，要根据学生不同的学习方式，采用相应的教学方法和策略。适当的专业发展对于加强学校课程的设计、实施、评估和修订具有重要意义。

在一所高质量的学校，学生评估结果被用来评估课程的有效程度，为改进教学策略提供信息以及衡量学生的进步。定期分析、反馈和使用评估数据可以反映一个重视持续改进的学校氛围。

标准3　课程与教学

课程和教学 3.1
学校全面执行国家课程方案，创造性地实施国家和地方课程，积极开发校本课程。
3.1.1 课程设置符合国家和地方制定的课程方案。
3.1.2 所选用的教材应当经过依法审定。
3.1.3 课时数、课程的难度、教学进度符合教育主管部门的要求。
3.1.4 积极开发校本课程，并形成自己的特色。
3.1.5 考试命题科学合理，考试内容符合课程标准的基本要求，考试难度和考试次数适当。
课程和教学 3.2
学校课程在设计、实施、评价和修订方面，反映学校的办学理念和办学目标。
3.2.1 课程设计和实施符合学校的办学理念和办学目标。
3.2.2 以下几个方面反映了学校的办学理念和办学目标： a) 招生和分班 b) 学生评价 c) 学生纪录 d) 学生成绩报告

3.2.3 课程修订要依照办学理念和办学目标。
课程和教学 3.3
学校有书面的课程文件。
3.3.1 书面课程文件明确每门课程或每个年级的范围和序列。
3.3.2 书面课程文件就学生应该知道、理解和能够做到的方面，详细说明其预期的学习结果。
3.3.3 书面课程文件包括可供参考的教学方法。
3.3.4 书面课程文件包括有关教学材料和资源的信息。
3.3.5 书面课程文件明确评价学生进步的方法。
3.3.6 书面课程文件包括可供参考的学科内和跨学科的衔接。
课程和教学 3.4
课程在纵向和横向上相衔接，以确保学段内和学段之间、学科内和学科之间的连续性。
3.4.1 不同学科和学段的教师定期相互交流，以加强纵向的课程衔接和各学科之间的联系。
3.4.2 在适当情况下，开展包括多种学科的学习体验活动。
3.4.3 教学管理部门有明确的职责分工，来监督课程衔接措施的可行性和有效性。
课程和教学 3.5
学校利用当地的文化多样性，丰富学生的教育经历。
3.5.1 利用当地的文化多样性来丰富课程。
3.5.2 引导教师以适当的方式将当地文化整合进课程。
课程和教学 3.6
课程有利于培养和发展学生终身学习的技能和能力。
3.6.1 课程强调收集、组织、表达和运用信息的过程。
3.6.2 课程向学生提供培养其批判性思维和解决问题能力的经历。
3.6.3 课程为学生提供认知和交流其学习方式的机会。

课程和教学 3.7
学校向教师提供持续的专业发展，以提高教师的教学水平。
3.7.1 建立相关的专业发展机制和程序，以帮助教师设计和开发课程。
3.7.2 在与教师的工作相关及其感兴趣的领域，为其提供专业发展机会。
3.7.3 提供相关的专业发展机会，以帮助教师改进教学方法。
课程和教学 3.8
教师根据学生不同的学习方式，采用相应的教学方法和策略。
3.8.1 根据学科内容的性质，采用不同的教学方法。
3.8.2 创设激励性的学习环境，吸引学生参与。
3.8.3 使用不同的教学材料和方法，最大限度地满足个体学生的需要。
3.8.4 为母语非汉语的学生提供适当的教学方法。
课程和教学 3.9
学校提供适当的教学资源来实施课程。
3.9.1 根据教师的专业知识和资质分配工作。
3.9.2 班额与相应的学科或年级相适应。
3.9.3 有适当的技术资源来提高教与学的水平。
3.9.4 有适当的专门设备来支持课程的实施。
3.9.5 教学、储存和工作空间与所教学科和学生相适应。
课程和教学 3.10
教师帮助学生建立明确的学习目标，并就此与学生和家长进行沟通。
3.10.1 应将学生的学习目标告知家长和学生本人。
3.10.2 教学计划清晰地反映学生的学习目标。
3.10.3 定期将学习目标的评估与达成情况与学生、家长沟通。

课程和教学 3.11
学校定期评价教与学的有效性。
3.11.1 教师准备和应用检查学生预期学习结果的评价材料。
3.11.2 教师通过多种评价方式分析学生的表现，如：考试、作业、自我评价、同学互评等。
3.11.3 学校定期监测学生评价程序的质量。
课程和教学 3.12
管理人员和教师使用学生评价结果，持续地评价和改进教学。
3.12.1 教师使用学生评价结果，来调整教学计划。
3.12.2 教师使用学生评价结果，来改进教学方法和策略。
课程和教学 3.13
学校记录、分析并向学校社区的适当人员报告学生的表现。
3.13.1 学校定期提供学生成绩的信息，帮助家长了解学生的学习情况。
3.13.2 学校有报告学校和学生表现的全面、有效的系统。
3.13.3 根据需要将有关考试结果告知学校社区。
课程和教学 3.14
学校吸收先进的教育思想和教学方法对学校的教学计划进行定期修订。
3.14.1 专业人员在修订教学计划时参考先进的教育思想。
3.14.2 专业人员经常对教学计划进行审视、发展和修订。
3.14.3 学校鼓励实验性课程，并采用适当的评价手段。

（四）员工

一支称职和高效的教职员工队伍是实施学校规划和计划的必要条件。作为一个整体，教职员工将会执行学校的既定理念和目标。教职员工必须有必要的准备、经验和态度，以便有效地执行其职责与任务。

一所高质量的学校需明确员工职责，与员工签订劳动合同，建立和谐的关系，尊重员工的意见和保护员工积极性；需建立有效的评价制度，并且此制度要与所有人的专业发展方案相联系。

标准 4　员工

员工 4.1
学校拥有合格的、有能力的且数量充足的管理人员、教学人员和辅助人员，以有效地实施课程、提供服务和开展活动。
4.1.1 聘用足够的管理人员、教学人员和辅助人员以满足学校运行的需要。
4.1.2 保持合理的教师 - 学生比例。
4.1.3 招聘和安排具有法定资质的员工。
4.1.4 员工队伍具有合理的年龄结构和专业结构。
4.1.5 员工队伍保持相对稳定。
4.1.6 确保各个领域的员工具有较高的专业水平。
4.1.7 有确定岗位配置的程序，来确保学校能够贯彻其办学理念和办学目标。
4.1.8 合理配置员工，人尽其才。
4.1.9 建立有效的管理运行机制，确保对所有员工进行有效的管理。
员工 4.2
学校有书面和公示的员工管理及其实施措施。
4.2.1 员工的管理规定包含以下几项： a）员工的发展； b）员工的评价和问责； c）领导机构和员工的关系； d）员工的招聘、定岗、晋升、解聘、退职和退休。

4.2.2 员工的管理规定适当： a）合理的工作量； b）良好的工作环境； c）公正的待遇； d）职业满意度； e）高昂的士气。
4.2.3 定期审核学校对员工的管理情况，并及时作出调整。
员工 4.3
学校依法与所有员工签订劳动合同，合同中明确约定员工与学校之间达成的权利与义务。
4.3.1 帮助员工了解国家有关劳动合同的法律和法规。
4.3.2 依法明确员工个人报酬应考虑的因素。
4.3.3 学校与每位员工签订合同，合同内容应该包括岗位薪酬、合同期限、福利以及合同终止、解除和变更的条件。
4.3.4 依法为员工提供工作保障以及纠纷争议的处理程序等。
4.3.5 遵守雇佣的职业道德规范，包括处理个人保密信息。
4.3.6 以适当的薪酬水平和激励机制，保持学校员工队伍的稳定。
4.3.7 评优、晋级等涉及员工个人切身利益的重大决策，由教代会通过。
员工 4.4
学校有明确和有效的评价系统，来评价管理人员、教学人员和辅助人员的绩效。
4.4.1 采用有效的员工绩效评价系统。
4.4.2 评价要在员工享有知情权的情况下进行，评价结果以书面形式只面向特定人员。
4.4.3 教学人员根据规定指标（包括学生成长和发展）对自己的绩效进行评价。
4.4.4 评价过程多方参与，方式多样。
4.4.5 提供被评人员对评价的任何方面进行商榷和申诉的渠道。
4.4.6 通过评价，帮助员工了解自身的优势和不足，并制定改进计划。
员工 4.5

学校有员工专业和身心健康发展计划。
4.5.1 发展计划要基于评估结果和学校优先发展的需要。
4.5.2 发展计划要面向全体员工。
4.5.3 管理者和员工共同制定专业发展计划。
4.5.4 鼓励教学人员参与课程发展和教学改革。
4.5.5 在开学前，管理部门要帮助新员工了解学校的办学理念和办学目标、课程、设施和社区环境。
4.5.6 根据需要，为员工提供上岗培训和业务培训。
4.5.7 有促进员工身体和心理健康发展的计划。
4.5.8 有对员工专业发展和身心健康发展计划的实施过程和有效性进行评价的机制。
员工 4.6
校长确保员工之间建立相互合作的工作关系，以确保员工发挥更大的作用。
4.6.1 员工相互协作，工作氛围积极健康。
4.6.2 在专业事务上充分听取专业人员的意见。
员工 4.7
学校员工以专业姿态履行自己的工作职责。
4.7.1 学校员工的工作方式和行为符合学校的办学理念和办学目标。
4.7.2 学校员工在日常工作中遵守国家的法律法规。
4.7.3 学校员工在各自的工作岗位上尽职尽责。
4.7.4 教师创造适当的教学环境，以满足个体学生的需求。
4.7.5 教师经常对教学活动进行审视与评估。

（五）资源、设施及服务

学校的资源、设施与服务，包括场地、建筑、设备和服务，是学校教育的重要组成部分。这些设施不仅仅是一个教学场所，也是实施整个教育计划的基础，它们的设计应该与学校的既定理念和目标相一致，才有助于形成积极的教育氛围。学校有足够的场地、建筑、设备，以保证学校的正常运转。学校的设施应符合国家的安全规定。

图书馆 / 媒体中心是学校不可分割的组成部分，应该成为教室的延伸。

有效的安全程序和交通、餐饮、清洁和保安等辅助服务是保障教职员工工作和学生学习的基本条件。

标准 5　资源、设施及服务

资源、设施及服务 5.1
学校提供的教育教学活动所必需的资源设施与后勤服务保障等，须达到相应的安全与服务标准。
5.1.1 餐厅足够宽敞、干净和明亮，能够提供一个舒适的、令人愉悦的用餐环境。
5.1.2 厨房设计合理、设施完善，并且干净、明亮和安全。
5.1.3 提供的食品富有营养、安全卫生。
5.1.4 食谱按照合理的饮食营养标准精心制定，且方便监督检查。
5.1.5 为餐饮服务人员提供足够的卫生间和盥洗设施。
5.1.6 餐饮设施、场所得到随时监控。
5.1.7 有保障安全的措施。
5.1.8 校车整洁、维护良好、证件齐全并参加保险。
5.1.9 对学生外出进行有效监管，包括每天的上下学。
5.1.10 学生的外出活动要经过充分的准备，保证学生的舒适、健康和安全。
5.1.11 对上下车以及运输途中的学生，有严格的程序和有效的监督。
5.1.12 校舍整洁、安全。

资源、设施及服务 5.2
后勤服务人员具有合法资质、数量充足并经过岗位培训，能够有效履行其职责。
5.2.1 后勤服务人员具有合法资质和工作经验履行其职责。
5.2.2 根据任务和岗位要求，后勤服务人员有效地履行职责。
5.2.3 后勤服务人员衣着得体、礼貌待人、服务规范。
5.2.4 后勤服务人员得到有效的监督管理。
5.2.5 餐饮服务人员持有健康证书，并定期进行体检。
资源、设施及服务 5.3
学校有安全和危机处理机制，并为学生和员工提供适当的培训。
5.3.1 制订全面的安全和危机管理方案，应对可能影响学校安全的威胁。
5.3.2 有有效的报告系统，使所有重要的安全问题能及时报告校长和主管部门。
5.3.3 指定有资质的人员负责保安工作和安保设施的安装、维护和测试。
5.3.4 开启有效的沟通渠道，确保在紧急情况下，信息可以迅速有效地传递到全校的联系系统和紧急电话系统。
5.3.5 在学校所有建筑物的显著位置标明紧急疏散的标识和指示牌。
5.3.6 在发生火灾或其他紧急情况下，学校有撤离建筑物和寻求援助的应急程序。
5.3.7 能对校区安全进行有效的管理，备有数量充足、合格的灭火器材及其他消防安全设施和火灾警报器。
5.3.8 定期组织火灾和地震紧急演练，以确保每位员工和学生都熟悉在紧急情况下学校的疏散和呼救程序。
5.3.9 确保员工和学生理解和支持学校在紧急情况下的应急预案和程序。
资源、设施及服务 5.4
学校达到当地行政主管部门的安全要求。
5.4.1 建筑物和设施的使用说明及维护，符合法律和当地行政主管部门的要求。
5.4.2 人员健康与安全措施达到当地行政主管部门的要求。

5.4.3 餐饮设施符合相应的安全和卫生标准。
5.4.4 证照、检验证书和法律要求公示的规章张贴在相应的显著位置。
资源、设施及服务 5.5
学校社区能够得到获取和利用学校资源的书面规章和保障措施。
5.5.1 领导机构制定了获取和利用学校资源的规章和保障措施。
5.5.2 上述保障措施应形成书面条文并提供给学生、家长和服务人员。
5.5.3 定期检查、评估和更新上述保障措施和规章。
资源、设施及服务 5.6
学校有足够的场地、建筑、基本设备设施和后勤服务设施，以保证学校的正常运转。
5.6.1 领导机构在决策中包含学校设施的数量、维护和改善的标准。
5.6.2 学校有足够的、适用的教学场所来保障教育教学： a）教室 b）实验室 c）工作室 d）体育设施 e）其他
5.6.3 所有的教学场所布局合理、设施完善。
5.6.4 教学和服务中有噪音的活动应远离安静区。
5.6.5 有充足的储物空间供个人和集体使用。
5.6.6 学校场所的安排使用能适应学生、课程活动以及技术的变化。
5.6.7 建筑物的设计便于学生有效流动。
5.6.8 校内设施提供了一个良好的学习氛围。
5.6.9 行政办公室设在合理的位置，以保证其行使职能。
5.6.10 建筑物的水、暖、电、气、电梯等设备符合法律法规要求，并定期清洁、检查和维护，以保障其安全和有效运行。
5.6.11 户外设施能够满足需要、美观且维护良好。

资源、设施及服务 5.7
学校的信息技术适当地支持学校的运行。
5.7.1 信息技术为课程提供支持。
5.7.2 信息技术为学校的管理职能提供支持。
5.7.3 有数量充足的计算机和机房供个人和团体使用。
5.7.4 信息技术的硬件和软件经常得到维护和升级。
5.7.5 学校配备有网络和互联网接口。
资源、设施及服务 5.8
图书馆 / 媒体中心方便使用，有足够的资源、空间和工作人员，以满足学生和员工的需求。
5.8.1 图书馆 / 媒体中心的位置、空间、照明、布局和组织，方便学生和员工使用。
5.8.2 图书馆 / 媒体中心针对学校课程的需要选择图书资料和设备。
5.8.3 馆藏有数量充足和质量较高的书籍、期刊、参考材料和设备，包括信息技术，以满足教学的需要。
5.8.4 图书资料有编目并得到良好维护。
5.8.5 图书和期刊的选择有利于员工的专业发展。
5.8.6 图书馆 / 媒体中心的管理职责得到清晰界定。
5.8.7 图书馆 / 媒体中心的员工经过适当培训。
5.8.8 图书馆 / 媒体中心的员工数量适当，能满足员工和学生使用设施和资源的需要。
资源、设施及服务 5.9
图书馆 / 媒体中心在有效利用资源和设备方面提供持续指导，并对图书馆的使用及其有效性进行评价。
5.9.1 向教师和学生介绍如何使用图书馆 / 媒体中心的资料和设备。
5.9.2 图书馆工作人员参与课程的检查和开发。
5.9.3 学校课程包括有关图书馆使用以及检索技能的内容。
5.9.4 有选书的标准和对有争议资料的判断标准。

5.9.5 图书馆引导全体教师参与推荐和选择图书。
5.9.6 有图书馆 / 媒体中心的使用规定，并付诸实施。
5.9.7 有评价图书馆服务有效性的机制。
5.9.8 图书馆有图书使用的记录。
资源、设施及服务 5.10
学校设施得到良好维护，设施的运行确保学生和员工的安全和适用。
5.10.1 定期检查电力装置，以保障其运行的有效和安全。
5.10.2 供水和卫生系统清洁卫生，并得到良好的维护。
5.10.3 建筑物使用的材料符合防火安全要求。
5.10.4 所有建筑物，特别是锅炉房、厨房、科学实验室内有足够的防火器材和设备。
5.10.5 定期检查消防栓，确保其完好、可用。
5.10.6 定期检查火灾报警系统，确保其正常工作且声响覆盖整个校园。
5.10.7 保持应急设施和逃生系统处于工作状态。
5.10.8 设有健康安全委员会，并使其发挥有效的监督作用。
5.10.9 有保养和维修建筑物、场地和设备的有效管理服务系统。

（六）学生服务

为了支持学校的教育计划和为学生提供学习机会，学校需提供各种服务，包括满足学习者需求的规定，对学困生以及超常学生需求的规定等。学校应关注上述学生，为学生提供个性化教育方案，让学生充分参与学校生活。

此外，适当的指导和心理健康服务对于满足学生复杂的个人、身体、社会 / 情感、学业和职业规划需求至关重要。在学校教育阶段，学校需安排专业教师进行指导与服务。学校应关注学生的健康，有处理意外伤、病、事故的急救程序和措施，并为学生保留全面的保健档案。

标准 6　学生服务

学生服务 6.1
在招生以及入学后，学校有有效的程序确定学生的学习需求。
6.1.1 通过教师、班主任及家长的提名，或通过调查程序确定需要辅导服务的学生。
6.1.2 在招生过程中，获取有关学生的优势、不足和学习方式的信息。
6.1.3 有查询系统，便于教师能够对遇到学习困难的学生进行指导。
学生服务 6.2
对在学习或其他方面有困难，或需要补习的学生，学校提供特殊的课程和项目满足他们的需求。
6.2.1 有专业资质的管理人员、教师和其他人员为有特殊需要的学生提供个性化服务。
6.2.2 专业人员、家长和学生要参与特殊需要的课程、个性化教育计划或其他类似计划的合作开发。
6.2.3 学校有经过培训的员工，为学习有困难的学生提供服务。
学生服务 6.3
学校有满足超常学生需要的有效做法。
6.3.1 了解新生的特殊天分和超常情况。
6.3.2 课程与教学实践包括为超常学生提供拓展和丰富其学习内容的机会。
6.3.3 学校提供特殊课程，以满足超常和有特殊兴趣学生的需求。
学生服务 6.4
学校提供适当的辅导服务，包括学习和心理咨询以及为中学生的升学或就业提供咨询。
6.4.1 学校有适当数量的有资质、有经验的辅导人员。
6.4.2 对学生在学习上的问题提供咨询和帮助。

6.4.3 对学生的个人问题和情感需要提供咨询和帮助。
6.4.4 对中学生的升学和就业提供咨询和帮助。
6.4.5 辅导记录重点突出、充分、准确，并及时更新。
6.4.6 学生记录被妥善保存。
学生服务 6.5
学校提供保健服务，其中包括校内应急救护以及学校组织校外活动时所提供的保健服务。
6.5.1 学校的规定和做法，体现出对学生健康的关注。
6.5.2 学校有在校内或学校组织的校外活动中，处理意外伤、病、事故的急救程序和措施。
6.5.3 急救用品齐备充分、方便获取。
6.5.4 学校有有效的，并为学生、家长和所有员工所知晓的在紧急情况下求助的方案。
学生服务 6.6
学校有收集所有学生的健康信息，以及预防常见疾病的措施，并为学生保留全面的保健档案。
6.6.1 对于新生，学校要求其提供健康信息，并在日后定期更新。
6.6.2 健康信息的获取以“需要知道”为基础，同时尊重和保护个人隐私。
6.6.3 符合法律和当地行政主管部门的所有健康要求。

（七）社区关系

教职员工和学生在校内的互动方式以及他们参与的活动，是学校生活的重要组成部分。学校管理学生行为的规则应该明确、公平，对学生的管理方法和处理方式能够得到很好的理解。

为了实现学校的教育目标，家长适当地参与孩子的教育和学校生活是十分必要的。学校要保持家校合作，与家长建立良好的沟通机制，定期向家长反馈学生的发展情况。

学校要与当地政府部门和社区居民建立和保持友好合作的关系，利用家长和社区资源，为学生服务。

标准7　社区关系

社区关系 7.1
学校领导班子、管理层、员工、学生之间形成一种和谐、相互尊重、相互关心的关系。
7.1.1 学校充满合作、相互尊重和友好的气氛。
7.1.2 学校组织一系列活动来促进积极的员工和学生关系。
7.1.3 对学生的管理方法和处理方式能够得到很好的理解。
7.1.4 对学生所做的处分符合学生守则的要求，学生享有申诉的权利和渠道。
7.1.5 对学生的个人和学业信息进行保密。
社区关系 7.2
学校有有效的沟通渠道使家长和学生能够了解学校的生活。
7.2.1 学校与家长、学生之间，有有效的双向沟通渠道。
7.2.2 通过有效的书面材料，将学校生活的信息传递给家长和学生。
7.2.3 让家长及时了解学生的学业和发展情况。
7.2.4 学校有鼓励家长和学生参与教育全过程的气氛。
社区关系 7.3
学校有有效的程序，确保在重大决定做出之前征求员工、家长和学生的意见和建议。
7.3.1 家长和学生有机会参与课程和课外活动计划的决策。
7.2.2 家长和学生参与学校在学生实习、学生发展和毕业后规划方面的决策。
7.3.3 定期与学生代表和家长代表沟通，倾听他们对学校运行方面的意见和建议。
7.3.4 关注和了解各部门提出的合理意见。

社区关系 7.4
学校与社区的关系融洽和谐。
7.4.1 与当地政府部门和社区居民建立和保持友好合作的关系，能采取适当的方式协调解决和当地社区的有关问题。
7.4.2 与所在社区以及其他学校保持经常性的交流与沟通。
社区关系 7.5
学校利用家长和社区资源，为学生服务。
7.5.1 利用学校管理层、员工和学生的不同背景，开展相关的课程与活动。
7.5.2 利用学校所在地的文化教育设施和资源开展校外教育活动。
7.5.3 利用家长和当地社区的专业资源为学生服务。
社区关系 7.6
学校建立参加社区服务和社区建设的机制。
7.6.1 建立组织和鼓励学生参加社区服务的机制，增强学生的社会责任意识。
7.6.2 向社会合理开放学校的教育教学设施和资源。

（八）德育工作

德育工作是学校工作的灵魂。学校要积极推进培育和践行社会主义核心价值观，坚持育人为本、德育为先，将德育基本内容和要求渗透到教育教学中，体现在日常管理中，落实到学生学习生活中，实现课程育人、实践育人、管理育人和服务育人，构建起全覆盖、多途径、常态化中小学德育工作体系。

标准8　德育工作

德育工作 8.1
学校全面贯彻党和国家关于德育工作的精神。
8.1.1 学校有关于德育工作的长期和短期计划及相关文件。
8.1.2 学校有定期组织全体员工学习党和国家关于德育工作有关文件的机制。
8.1.3 定期审核和修订学校有关德育工作的文件，使其与党和国家关于德育工作的精神保持一致。
德育工作 8.2
学校有专门机构或专人负责德育工作。
8.2.1 中学有明确的专门机构主管德育工作。
8.2.2 小学有专人负责德育工作。
8.2.3 配备了团委书记（或少先队辅导员）和心理健康教育专职教师。
8.2.4 德育工作分工明确，责任落实。
德育工作 8.3
学校工作的各个领域、各个学科都渗透德育的内容。
8.3.1 有明确的全体员工对学生进行德育教育的职责和要求。
8.3.2 采取有效措施使全体员工理解其德育工作的职责。
8.3.3 有对全体员工履行德育工作职责的评价机制。
德育工作 8.4
学校开展丰富多彩的校内外活动，营造德育教育氛围。
8.4.1 结合形势、国情和国家的重大节庆日、纪念日和传统节日，开展丰富多彩的主题教育活动。
8.4.2 定期举办运动会、艺术节、服务节、科技日、读书日等活动。
8.4.3 有丰富多彩的校园文化活动和社团活动。

8.4.4 有组织学生开展社会调查、社会考察、社区服务和义工活动的制度。
8.4.5 发挥少先队、共青团和学生会在学生自我管理、自我教育、自我服务中的作用。
德育工作 8.5
学校有健全的班主任工作管理制度。
8.5.1 有鼓励优秀教师从事班主任工作的机制。
8.5.2 有班主任的聘任、培训、考核和评优制度。
8.5.3 定期举办校内、校际班主任工作研讨交流活动。

（九）学生发展

学生发展质量是学校教育质量评价的重要方面。采用正式的和非正式的评价方法对学生进行评价，评价结果可以帮助教师制定课程计划、调整教学方法。要坚持把立德树人成效作为根本标准，关注学生思想品德、身心健康、能力素质、劳动素养等方面成长因素。另外，社会对学校学生的认可度也反映了学校教育质量的高低。

标准 9　学生发展

学生发展 9.1
学生学习目标有效达成，学生学业合格率、优良率、按时毕业率、升学率达到预期目标。
9.1.1 学校妥善保存学生学业成绩，并形成制度。
9.1.2 学校有对学生的学习目标达成情况进行分析的机制。
9.1.3 学校有利用分析结果，改进教师教学的机制。
9.1.4 用证据说明学生近三年上述发展目标达成情况。
学生发展 9.2
学生具有积极向上的人生目标，基本的公民素质、良好的心理品质和道德修养，获得全面而有个性的发展。

9.2.1 学校有关于学生上述发展目标的具体标准。
9.2.2 学校有培养学生上述发展目标的措施。
9.2.3 学校有评价学生上述发展目标的制度。
9.2.4 用证据说明学生上述发展目标的发展情况。
学生发展 9.3
学生养成良好的学习习惯和自主学习能力，具有有效的交流能力、良好的批判思维能力和较强的解决问题能力。
9.3.1 学校有关于学生上述发展目标的具体标准。
9.3.2 学校采取有效途径培养学生上述各方面的能力。
9.3.3 学校有评价学生上述各方面能力发展情况的制度。
9.3.4 用证据说明学生上述各方面能力的发展情况。
学生发展 9.4
学生具有良好的身体素质和基本的劳动技能，动手能力强。
9.4.1 学校定期检查学生身体发育和健康状况，并形成制度。
9.4.2 用证据说明学生群体慢性病和常见病发病率、学生近视率、学生体质状况和体育成绩合格率。
9.4.3 学校有学生基本劳动技能和动手实践方面的具体标准。
9.4.4 学校采取有效途径培养学生的劳动技能和动手能力。
9.4.5 用证据说明学生的劳动技能和动手能力的发展情况。
学生发展 9.5
学生热爱学校，具有较强的归属感和荣誉感，对学校生活感到满意，家长对学校评价高。
9.5.1 学校有系统了解学生和家长对学校满意度的有效途径。
9.5.2 用证据说明学生和家长对学校的满意度。
学生发展 9.6
学校或用人部门对本校毕业生评价高，学校社会声誉好。
9.6.1 学校有收集毕业生所在学校或单位对学生素质评价的机制。
9.6.2 用证据说明学校和用人单位对本校毕业生的满意度。

第三章　认证程序

认证程序是规范评估认证行为、提高认证质量和认证服务公信力的重要保证。一般来说，认证机构实施认证活动应当遵循必要的认证规范并编制详细的认证程序。认证程序应当以认证机构和人员为主体，反映为完成认证所必须履行的系统性工作步骤。编制认证程序需体现对认证学校办学质量评估的全生命周期的管理，在学校认证服务存续期间，通过认证程序客观、动态、持续反映被评估学校的状态。

一、认证程序概述

认证是以促进学校持续改进、进而保障教育质量不断提升的需要为出发点的，基于此，认证过程不应该是简单对认证学校各项条件的判断，而是因地制宜，对认证学校教育教学管理再提升、再创造的过程。在借鉴 CIS、NEASC 和 WASC 认证程序的基础上，结合我国中小学学校的实际，NCCT 认证程序增加“学校申请”和“资格考察”两个环节，具体包括：学校申请、资格考察、初步考察、学校自评、考察团考察、认证决定和后续程序，如图 3-1 所示。

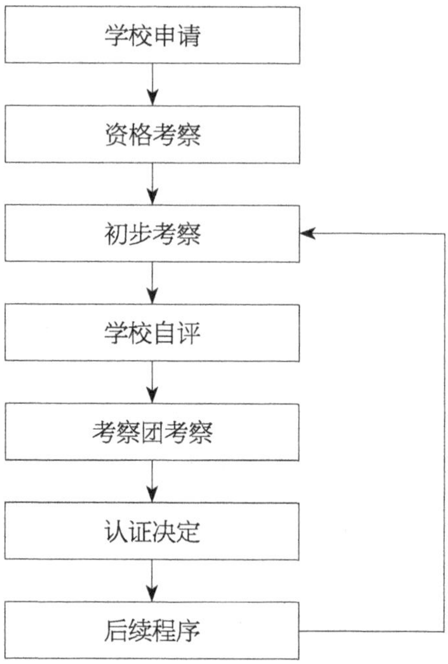

图 3-1　认证程序

二、学校申请

学校申请是学校参加认证的第一个环节，其作用是向相应认证机构表达认证意向。对于认证机构来说，这一环节的主要功能是确认学校是否符合申请认证的基本条件，了解申请认证的学校的基本需求以及所期望的日程安排。

（一）申请资格

申请认证的学校需要具备以下资格：

• 经当地教育行政主管部门依法审批的学校，符合教育部和当地教育行政部门办学的有关规定。

• 从审批之日起，学校办学满 3 年以上。

（二）提交认证申请表

申请表应以简便为宜，方便认证学校填写，主要内容包括：学校基本信息，如学校名称、地址、联系人信息、学生数量信息以及学校办学许可证、法人证书、学校诉求等。总之，申请表的主要功能是建立学校与认证机构的联系，不必要求学校填写或附带过多的内容，一切更详细的内容应在后续环节获取。认证申请表见表 3-1：

表 3-1　中小学学校评估认证申请表

学校	中文	邮箱	
	英文	电话	
地址		传真	
		网址	
校长		邮箱	
电话		传真	
备注			

主要证照信息

学校是否有如下证照？（如果有的话，何时颁发的？）

1. 办学许可证________________

2. 法人证书________________

3. 组织机构代码证________________

4. 税务登记证________________

5. 收费许可证________________

学生信息

1. 学生总数________________

2. 小学部________________

3. 初中部____________________

4. 高中部____________________

5. 外籍学生____________________

资格考察时间

NCCT 收到你校评估认证的申请之后，将进行为期一天的资格考察，请根据你校的实际情况，填写资格考察时间。

____

填表日期:____________

填表人签名:____________

三、资格考察

资格考察一般需要认证机构派人到学校进行实地考察，并出具附带相应证明材料的考察报告。其目的是确认认证学校是否达到认证的基本要求，并帮助学校以符合要求和正常运行状态进入认证程序，一般分为考察准备和实地考察两个步骤。

（一）考察准备

考察时间确定后，认证机构将向认证申请学校提出考察要求，其中重要的一项工作是需要学校根据《资格考察指南》(见样例 3-1）认真填写《学校基本情况表》(见表 3-2)，该表的主要内容包括：主要证照、管理机构、招生、行政、财务、教学场地及设施等方面的信息。《学校基本情况表》是用来判断学校的办学手续是否齐全，教学管理状态是否正常的主要依据，也决定了是否能够派人进行实地考察。

样例 3-1：

资格考察指南

资格考察是由认证机构委派考察人员到学校了解情况，为认证机构受理学校的认证申请提供依据的活动。认证机构收到学校的申请后，将派1～2名考察人员对学校进行1天的考察。认证机构根据考察人员的建议，做出是否受理学校申请的决定，并书面通知学校。

一、资格考察的任务

1．学校是否为当地教育行政主管部门依法审批的学校；

2．学校的运行是否符合教育行政主管部门的法定要求；

3．学校是否处于正常的运行状态。

二、考察人员的主要活动

1．参观校园；

2．访谈（董事长或董事会代表）、校长，负责课程、人力资源、招生和财务的管理人员；

3．查阅以下相关文件：

（1）办学许可证或批准办学的文件；

（2）法人证书或相关文件；

（3）组织机构代码证、地方税务登记证等；

（4）反映学校组织管理结构的文件；

（5）董事会构成、成员简介和董事会章程（民办学校需提供）；

（6）校长简介；

（7）反映教职员工情况的材料（在岗教师、教辅人员、行政人员的人数；教师的年龄结构、学科结构、学历结构；教师的工资、福利待遇等）；

（8）在校生简介（学生总数、年级数、班级数、班额、师生比）；

（9）反映学校课程设置情况的材料；

（10）反映学校办学条件的材料；

（11）学校近三年的财务审计报告。

4．撰写资格考察报告。

三、学校应做的准备工作

1．填写《资格考察基本信息表》；

2．根据考察人员的活动和学校的实际情况为考察人员制订活动日程；

3．根据考察人员的活动，为考察人员准备查阅的相关文件，协调有关人员按时参加访谈活动。

表 3–2　资格考察基本信息表

<table>
<tr><td rowspan="2">学校名称</td><td colspan="3" rowspan="2"></td><td>邮箱</td><td></td></tr>
<tr><td>电话</td><td></td></tr>
<tr><td rowspan="2">地址</td><td colspan="3" rowspan="2"></td><td>传真</td><td></td></tr>
<tr><td>网址</td><td></td></tr>
<tr><td>填表人</td><td></td><td>职务</td><td></td><td>邮箱</td><td></td></tr>
<tr><td>电话</td><td colspan="3"></td><td>传真</td><td></td></tr>
<tr><td colspan="6">备注</td></tr>
</table>

举办机构（介绍基本情况，包括机构名称、成立时间、注册地、机构代码、法人代表姓名，如为民办学校还需填写董事会的构成及主要业务；如果申办者为个人，请填写姓名、学历、工作经历、职业）

____

____

学校证照（包括办学许可证或批准办学的文件、法人证书或相关文件、组织机构代码证、地方税务登记证等；请填写证照名称、颁发机构、颁发时间、编号和有效时间）

____

____

法人代表（学校法人代表的姓名、学历、工作经历）

____

____

董事会（包括学校董事会的基本构成、成员简介，仅限于民办学校填写）

校长（姓名、学历、工作经验、业务专长、任期）

财务主管人员（姓名、学历、工作经验、职务名称、任期）

财务状况（包括近期资金的运行情况，以及应对财务风险的措施）

场地、设施和其他办学条件（包括场地、设施和其他办学条件简要介绍，场地、校舍的产权归属）

课程（各年级所开设的课程）

教职员工（包括在岗教师、教辅人员、行政人员的人数；教师的年龄结构、学科结构、学历结构；教师的工资、福利待遇）

学生（包括在校学生总人数，各年级和各班级的人数）

其他信息（填表人认为有必要提供的信息）

（二）实地考察

资格考察一般会派 1 ～ 2 名考察人员参加考察，考察时间为 1 ～ 2 天。考察目的：一是了解学校是否为依法审批的学校，其办学手续是否齐全；二是了解学校是否处于正常的运行状态。资格考察结束后，考察人员会在一周之内向认证机构提交一份资格考察报告。资格考察报告是认证机构判断是否受理学校申请的基本依据。如果认证机构受理学校的申请，双方将签订评估认证协议，并按照协议的内容开展评估认证工作。当学校重新申请认证时，资格考察环节可以省略。

四、初步考察

首次申请认证的学校将进行初步考察，通常考察时间为 2 ～ 3 天，由 2 ～ 3 名考察人员组成考察小组对学校进行考察。初步考察小组在离校后的 7 天内需将初步考察报告递交认证机构。初步考察的目的：一是了解学校的办学情况；二是介绍认证及认证程序；三是指导学校为自评做准备，如指导学校成立自评委员会，确定认证协调员，制订自评计划，培训学校如何开展自评等。当学校重新申请认证时，会进行类似考察，为了区别，此环节考察被称为“预备考察”。

初步考察时，考察人员将开展以下活动：参观校园、访谈（座谈）、查阅资料、观课、组织培训等。学校需根据《初步考察指南》（见样例 3-2）制定考察日程（样例 3-3）。学校要根据考察人员的活动，为考察人员准备查阅的相关文件，协调有关人员按时参加访谈活动，配合考察人员做好培训准备。

样例 3-2：

初步考察指南

初步考察是由认证机构委派考察人员到学校，考察学校是否为自评做好了准备，并帮助学校了解自评的方法和程序的活动。与学校签订认证协议后，认证机构将委派2～3名专家对学校进行为期两天的考察。

一、初步考察的任务

1. 了解学校发展现状，考察学校是否为自评做好了准备；

2. 对学校员工进行培训，帮助其了解自评的方法和程序。

二、考察人员的主要活动

1．参观校园；

2．对校长、董事会成员、管理人员、教师代表、后勤员工代表、学生和家长代表以及各自评委员会成员等进行访谈；

3．查阅与认证标准相关的文件：

（1）办学理念与办学目标；

（2）机构与管理；

（3）课程与教学；

（4）员工；

（5）资源、设施与服务；

（6）学生服务；

（7）社区关系；

（8）德育工作；

（9）学生发展。

4．对参与自评的员工进行培训；

5．到教室观课；

6．撰写初步考察报告。

三、学校应做的准备工作

1．根据考察人员的活动和学校的实际情况为考察人员制订活动日程；

2．根据考察人员的活动，为考察人员准备查阅的相关文件，协调有关人员按时参加访谈活动；

3．将《评估认证标准》《自评报告样本》《学校评估认证评定表》复印并分发给参与自评活动的员工，以便初步考察期间培训时使用。

样例3-3：

××学校初步考察日程表

×年×月×—×日

考察团团长：××　成员：××、××

×月×日，星期三

17：30　考察人员抵达深圳，入住并与校长和认证协调员见面商议后两天考察的事项

×月×日，星期四

8：30—9：30　在校长、认证协调员的带领下，参观校园

9:30—10:10　对董事长和董事会代表进行访谈（地点：学校拟定，如果学校为民办学校，可做此安排）

9：30—10：10　对校长进行访谈（地点：学校拟定）

10：10—10：50　对学生代表进行访谈（地点：学校拟定）

10：10—10：50　对家长代表进行访谈（地点：学校拟定）

10：50—12：00　查看文件；到教室观课

12：00　午餐

13：30—14：10　对主管教学副校长和教学主任进行访谈（地点：学校拟定）

13：30—14：10　对财务主管进行访谈（地点：学校拟定）

14：10—14：40　对教师代表进行访谈（地点：学校拟定）

14：40—17：00　查看文件；到教室观课

17：00—18：00　评估认证介绍会（与会人员：全体员工参加；地

点：学校拟定）

18：30　晚餐

×月×日，星期五

8：30—10：00　自评培训（与会人员：参与到自评过程中的人员都尽量参加；地点：学校拟定）

10：00—10：30　休息

10：30—12：00　解读学校评估认证标准（与会人员：参与到自评过程中的人员都尽量参加；地点：学校拟定）

12：00　午餐

14：00—16：00　自评分委员会主席座谈会（与会人员：自评委员会的主席及成员、各自评分委会主席以及参与到自评过程中的重要人员；地点：学校拟定）

16：00—17：30　查阅资料，撰写考察报告（地点：考察人员工作室）

18：00　所有考察团成员离开学校

（注：以上为初步考察期间的大致安排，学校可根据自己的实际情况进行相应调整。）

五、学校自评

学校自评是整个评估认证过程中最重要的部分，此阶段教职员工、家长和学生代表需要投入大量的时间与精力，但是学校会从中获益良多。学校在此阶段一般要花费12个月或更长的时间，参加自评的人员包括学校全体员工及家长和学生代表。自评的目的是对学校的优势和不足进行诊断，并制定改进计划，为考察团考察做准备。

自评期间，学校需要完成几项任务：一是全体利益相关者参与自评；二是梳理办学理念和办学目标；三是对照标准，对学校工作的各个方面进行自我评价；四是制定学校的行动计划；五是制定实施行动计划的策略。

一个真正全面的自评需要学校所有的利益相关者都要参与其中，自评应体现出对学校的真实的、广泛的看法，而不应代表学校任何少数群体的观点。自评要涵盖学校运作的所有领域，而且是一个持续的过程（关于如何开展自评详见第四章）。

六、考察团考察

认证机构收到学校的自评报告并对其审核通过后，将派考察团对学校进行实地考察。考察团考察的目的是在学校自评的基础上，通过外部专业同行的观察，明确学校的优势和不足，为学校发展提出意见和建议。考察时间为一周，考察人员由经验丰富的教育同行组成，考察人员的数量依据学校规模确定。考察期间，考察团人员需要参观校园、进行课堂观察、阅读自评材料，与教职员工、学生、家长代表进行访谈或座谈。他们要核实学校自评报告的内容是否与事实相符，并根据学校自身的办学理念和办学目标以及认证标准来评估学校的各方面工作。在考察结束前，考察团要完成考察团报告，阐明学校的优势，指出不足，并提出改进建议。同时，考察团还需要提出对学校评估认证结果的建议报告（考察团考察的具体内容详见第五章）。

七、认证决定

认证决定是认证机构根据认证委员会的建议，对认证结果做出决定的过程。认证机构会组织召开认证委员会会议，听取考察团团长或代表的简要汇报，并就有关问题向考察团团长或代表进行质询，最后对考察团报告和考察团关于学校认证结果的建议进行审议并提出结果建议，认证机构在认证委员会建议基础上对认证结果做出最后决定。

评估认证结果包括以下三种[1]：一是通过认证。表明学校运行的各个方面均达到或超过认证标准。认证机构授予学校通过认证，并向学校颁发证书和授牌。二是有条件通过认证。是指学校在某些方面尚未达到标准，至少需要一年时间进行改进。认证机构在适当时候派人员对学校进行特别考察，确认学校已经改进之后，认证机构给予学校通过认证，向学校颁发证书并授牌。三是认证推迟。是指学校在许多方面尚未达到认证标准，需要较长时间进行改进。认证机构建议学校在适当时候重新提出认证申请。

八、后续程序

后续程序是在考察团考察之后的认证周期内，根据自评报告和考察团报告的建议所进行的促进学校改进的活动。认证周期从考察团考察之月算起，为期五年。后续程序主要是为了促进学校实施行动计划，帮助学校改进、提升而建立的机制。后续程序包括：一是在考察团考察之后，学校应针对自评报告和考察团报告中提出的改进建议及时制订全校性的行动计划；二是在认证周期内，学校应从考察团考察的第二年开始每年向认证机构递交年度进展报告，说明学校是如何按照考察团建议来实施自己的行动计划的；三是在认证周期的第三年，认证机构将派 2 ～ 3 人对学校进行中期考察，考察人员将撰写一份全面的报告；四是在认证周期内，认证机构如认为有必要，或应学校的请求，可派人员对学校进行特殊考察。在认证周期的最后一年，双方商议下一轮的评估认证。

[1] NCCT 中小学评估认证采用的是 5 年评估认证周期、3 年评估认证周期和 1 年评估认证周期。从实践来看，对学校的促进和激励作用不够明显。所以本书采用的是国际学校认证的做法，即“通过认证”“有条件通过认证”和“认证推迟”。

第四章　学校自评准备与进程

一、自评的预期成果

学校自评是学校进行改进的基础，学校在开展自评之前应该了解什么是一个好的自评、一个真正有效的自评。一个好的自评通常可以用以下工作成效来衡量：

（一）真正起指导作用的办学理念和办学目标

通过群策群力，学校经过修订的办学理念和办学目标是符合社会需求以及学生发展需求的，已经获得师生、员工和家长的理解和支持。在全体教职员工的共同努力下，能够付诸实践。

（二）教学环境的改进

经过自下而上的自评之后，能够调动教职员工的积极性，形成高涨的士气。建设一支齐心协力的团队，形成务实的作风、不断进取的决心，为学生提供更加优质的服务。

（三）规范的办学

自评之后，学校的办学将会更加规范。会形成比较完善的学校政策和规章制度，并且建立规章制度起草、审批、执行、修订的程序；有定期更新的学校政策和规章制度汇编；有为教职员工编写的介绍相关政策和规章制度的手册；有为学生和家长编写的手册；通过签订合同、协议等方式处理相关事务；严格按照国家的法律法规和学校的政策和规章制度来管理学校。

（四）合格的自评报告

自评结束之后，学校应形成一份成熟的自评报告，报告有全面、客观、详实的事实描述和相关的附件；有实事求是的分析和评价；有依据事实列出的优势；有依据事实列出的需要加强的方面以及就需要加强的方面提出切实可行的改进意见。

（五）切实可行的行动计划草案

自评之后还要形成目标明确、具有可操作性的行动计划。制定的行动计划要有具体目标、具体举措。还要考虑：谁去做，谁负责监督？什么时候完成？需要哪些人力、物力和财力的支持？怎样做？做到什么程度才算完成任务？谁负责验收？总之，行动计划将成为学校后续工作改进的指南。

（六）可长期使用的信息档案

在自评指导委员会、自评分委员会和专门小组收集、整理的信息基础上，建立学校信息档案。这是自评的另外一个重要成果，可长期使用。学校信息档案要指定专人管理，不断充实、更新内容，充分发挥信息档案的作用。

二、如何开展自评

自评是对照自身的办学理念和办学目标以及认证标准进行自我评估和改进的一项活动，即肯定自身优势，检查自身不足的过程。它是在初步考察之后进行的，一般需要 12 个月，整个过程虽然费时、费力，但学校自觉自愿开展。此过程涉及学校的所有相关人员，包括董事会（仅限于民办学校）、校领导、教职员工、学生和家长。学校在自评之后需要向认证机构提交自评报告和行动计划。自评工作主要包含以下几项内容：

（一）自评准备

1. 建立自评组织机构

自评能否取得预期效果，关键在于学校是否能够将尽可能多的利益相关者组织起来，参与自评。自评开始前，学校需成立一个自评指导委员会和若干自评分委员会，此外还应配备一名认证协调员。

（1）组建自评指导委员会。自评指导委员会由校长、董事会代表（仅限于民办学校）、各自评分委员会主席、认证协调员、家长和学生代表组成，承担领导、协调、协助和监察自评分委员会的工作。在多数情况下，校长担任自评指导委员会主席，由校长提名各自评分委员会主席和认证协调员。认证协调员协助自评指导委员会主席负责与认证有关的一切事务。

自评指导委员会的主要职责：

– 动员员工、董事会成员、行政领导、学生、家长等，组建自评分委员会；
– 决定学校的自评计划、自评过程中重大活动的日程安排、自评指导委员会会议的时间安排和需要完成的其他任务；
– 培训、指导自评分委员会成员、全体员工、家长及学生代表等；
– 建立支持和监督机制，及时向各分委员会提供帮助，密切关注各分委员会的自评进展情况；
– 收集、审核、编辑各自分委员会撰写的各章节，汇总形成自评报告定稿；
– 根据自评报告定稿和各自分委员会起草的行动计划，制定全校行动计划；
– 协调后续认证程序，监督学校行动计划的实施与成效。

自评指导委员会履行其职责时，需要得到学校董事会和管理者的全力支持，以保障顺利完成任务。

（2）组建自评分委员会。学校的自评分委员会是对应认证标准设立的，认证标准含有几个部分，就成立几个相应的自评分委员会。每个分委员会由其主席负责，一般由 8 ～ 12 位成员构成，成员按照自愿原则组建。每个自评分委员会负责自评报告的一个章节。

有时，自评分委员会之下还要设立若干小组，如“课程与教学”部分。此部分是学校工作的核心，涵盖多部门、多领域，一般来说，需要从“横向”和“纵向”两个维度来设立多个小组。从“横向”维度来说，可按照年级和部门来组织，从跨学科视角来分析和评估学校的课程，如幼儿园课程、小学课程、初中课程和高中课程等。从“纵向”维度来说，可按照学科来组织，从“纵向”角度来分析和评估学校的课程，如语文、数学、英语、物理、化学、生物、历史、地理、思想政治等。但具体设立多少小组，要根据学校实际情况来确定。

自评分委员会的主要职责：

– 根据学校总体安排，制定自评分委员会的工作计划；

– 组建各工作小组，分配任务，协调各小组的工作并为其提供专业帮助；

– 全面分析所负责领域的学校运行状况，肯定优势，找出不足，提出改进建议；

– 完成自评报告指定章节的撰写，提交自评指导委员会；

– 根据自评过程中的调查结果，就负责领域的学校改进方面草拟一份行动计划；

– 积极参与学校行动计划的落实。

自评分委员会应由熟悉所负责领域工作的人员组成。为了让更多的利益相关者参与到自评中来，所有的教职员工（行政、教学和支持人员）都应该在一个委员会或一个小组中工作，为学校的改进发挥应有的作用。

（3）确定认证协调员。一般来说，认证协调员由校长任命，担任负责认证事务的秘书。认证协调员是自评过程中的一个极其重要的角色，发挥着支持、帮助、协调、督促等作用。

认证协调员的主要职责：

– 安排和协调重大活动，如说明会、培训会、自评指导委员会会议、全体员工大会等；

– 准备认证文件，分发给自评指导委员会和自评分委员会成员，如认证标准、学校计划和时间安排等；

– 监督自评过程，听取员工、家长和学生的反馈；

– 审核和编辑由各自评分委员会准备的自评结果和相关依据材料，对学校的运营进行分析和评估；

– 修改完善自评报告，并撰写全校行动计划。

此外，在自评前后，认证协调员还需协助自评指导委员会主席开展如下工作：

– 联系认证机构和考察人员，特别是与考察团团长的沟通；

– 为考察团考察做准备工作，如制定考察团考察日程、向考察人员邮寄资料、准备考察期间的文件、安排考察人员的食宿交通等；

– 后续程序的文书工作，如全校行动计划和年度进展报告的撰写。

下面是一份学校组建的自评机构人员安排及职责分工，请见样例4–1。

样例 4–1：

××学校自评分工及职责

自评指导委员会主席：×××

认证协调员：×××

评估认证秘书组：×××、×××、×××

序号	内容	自评分委员会主席
1	第一章　办学理念和办学目标	×××
2	第二章　机构与管理	×××
3	第三章　课程与教学	×××
4	第四章　员工	×××
5	第五章　资源、设施及服务	×××
6	第六章　学生服务	×××
7	第7章　社区关系	×××
8	第八、九章　德育工作、学生发展	×××

注：认证自评指导委员会由主席、协调员和自评分委员会主席组成。

其职责如下：

1. 组建认证自评分委员会（吸收自愿参加的教职工、学生代表、家长代表等）。

2. 确定全校范围的认证方案、时间表、自评程序、会议日期以及需要完成的任务。

3. 召开全校的动员及培训会议。

4. 设立支持和检查机制，向各分委员会提供帮助。

5. 收集、审核、修改各分委员会提交的自评报告草稿，并完成最后的自评报告。

6. 审核并确定最终的行动方案。

7. 协调认证程序，全过程检查全校行动计划的执行与落实。

2. 制定自评计划

制定一个清晰、可行的自评计划是自评前不可缺少的工作步骤。

自评计划是指从自评开始至考察团考察前一个月，此段时间的任务安排，包括时间节点、任务及负责人等要素。具体内容与形式可参见样例4–2。自评计划一般由认证协调员来制订。

样例 4–2：

学校评估认证自评时间表

时间	工作安排	负责人	备注
第一年 9月17日	1. NCCT 对我校进行资格考察和初步考察； 2. 组织校级班子座谈会，初步了解学校情况； 3. 召开学校骨干教师培训会议。	自评指导委员会主席 认证协调员	
9月18日	召开有关人员会议，对照标准，研究自评的相关事宜。	认证协调员	
9月20日— 9月30日	1. 召开全校教职工动员大会及培训会议； 2. 广泛发动教职工、学生、家长自愿参与自评工作，各自评分委员会成立组织机构，依据学校评估日程安排，确定各自的工作计划； 3. 自评委员会召开座谈会，协商如何全面开展工作，协调好自评工作与学校各项工作的关系，确保自评工作不影响正常的教育教学。	自评指导委员会主席 认证协调员	
10月	1. 开展学校办学理念、办学目标的大讨论； 2. 完成学校事实概述； 3. 完成办学理念、办学目标自评，为其他七个自评组开展工作奠定基础； 4. 开展“找学校优势、查工作不足”活动，广泛进行自评，增强全体师生的信心，查找学校发展中存在的不足。 5. 自评委员会召开一次会议，参加人员为分委员会主席和秘书组成员，安排收集信息的具体工作。	秘书组 办学理念、办学目标分委员会主席 认证协调员	

时间	工作安排	负责人	备注
11月	1. 在自评基础上，各自评分委员会召开第一次工作调度会，所有成员明确工作分工和相关职责； 2. 分工收集材料。	分委员会主席	
12月	1. 各自评分委员会召开第二次调度会，汇总收集材料的情况； 2. 针对收集的材料，查找收集工作中的不足，继续收集相关的信息。	分委员会主席	
第二年 1月	1. 自评委员会召开一次座谈会，商讨如何依据采集到的信息查找优势、深挖不足，进行改进； 2. 分委员会分工对照标准，陈述优势，查找不足，完成自评工作的 1/3。	认证协调员 分委员会主席	
3月	分委员会召开第三次调度会，分工对照标准，陈述优势，查找不足，完成分委员会的自评工作。	分委员会主席	
4月	1. 自评委员会组织一次骨干座谈会，了解自评工作的进展及效果； 2. 分委员会召开第四次调度会，重新审视各自的自评情况，及时进行反馈。	认证协调员 分委员会主席	
5月1日— 6月15日	1. 分委员会检查收集信息，查漏补缺； 2. 讨论各自的自评报告； 3. 完成各自的行动计划。	分委员会主席	
6月15— 7月15日	八个自评委员会分别完成自评报告和行动计划。	分委员会主席	
7月15日— 8月15日	完成学校自评报告和行动计划。	认证协调员 秘书组	
8月15日— 8月20日	将学校自评报告和行动计划（电子稿）发到每个考察团成员。	认证协调员	
9月18日— 9月24日	1. 考察团到校进行评估认证，完成考察团报告和评估结果的建议报告； 2. 学校根据考察团报告优化学校的行动计划。	自评指导委员会 全体人员	

（二）自评第一阶段：摸清情况

1. 梳理学校基本信息

自评指导委员会应在认证协调员的协助下，草拟一份有关学校、学生、教职员工及社区的一般性介绍资料，为各自评分委员会以及考察团提供基础信息。经少量修改后，资料页将成为自评报告的第一部分。

学校的基本信息应包含以下内容：

– 对学校的真实描述（如历史、管理机构、行政管理、环境、设施以及与当地社区的关系）；

– 学校的定位和宗旨（如学校的办学理念和办学目标）；

– 学生情况（如近三年入学人数、来自国家 / 地区、中途退学人数、取得的重要成绩等）；

– 员工情况（如任职资格、过去三年的流动率等）。

学校基本信息的收集可以从三个方面入手：一是学校的文件及其他书面材料，如规章制度、计划、报告、手册（学生、家长、员工）、通知、会议记录、宣传资料等；二是反映学校各种活动的资料，如视频、照片或者实物等；三是访谈记录，如对校长、行政管理部门负责人、教师、教辅人员、行政人员、后勤服务人员、学生、家长等开展的访谈纪要等。

2. 审核学校的办学理念及办学目标

学校应以清晰的办学理念和办学目标表达其核心价值和对高质量教育的期望，并用多种方式沟通其办学理念和办学目标，以获得各方面利益相关者的理解与支持。

在自评过程中，学校要根据其办学理念和办学目标以及认证标准来对自身的运作进行分析和评估。因此，自评需要对办学理念和办学目标进行检查和审核。审核应在自评指导委员会的领导下进行，自评指导委员会和自评分委员会的成员应在审核中发挥主要作用。

对办学理念和办学目标进行审核的程序包括：(1) 明确学生的需求和目标；(2) 明确学校的宗旨；(3) 检查、审核学校当前版本的陈述；(4) 决定当前版本是否需要修改；(5) 必要时修改陈述。

在自评过程中，学校可参考如下问题进行思考：

1. 有关学生的问题

(1) 学生的整体特点是什么样的？

(2) 学生的总体目标是什么？

(3) 他们的短期目标是什么？

(4) 他们的长期目标是什么？

(5) 他们面临哪些主要挑战？

(6) 他们应该具备什么样的能力来迎接挑战？

(7) 家长 / 学生如何看待高质量的教育？

(8) 他们为什么选择这所学校？

(9) 他们希望学校提供什么？

2. 有关学校的问题

(1) 学校存在的原因是什么？

(2) 期望学校在社区中扮演什么样的角色？

(3) 学校的核心价值观是什么？

(4) 学校应该做些什么来实现其核心价值？这些价值观是否符合学生、家长和社会的期望？

3. 有关办学理念和办学目标的陈述

(1) 当前的办学理念和办学目标的主要特点是什么？

(2) 当前的陈述是否清楚地反映了学校的核心价值观和对高质量教育的期望？

(3) 当前的陈述在学校过去几年的运行中是否发挥了作用？

(4) 学校是否有效地传达了其办学理念和办学目标，以获得利益相关者的理解和支持?

（5）是否有必要修订当前的陈述?

（6）如果需要修订，应该怎么做?

通过对办学理念和办学目标进行检查和审核，希望获得以下两个预期成果：一是进一步厘清学校的核心价值观及其对高质量教育的期望，根据实际情况，可能产生新修订的办学理念和办学目标；二是获得利益相关者对学校办学理念和办学目标的深刻理解和全力支持。

下面通过两个案例，我们来看学校（幼儿园）是如何开展办学理念和办学目标审核的，并且从中了解他们产生了哪些自评成果。

样例 4-3：

山东省 ×× 学校在开展自评伊始，就动员全体教职工及学生、家长代表，对“学校办学理念、办学目标”展开了近一个月的大讨论，经过多次座谈、论证，最后完善、确定了学校的办学理念和办学目标。对原来感觉不合适的部分进行了修改，还确定了教风、学风、校长核心价值观，最重要的是确定了学校的办学总体目标和育人目标（以前办学目标不太切合实际且版本不一）。学校还组织教职员工认真学习，将学校的办学理念、办学目标落实到教学和管理的各个细节之中，内化为自觉行动。

图 4-1 为学校修订前和修订后的理念与目标对比，从中我们看到了学校通过大讨论，进一步明晰了自己的核心价值观和办学目标，并得到了教职员工的理解与支持。

修订前

	内　容
校训	每天进步一点点
校风	责任、合作、创造
文化追求	爱和宽容　个性和多元　坚韧和执着
世纪精神	敬业奉献　求是创新　敢为人先
五大黄金教育法则	人文教育法则 问题教育法则 自信教育法则 差异教育法则 经典教育法则
五项承诺	让每一个孩子拥有一样特长
	把优秀学生推上成长的快车道
	启动学习特殊需要学生特别援助计划
	实施小班化，把爱的阳光洒到每一个孩子的心灵
	让 ×× 的孩子接受与国际化大都市上海同一水平的英语教育
十大举措	开设“中小学生特长超市”
	举办“×× 学生特长展示节”
	设立“×× 少年研究院”
	设立“×× 少年研究奖励基金”
	开设“小灶式家教辅导班”
	设立“×× 少年进步奖”
	为每一个孩子建立“成长档案袋”
	×× 双语教育互动工程
	校外名师示范对比课
	开展教师职业生涯设计行动计划

修订后

	内　容
校训	每天进步一点点
校风	责任　合作　创造
文化追求	博爱和宽容　个性和多元　坚韧和执着
世纪精神	敬业奉献　求是创新　敢为人先
五大黄金教育法则	人文教育法则　问题教育法则 自信教育法则　差异教育法则 经典教育法则
五项承诺	（1）让每一个孩子拥有一项特长；（2）把优秀学生推上成长的快车道；（3）启动学习特殊需要学生特别援助计划；（4）实施小班化，把爱的阳光洒到每一个孩子的心灵；（5）加强国际文化交流，拓展学生国际视野
十大举措	（1）开设“特长超市”，开展社团活动；（2）举办“×× 学生体育艺术节”；（3）开展特殊需要教育和个性化教学，实施定时定量规范化训练；（4）开设“小灶式辅导班”；（5）设立“×× 学生进步奖”；（6）为每一个学生建立“成长档案”；（7）开展生命教育和挫折教育，进行生存技能训练；（8）校外名师示范对比课；开展教师职业生涯设计行动计划；（9）拓展家长、社区资源，形成教育合力；（10）加强国际文化交流，开展师生赴外游学活动
校长核心价值观	公平公正地对待每一名学生
	用好习惯成就学生一生
办学目标	学校总体目标：学生喜欢、家长满意、社会认可的基础教育品牌学校 学校育人目标：培养有爱心、有责任感、有学习能力和有创新的人。
教风	用爱和智慧启迪学生心智
学风	学习从问开始。

图 4-1：山东省××学校自评前后办学理念和目标对比图

样例 4-4：

北京市 ×× 幼儿园，在建园之初，以“让儿童拥有世界”为办园理念，旨在以儿童为本、让儿童接触现实生活世界，丰富儿童内在精神世界，体验精彩学习、面向国际成长，成为未来世界的小主人！幼儿园的办园目标为“创办具有双语教育、蒙氏教育、智能教育、人格教育为特色的国际化幼儿园”。在自评过程中，其针对办园理念和办园目标，主要开展了三项工作：一是进行广泛调查研究、征集园外专家、家长、教职员工的意见和建议，在自评间，共发放征集意见信 400 多份，征集到有价值的意见和建议 50 多条。幼儿园还邀请幼教专家为幼儿园的办园理念和目标进行审核。二是对幼儿园培养目标的表述进行了修订，将幼儿园原有的培养目标“培养身体健康、智能多元、人格完善、具有国际视野和情怀的优秀儿童”修改为“培养身体健康的、爱思考、爱动手、爱创造、有爱心、喜悦心、自信心、责任心的优秀儿童”，修改后的培养目标更易于理解和记忆，更符合幼儿年龄特点。三是对践行办园理念和办园目标的具体措施进行了大讨论，加深了教职员工对办园理念和办园目标的理解，清晰了践行的措施和方案，更加符合幼儿园实际情况。

3. 开展问卷调查

学生、教师、家长及其他利益相关者对学校的看法是考量学校办学质量与效果的重要因素。一般来说，自评开展的前期，自评指导委员会应在认证协调员的协助下，对教职员工、学生（含在校和已毕业学生）和家长等进行意见调查。调查以问卷的形式进行，要形成调查报告。学校需要将报告及其相关数据提供给各自评分委员会，作为各自评分委员会分析和评估学校运作的基础数据。本文节选了教师 / 员工、学生及家长的部分问卷的内容（见样例 4-5），在实际操作中，认证机构需要组织专家、学校针对特定群体设计相关问卷，以保障问卷的科学性和适宜性。

样例 4–5：

学校教师 / 员工的调查问卷（节选）

教学的时间：　　　　共______年

在现在部门工作时间：　　　　共______年

任课的年级：　　　　__________

最高学历：　　　　__________

工作性质：　　　　__________

A. 学术人员（高级管理人员、校长、教师、助教等）

B. 后勤人员

序号	问题	非常同意	同意	不确定	不同意	非常不同意
1	学校的办学理念和办学目标适合学校					
2	从招生以及其他方面，学校能够保证学生的需求和学校所提供的课程相符					
3	我支持学校的办学理念和办学目标					
4	学校的办学理念和办学目标定期被评估					
5	做出重大决定时，会考虑到学校的办学理念和办学目标					
6	课程的设计和传授与学校的办学理念，办学目标以及政策是相符的					
7	课程文件明确指出了各个年级每门课程的范围和顺序					
8	书面的课程文件明确了学习目标，包括学生应该知道、理解以及应用的内容					
9	书面的课程文件包括所用的教学方法					
10	书面的课程文件包括教材和教学资源的信息					

序号	问题	非常同意	同意	不确定	不同意	非常不同意
11	书面的课程文件指出了衡量学生学习进度的测试					
12	书面的课程文件包括同一学科内和交叉学科间的参考书目					
13	新老师可以立即利用课程文档，为指定的课程备课					
14	我会根据班里学生的不同需求调整我的教学					
15	课程适合所有学生					
16	我定期与学校其他部门或其他年级的同事会面，讨论课程					
17	我定期与其他学科的同事会面，以加强学科间的联系					
18	我利用学校社团文化的多元性丰富我的教学					
19	我考虑到学生的不同学习风格					
20	我鼓励学生提高他们的批判性思维和解决问题的能力					
21	学习活动的设计注重收集、组织、表达和运用想法和信息的过程					
22	学校提供与学生需求相关的教师专业发展					
23	学校鼓励和支持我的专业发展					
24	我使用多种方法教学					
25	我的学生有着各种不同的学习风格					
26	如果需要，随时可以得到辅助专职人员的帮助					
27	学校有适当的科技资源					
28	学校提供充足的课程资源					
29	我向学生和家长清楚地说明课程的预期目标					

序号	问题	非常同意	同意	不确定	不同意	非常不同意
30	我有时因为学生不明白课程的预期目标而感到失落					
31	学校定期监督我的课程评估程序的质量					
32	我了解这所学校学生的水平和其他类似学校学生水平的差别					
33	我会与同领域的其他教师一起检查、修正以及改进课程					
34	学校鼓励我尝试教授新的课程或者使用新的教学手段					
35	我感觉在当前教育发展趋势上，我能与时俱进					
36	我在改进教学时，考虑了学生所取得的成绩					
37	我认为学生的成绩反映了我的教学是否成功					
38	我会与学生家长讨论学生的表现					
39	学校能够提供机会，让我定期和学生家长见面					
40	我对学校的评价程序和报告程序感到满意					
…	……					

在校学生的调查问卷（节选）

年龄：__________

年级：__________

性别：__________

是否住校：__________

序号	问题	完全同意	同意	不确定	不同意	完全不同意
1	我了解我们学校的办学理念和办学目标					
2	如果我想要查阅我学习的课程，我知道哪里可以查找易懂的信息					
3	学校上课的内容能够帮助我理解生活中的事情					
4	课堂上课需要我去努力思考，努力学习					
5	课堂上课总体来说是有趣的					
6	我在一堂课中学到的东西，可以在其他课上用到					
7	我去年上课学的东西，对今年的学习有所帮助					
8	学校考虑了我的学习方式					
9	老师注意培养我们思考和解决问题的技能					
10	我学会如何搜集、组织、呈现和应用各种信息					
11	我的大部分老师运用了多种教学方法					
12	课堂上课非常有趣					
13	课堂上，需要的时候，我能得到一些书籍或打印的资料来辅助学习					
14	学校提供电脑供我使用，帮助我完成作业					
15	在学习中，我知道老师对我的期望					
16	我觉得分数、成绩能够准确地反映我的学习状况					
17	我的大部分老师能够运用多种方式来评估我学习的进展					
18	我有机会能对自己的学习打分					
19	我有机会向老师展示我所学到的东西					

序号	问题	完全同意	同意	不确定	不同意	完全不同意
20	如果我在学习中遇到了困难，老师会尝试用另一种方式来教我					
21	我的学校成绩单上呈现了我表现好的方面					
22	我的学校成绩单上呈现了我表现弱的方面，并给出了改进建议					
23	学校公正地对待了我和我的家庭					
24	我的老师在他们所教授的科目上面学识渊博					
25	我的大部分老师懂得如何教学					
26	需要时，我知道如何寻求学习上的帮助和支持					
27	老师们鼓励我在课外寻找自己的兴趣爱好					
28	在学校，我能够去咨询问题，寻求建议或指导					
29	我能够轻松地和指导咨询人员交流					
30	老师们会把我在学校的情况告诉家长					
31	如果在学校发生了紧急状况，我知道应该如何应对					
32	如果我生病或者受伤了，我会立即得到学校专职医务人员的帮助					
33	我喜欢在学校食堂用餐					
34	学校有足够的卫生间和洗手设施					
35	我在学校感到安全					
36	在学校组织的出游活动中，我感到安全					
37	学校的管理和后勤人员友善并且乐于提供帮助					
38	我有一本学校发的学校手册或学生手册					
39	课余休息时，我喜欢到室外活动					

序号	问题	完全同意	同意	不确定	不同意	完全不同意
40	教室里的桌椅等设施良好，均可以正常使用					
…	……					
	以下住宿生回答					
62	我在住所感到安全					
63	在宿舍楼，我知道去哪里能够找到管理人员					
64	我和宿舍楼的工作人员相处得很融洽					
65	我在宿舍拥有足够的私人空间					
…	……					

毕业学生的调查问卷（节选）

您至今为止的最高学历：__________

A. 大学本科　　B. 硕士　　C. 博士　　D. 其他

您在本校学习时是否寄宿：__________

A. 是　　B. 否

您高中毕业的时间：____________________

序号	问题	完全同意	同意	不确定	不同意	完全不同意
1	我在学校学到的东西与我现在从事的工作相关					
2	学校开设了足够多的电脑科技课					

序号	问题	完全同意	同意	不确定	不同意	完全不同意
3	我离开学校的时候，无论在思想上还是社交能力方面，都已经为现在从事的工作做好了准备					
4	学校社团中多种多样的文化丰富了我的经历					
5	学校的课程重视如何搜集、组织、呈现和应用各种信息					
6	学校培养了我批判性思维以及如何解决问题					
7	我了解自己的学习方法					
8	学校老师在讲授一门课程时，运用多种授课方式					
9	学校的课堂有趣并吸引人					
10	老师能够用不同的方法评估我的学习状况					
11	我有机会自己评估自己的学习					
12	我有机会向老师展示我所学到的东西					
13	我觉得老师在我身上花费的心思足够多					
14	我和至少一位老师依然保持着联系					
15	学校能够提供全面的指导和支持					
16	老师们鼓励我使用图书馆					
17	有人指导过我如何使用图书馆					
18	我经常使用图书馆					
19	老师尊重学生					
20	学生尊敬老师					
21	学生间互相尊重					
22	我知道学校对我的行为的期望					
…	……					

学生家长的调查问卷（节选）

我孩子所在的年级：__________

我有几个孩子在上学：________

我的孩子是否住校：__________

序号	问题	完全同意	同意	不确定	不同意	完全不同意
1	学校的办学理念和办学目标清晰、有效，并且适合学校					
2	我知道并且理解我孩子所在学校的办学理念和办学目标					
3	我在把孩子送到这所学校之前，学校向我提供了关于学校的足够的、准确的信息					
4	我曾经被学校邀请去评价他们是否达到了自己的目标					
5	学校的办学理念和办学目标与学校设置的课程是相统一的					
6	我相信这些课程能够满足我孩子的需求					
7	我收到过关于我孩子的课程的学习目标和期望的书面概要					
8	我的孩子在学习中能够遇到适当的挑战					
9	总体上，教师们能够满足我孩子的需要					
10	我孩子现在学习的东西，对于将来非常重要					
11	我孩子学习的课程需要前几年学到的东西作为基础					
12	学校社团中的文化的多样性，丰富了我孩子的学识					
13	学校考虑了我孩子的学习方式					

14	学校提高了我孩子的批判性思维和解决问题的能力					
15	学校的课程着重于如何搜集、组织、呈现和应用各种信息					
16	我孩子觉得学校有趣并吸引人					
17	我孩子班里的学生太多了					
18	我孩子有上课需要的学习工具和书籍					
19	学校有充足的电脑供学生使用					
20	我和我的孩子都知道对他在学业上的期望					
21	老师能够用许多不同的方法评估我孩子的学习状况					
22	我孩子有机会向老师展示他所学到的东西					
23	我对学校针对我孩子在校期间进展情况的报告的频率和全面性感到满意					
24	学校能够帮助我理解学校举行的任何学业考试的结果					
25	我可以轻松地与老师谈论我孩子的学习进展状况					
26	我满意学校里师生的比例					
27	我对学校的师资质量感到满意					
28	我孩子的老师们都很有职业精神					
29	如果我的孩子在学习上有困难，学校会提供合适的帮助					
30	对于某一方面特别有天分的学生，学校会对他的发展给予建议，或为其制定培养计划					
31	我认为学校对学生指导和建议的过程是有效的					
32	我相信学校能够对学生的指导过程进行保密					
33	我对和孩子的老师们之间的沟通感到满意					

34	在有关我的孩子的重大决定方面，学校会考虑我的看法					
35	我相信学校对突发事件的应急措施					
36	学校对于学生健康问题的重视程度令我满意					
37	老师们知道在班级中可能发生的任何影响学生健康的问题					
38	我的孩子经常在学校的食堂就餐					
39	我对学校供应的餐饮的营养水平感到满意					
40	我相信我的孩子在校园里是安全的					
41	我有一本学校发的学校手册或家长手册					
…	……					
	以下住宿生家长回答					
81	我的孩子在住所感到舒适安全					
82	我对学校住宿的设施感到满意					
83	我对学校为住宿生组织的活动感到满意					
…	……					

（三）自评第二阶段：自评分委员会对照认证标准开展自评

自评过程中，各自评分委员会需要以认证标准为基础，对学校的运行情况进行分析和客观评价。因此，所有参与自评的人都应该熟悉认证标准。自评分委员会可以采取培训、研讨等方式，组织成员仔细研读认证标准，让所有参与者了解认证标准并知道如何使用认证标准。上述工作完成，各自评分委员会便可开展自评，主要包括五个步骤：

1. 收集、整理资料

每个自评分委员会需要与下属小组合作，收集、整理资料，以便在以后的步骤中使用。资料收集过程中，自评指导委员会应为自评分委员会提供帮助，并监督自评分委员会的工作进展。

资料收集包括如下内容：

– 根据所负责的领域，对照标准收集对应资料并整理成册，分类贴好标签；

– 收集、整理现有的能够反映学校日常工作的文件、出版物及其他书面材料，如学校政策文件、手册、会议记录等；

– 收集的资料要能够证明所负责领域的重要发现，能够支持事实概述和结论；

– 在自评过程中，如需对现有材料进行修改，可加说明“此文正在修改的过程中”；

– 如文件（比如财务，人事信息等）不方便公开，可在相关的文件夹里补充说明：“此信息可到财务或人事部处查阅”。

2. 起草事实概述

自评分委员会应起草所负责领域的事实概述。事实概述是指用简明扼要的语言客观描述指定领域内学校运作的基本情况。该部分必须是最新的、准确的信息，要基于已经收集的信息，不应该有任何评价或判断。事实概述要和后面的等级评定及结论陈述保持一致，其篇幅不宜过长，1 ～ 2 页即可。事实概述作为本章节的第一部分，为其他部分提供背景。

3. 开展评定

各自评分委员会需对照认证标准，对所负责领域的学校运行情况进行评定，填写评定表。自评分委员会的全体成员（包含下设的自评小组的成员）参与评定，评定的依据是第一步中收集的信息，评定结果是自评分委员会全体成员在讨论基础上形成的共识。

每一个观测点的评定等级分为“达到”“部分达到”和“没有达

到”，分别用 M、P、N 来表示。由于每所学校的情况各不相同，自评分委员会可以在标准上增加一项或多项观测点，并对这些观测点进行评定。

每一条标准评定的等级同样分为“达到”“部分达到”和“没有达到”，同样用 M、P、N 表示。在上述程序中，依据每一条标准之下的观测点的评定结果直接影响依据该标准对学校的评定结果。观测点对标准的影响取决于观测点的重要程度，这往往需要自评分委员会的全体成员讨论决定。

此外，需要对“部分达到”和“没有达到”的评定做简要说明。

自评分委员会需要完成与指定章节相关的评定表格。保存在文件夹中的信息 / 数据是证据的主要来源。评定表格将放在报告中，作为本章节的第二部分。

4. 撰写结论

各自评分委员会需参照认证标准，在完成事实概述和等级评定的基础上撰写所负责领域的结论。结论包含四方面内容：一是本领域的主要优势，即对学生的学习或满足学生需求方面有积极影响的主要优势；二是需要加强的方面，即为了提升学生的学业质量或满足学生需求，需要加强的主要方面；三是改进建议，在提高学生学业质量和满足学生需求方面的改进措施；四是在自评过程中取得的进步，如在自评过程中，已经完成的改进工作。

5. 完成本章节自评报告

各自评分委员会要按时完成所负责领域的自评报告。每一个领域的自评报告应包括三部分内容，即事实概述、等级评定和陈述结论。各自评分委员会需要讨论并确定所负责领域的自评报告，并在自评报告的首页签名后，提交至自评指导委员会。自评期间，收集、整理的资料需要作为自评报告的证据材料，也一并提交。

三、如何撰写自评报告和行动计划

（一）自评报告的撰写

1. 自评报告的结构（见样例 4–6）

自评报告的结构如下：

（1）封面：学校的标识、报告的题目、报告完成的日期。

（2）专用词汇表及其解释。

（3）由校长或自评指导委员会主席起草的“给考察团的一封信”。

（4）目录。

（5）第一部分：学校基本信息

– 一般信息：学校历史、董事会、管理者、员工、学校环境、设施与社区关系的事实描述；

– 经审核的办学理念和办学目标；

– 有关学生的信息。

（6）第二部分：学校运行情况分析

– 事实概述；

– 评定；

– 陈述结论（优势、需要加强的方面、改进建议、在自评过程中的改进）；

（7）第三部分：结论和行动计划

样例 4–6：

自评报告结构示例

目　录

2. 自评报告的撰写要求

一份合格的自评报告（参见样例4-7、样例4-8）应该符合以下要求：

（1）依据明确。学校的办学理念和办学目标是分析评价学校工作的基本依据之一。如果办学理念和办学目标需要修订或者重新拟定，应该尽早完成修订或者重新拟定。

（2）材料详实。按照认证标准所涉及的内容，全面收集能够准确反映实际情况的材料。对于收集的材料应该进行鉴别、筛选和分类。

（3）陈述客观。事实概述是根据收集到的材料，对学校方方面面工作进行客观的描述。事实概述须按以下要求撰写：（1）事实概述的内容应该与认证标准涵盖的内容一致；（2）既要概述已经做的、获得好评的、取得明显成绩的方面，也要概述还没有做的，或者刚刚开始做的，或者做得不成功的方面；（3）重点要突出，语言要平实，忌描述性和评论性语言。

（4）结论合理。根据认证标准和学校的办学理念和办学目标进行分析和评价，得出令人信服的结论。要指出哪些是优势，哪些是需要加强的方面。结论的阐述须按以下要求撰写：（1）须有充足的证据；（2）结论中不能掺杂事实;（3）一个结论只包含一层意思;（4）结论要合理;（5）提出的是真问题;（6）结论的语言是一种评价，但需中性;（7）建议需具有可行性，“做什么、谁去做、怎么做、谁监控、谁验收、需要什么资源支持、什么时候完成、完成的标准是什么”都需要明确。

（二）行动计划的撰写

在自评分委员会建议的基础上，自评指导委员会在自评报告完成以后要立即着手起草学校的行动计划。这个草案在考察团考察之后，要由学校的利益相关者讨论多次，最后由学校领导班子审定通过后实施。

参与行动计划起草的人员应该包含自评指导委员会及部分学校领导成员。起草行动计划之前，需要思考如下问题：

– 研制一个全校性的行动计划，应该遵循什么程序?

– 学校改进的短期目标是什么?

– 学校改进的长期目标是什么?

– 在以下领域，自评分委员会的建议是什么?

  办学理念和办学目标

  机构与管理

  课程与教学

  员工

  资源、设施及服务

  学生服务

  社区关系

  德育工作

  学生发展

– 如何将这些建议放到重要和优先的位置?

– 行动计划应该包括哪些建议?

– 完成了行动计划后，学校应该做什么?

行动计划的基本要素包含：问题、举措（整改措施）、完成时间、负责人、支持保障等（参见样例 4-9）。

样例 4-7：

自评报告第一部分样例（节选）

第一部分　学校概况

学校的发展历程

×× 学校是一所公办九年一贯制义务教育学校，学校占地 3 万平方米，建筑面积 2.8 万平方米，是 ×× 市政府的民生工程之一。

2008 年 6 月，××× 派出筹办组进驻本校，迅速完成了教学设备配置、规划、招生等筹办工作，2008 年 9 月正式开办，隶属 ×× 教育局，规模为 12 个教学班，教职工 48 名，学生 558 名。首任校长带领学校教职工制定了“学校第一个四年发展规划”，并邀请市区主管领导和知名专家进行论证，确定了“自主发展”的办学理念和“培养合格公民”的培养目标以及一训三风，进行了课程设置和办学特色等全面规划，为学校第一个四年的发展打下了坚实的基础。

2009 年，学校扩班，学生增至 1245 人，教职工 88 人。学校开始实施“三环双轨”管理机制及体育学科实行“模块教学”实验并初见成效。

2010 年，学校第二次扩班学生增至 1706 名，教职工 117 名，“三环双轨”学校管理模式显现活力，“模块教学”从艺术科组扩展到体育科组，乒乓球、舞蹈、奥数等多个项目获奖。

2011 年，学校第三次扩班，学生增至 2080 名，教师增至 145 名。1 月，第二任校长到任，提出了“继承与发展，传承与创新”的理念，新老班子实现平稳过渡，学校稳定、和谐发展。2011 年下半年，校长领导全校师生逐步提炼出“每一个孩子都很重要，努力做最好的自己”

办学理念。学校逐步完善教育教学设施，目前配备足球场、篮球场、室内操场（乒乓球馆）、职工饭堂及学术报告厅、电脑室、语言实验室、版画室、国画室、书法室、声乐室、舞蹈室、综合实践操作室和科学探究室等各类功能教室共43个。

2012年9月，学校扩至44个教学班，其中初中16个班，小学28个班，学生2224名；教职员工162名，平均年龄30.4岁，其中有博士1名、硕士30名，外教1名。经过实践、提炼，学校确定“每位××人都重要，做最好的自己”的教育理念，“具有国际视野、传统底蕴和创新精神的现代公民”的培养目标，“平等、尊重、理解、包容”的核心价值，实施教育国际化背景下创意教育。完善并实行“四环双轨”运行模式：在教育主管部门任命校长室和三处一室的同时，设立“行政中心”“教师发展处”“学生发展处”“课程与教学处”“家庭教育指导处”“安全处”的双轨运行机制；实行以校长室为核心、各职能部门具体指导、年级负责落实、班级共同体负责实施的四环管理模式。自实施以来，各部门职能强化，合作协调，运行畅顺，取得了良好的效果，促进学校在教育国际化背景下实现可持续发展。

开办以来，学校立足师生可持续发展，不断优化课程设置，确定了“国家课程校本化、校本课程系列化”的课程体系。在开足开好国家课程的同时，学校先后实行“声乐模块教学”“舞蹈模块”“体育模块”等模块教学，践行国家课程校本化，还开设了“国际理解”“国学诵读”等54个校本课程（学生社团），实现校本课程系列化，为学生提供了多元发展平台，充分尊重学生的个性发展；在课堂教学上制定并实施“先学后教、讲练结合、生生互动、留白质疑”的课堂教学模式。制定了《德育序列纲要及其实施细则》和星级发展计划，实现了学生九年一贯发展和多元评价。教师发展以“四地一站”和校本培训为途径，每学年开展“读书分享”“青蓝工程”“五段互动式”“教师演讲比赛”“班主任技能大赛”“高效课堂教学大赛”等活动，实现教师自主发展，同时，以《基于教育国际化理念下的学校管理的实践研究》总课题为引领，开展各项教育教学研讨，从而保障学校各项教育教学的顺利运作和学生健康发展。

学校建立了社区、家庭、学校三位一体的大教育联盟。成立了家长委员会和家长义工组织、家长社团，编制“家长报”。家长代表参与每周行政扩大会，家长义工参与学校每天的值日、特殊学生关爱和大小型活动的秩序维持等，深度参与学校管理，形成了良好的互动关系，构建了良性发展的大教育联盟。

……

学校行政（略）

员工

1）最新的教师名单

2012—2013学年学校教师名单

序号	姓名	性别	年龄	教龄	部门	所教授学科	年级
1.							
2.							
3.							
4.							
5.							
6.							
7.							
8.							
9.							
10.							
11.							

2）近三年员工离职情况统计

	今年		去年		前年	
	女	男	女	男	女	男
教师						
行政办公室人员						
教学辅助人员						
其他辅助人员						
总计						

3）员工离职原因

离职原因	今年	去年	前年
去其他学校			
经济原因			
未续聘			
个人及家庭原因			
其他原因			
总计			

学生

因我校学生外来务工人员子女人数较多，家长忙于生计，对孩子的学习及辅导关注较少，学生整体学习基础薄弱，良好的学习习惯尚未养成，但学生较为淳朴，能在班主任及科任教师指导下不断进步，健康快乐成长。

1）学生统计

部门	年级	今年		去年		前年	
		男生	女生	男生	女生	男生	女生
小学部	一年级						
	二年级						
	三年级						
	四年级						
	五年级						
	六年级						
初中部	七年级						
	八年级						
	九年级						
总计							

2）非大陆居民子女情况

国家 / 地区	%	国家 / 地区	%

3）最近三年学生转学情况统计

转学原因	今年		去年		前年	
	人数	%	人数	%	人数	%
因父母工作变动						
因家庭变迁						
总计						

4）过去三年中学校取得的市级和市级以上荣誉（略）。

样例 4–8：

自评报告第二部分样例（节选）

第二部分　学校运行情况分析

第三章　课程与教学

（一）小学部

☆课程设置

我校全面执行国家课程方案，遵照《义务教育课程设置实施方案》规范设置课程，开齐课程并开足课时数。遵照“每位 ×× 人都很重要，做最好的自己”的教育理念，学校加强课程的设计与开发，实施国家课程再设计、地方课程校本化、校本课程系列化，努力做到“按需上课”，让每个学生都能享受到适合的课程。

（一）落实国家课程，实施国家课程再设计

小学部选用的是经全国中小学教材审定委员会审查通过的义务教育课程标准实验教科书，包括语文、数学、英语、品德与生活（品德与社会）、科学、音乐、体育、美术、信息技术等。

学校全面实行大课间体育活动制度，每天上午统一安排 25 分钟的大课间体育活动，组织学生做广播体操、开展集体体育活动。每年召开春、秋季运动会，因地制宜地开展以班为单位的学生体育活动和竞赛。

学校严格控制学生课业情况，一、二年级不布置书面家庭作业，三至六年级学生每天书面作业量不超过 1.5 小时。不定期组织学生问卷，调查课程开展和课外作业布置情况，及时对调查中存在的问题进行整改，切实减轻学生过重课业负担。

学校成立招生工作领导小组，遵照市区教育局及街道办的有关文件精神，按照“六公示”“六承诺”的要求，按划定的区域招生，免试就近入学；严格执行本省《义务教育阶段学校学生编班管理暂行办法》，均衡编班、均衡配置教师，未分重点班和非重点班。

学校对国家课程进行再设计，对音乐、体育、美术等学科实行“项目模块化教学”实验，取得初步成效。音乐学科的“项目模块化教学”分为合唱、舞蹈、器乐三个模块，体育学科模块分为篮球、乒乓球、足球、田径等模块，美术分为版画、国画、线条画、手工制作等模块。在三、四、五、六年级实行模块教学，由学生按照自己的兴趣和特长，同一年级的不同班级学生重新组合到不同的模块班级上课，经过几年的系统学习训练，掌握一项专业体育技能。

（二）地方课程校本化，校本课程系列化

在全面实施国家课程计划的同时，我校充分发掘地方和学校课程资源，成立学校课程开发与教学指导委员会，开发系列校本课程，包括特色课程、社团课程、拓展课程和活动课程四个系列的校本课程。学校制定《课程开发与管理实施方案》《特色校本课程管理规定》《学校特色量化评价方案》《学校特色教育竞赛奖励方案》《学校校本课程设置一览表》等系列规章制度，以保证校本课程的顺利实施。通过“多层次、宽领域”课程体系的构建和实施，推进学校的国际化进程。

特色校本课程：基于“培养具有传统底蕴、国际视野和创新精神的现代合格公民”的培养目标，学校开设了特色校本课程，包括国际理解教育、国学教育和经典诵读、德育影视课程。德育影视课程由故事阅读类、人物传记类、科普知识类、励志类、历史故事类、英语欣赏类、艺术鉴赏类等几个组成部分。以影视文化欣赏为基点，研究利用影视资源与德育、艺术相结合的教学模式，为学生的德智体美劳的发展服务。通过课程的实施，验证优秀电影对于促进小学生自我教育、自主能力发展的重要作用。

社团校本课程：学校成立了学生社团指导中心，为每个社团配备了专业指导老师，对学生社团进行课程化管理。目前，社团校本课程已发展到 27 个，包括合唱队、男子舞蹈团、小学舞蹈团、民乐队、古筝班、书法社、国画社、版画社、水彩社、素描社、乒乓球队、篮球队、跆拳道团、健美操队、足球队、拉丁舞团等，丰富多彩的社团活动为学生提供了展示特长和个性的舞台，也给校园文化建设带来了生机和活力。

拓展校本课程：各学科组在课堂教学之余，开设学科拓展校本课程。语文科组开设文学社、国学班、听名师讲国学；数学科组开设趣味数学、思维训练；英语科组开设英语影视配音、英语剧社、英语歌曲；科学科组开设科学探究；历史科组开设历史故事会等校本课程。

活动校本课程：七、八年级开设烹饪、植物与生态、跳皮筋、摄影、园艺种植、四大名著欣赏、象棋、踢毽子、水果拼盘等活动课程，以发展学生爱好，丰富校园生活。

☆课程资源

学校教育教学设备设施完善齐备。有宽敞的教室、文化馆、演播大厅、环球电脑室、语言实验室、数学实验室、舞蹈教室、声乐教室、器乐教室、版画教室、素描教室、国画教室、水彩教室、科技与创作室、阳光心语室、家庭教育指导中心等先进的学科教学功能教室，也有学科主题活动中心、腾龙苑（地理园）、卧龙亭（生物园）和田径运动场、篮球场、乒乓球训练中心、游泳训练中心等运动设施。学校安排专职教师负责各功能室的管理和使用，制定了各功能室管理人员职责和一系列管理使用制度，对各种仪器和器材定期检查、维护和维修，保证了学校各任课教师的正常使用。

图书馆集普通图书、电子图书为一体，依托龙源电子期刊阅览室，把丰富的图书资料引进学校。摄录各类讲座、公开课、研讨会，建成学校电子资源库，实现资源共享。完善教师电子教案库建设和学校网站等教学信息化工作，建设安全、智能、便捷的数字化校园。实现校园内的移动办公，使信息技术在学校管理和教学上的应用水平达到市内先进水平。

学校有充足、优秀的师资来确保课程的落实。现有153名教职员工中，有博士1名、硕士21名、外教1名，教师100%学历达标，高级教师21名，区级以上荣誉教师41人，根据教师的学历、职称、从事本专业教学的经验和能力，分配任教学科和年级。

学校重视教师培训，有完善的校本培训体系。从培训对象来看，举行新教师上岗培训、骨干教师研讨培训、全体教师普及培训等。从培训时间来看，分暑期系列培训、每周专题培训、学期特色培训等。从培训内容看，既包括教育理论、学科教学，又涵盖心理学、美学、礼仪、文化艺术等。

……

☆课程实施

（一）构建高效课堂教学模式

我校致力研究高效课堂。关注孩子个性差异，探索“先思后教”“讲练结合”“留空质疑”“生生互动”的高效课堂教学模式，增强学生学习主动性和实效性，促进知识与能力、情感态度与价值观的同步提升。结合学科特色，开发配套的教研资料，并申报市、区级课题。各教师以此作为小课题，边实践，边研究，形成体现差异性、规律性、风格各异的高效课堂。

完善高效课堂教学监控制度。学校制定科学、完善的管理制度，对备、教、批、改、辅、监测、反思等教学环节与手段，按照常规检查与定期评比相结合，资料检查与现场观看相结合的原则，实行实时性、动态性、全程性的精细化管理，督促教师将高效课堂落实到位。

建立科学的高效课堂教学评价机制。以提高课堂效率为导向，建立多元（年级、科组、学生、家长等多方参与）的课堂教学评价机制。行政点课制问诊课堂，行政每周提前点好至少三节公开课，包括文、理、综合，课后进行集体议课，分析存在问题，提出改进措施。举行“教学开放日”，邀请家长、外校教师、社会人士前来听课评课，提出建设性意见。定期开展课堂教学问卷调查，由学生进行无记名投票评价。

（二）多途径提高教学质量

实行个性化教学。根据学生知识水平、接受能力等，从备课、课堂到作业，都进行分层设计，让不同程度的人都能得到关注。开设每日一节“分层教学走班课”，每天安排一门学科，在全年级范围内进行学生重组，从而分层、分类开展教学，实现培优扶弱，促进整体提升。关注随班就读的特殊学生，包括自闭、多动、残疾、弱智儿童，设计针对性的专门课程。

利用学术委员会提升教学水平。完善由行政、学科带头人、骨干教师组成的学术委员会，通过在各类课堂教学比赛、教师基本功大赛、说课比赛等活动中担任评委，为教学工作提供方向引领。同时对每位教师的日常教学进行评估，不断推出示范课、优秀课，从而带动全校教学水平提升。

实施目标驱动制。根据“低进高出”原则，结合学生发展现状以及学校整体目标，每个年级、每个班级、每个人分层制定短期及长期教学目标。通过目标驱动，激发师生内在动力，从而提升教学质量。

举行系列“遗憾教学论坛”。“遗憾教学”主要是针对教学中的失误或不足，经过长期的自我反思和重新策划，有了新的更高境界的思想认识而进行的反思性探讨。通过讲述遗憾故事、分享遗憾心得、探讨改进方法等，把真实的教学问题搬到讲坛，避免犯错误和走弯路。

☆课程评价

我校在“实施学校文化管理，促进师生自主发展”办学模式的基础上，提出“每位 ×× 人都重要，做最好的自己”的办学理念，把平等、尊重、理解的思想渗透到各项工作中。学校对教师的教学和学生的学习以激励性评价为核心，坚持多元化评价。校长、处室主任、年级组长、教研组长、备课组长层层领导和推进教学工作进展情况。用期中期末综合质量检测结果的对比和分析掌握学生学习的效果，调整教学内容，改进教学方法。

注重对学生的过程性评价，为了全面反映学生的成长历程，学校为每个学生建立成长档案，收集学生每个学习阶段方方面面的资料，包括学业成绩，父母的期望，教师、同学和自我的评价，重要比赛的成绩，自己满意的作品等，通过学生自评、同学互评、家长教师评价，共同得出对学生的评价结果。学校制定并实施《“星级学生”晋级发展行动方案》，开展学生星级晋级评定、星级学生评比，激励学生获得全面而有个性的发展。

……

评定表

评定等级：M= 达到要求；P= 部分达到要求；N= 没有达到要求

课程和教学 3.1	等级
学校全面执行国家课程方案，创造性地实施国家和地方课程，积极开发校本课程。	M
3.1.1 课程设置符合国家和地方制定的课程方案。	M
3.1.2 所选用的教材应当经过依法审定。	M
3.1.3 课时数、课程的难度、教学进度符合教育主管部门的要求。	M
3.1.4 积极开发校本课程，并形成自己的特色。	M
3.1.5 考试命题科学合理，考试内容符合课程标准的基本要求，考试难度和考试次数适当。	M
增加指标：	
无	

课程和教学 3.2	等级
学校课程在设计、实施、评价和修订方面，反映学校的办学理念和办学目标。	M
3.2.1 课程设计和实施符合学校的办学理念和办学目标。	M
3.2.2 以下几个方面反映了学校的办学理念和办学目标： a) 招生和分班 b) 学生评价 c) 学生纪录 d) 学生成绩报告	M
3.2.3 课程修订要依照办学理念和办学目标。	M
增加指标：	
无	
课程和教学 3.3	等级
学校有书面的校本课程文件。	M
3.3.1 书面课程文件明确每门课程或每个年级的范围和序列。	M
3.3.2 书面课程文件就学生应该知道、理解和能够做到的方面，详细说明其预期的学习结果。	M
3.3.3 书面课程文件包括可供参考的教学方法。	M
3.3.4 书面课程文件包括有关教学材料和资源的信息。	M
3.3.5 书面课程文件明确评价学生进步的方法。	M
3.3.6 书面课程文件包括可供参考的学科内和跨学科的衔接。	M
增加指标：	
无	
课程和教学 3.4	等级
课程在纵向和横向上相衔接，以确保学段内和学段之间、学科内和学科之间的连续性。	M
3.4.1 不同学科和学段的教师定期相互交流，以加强纵向的课程衔接和各学科之间的联系。	M

3.4.2 在适当情况下，开展包括多种学科的学习体验活动。	M
3.4.3 教学管理部门有明确的职责分工，来监督课程衔接措施的可行性和有效性。	M
增加指标：	
无	
课程和教学 **3.5**	**等级**
学校利用当地的文化多样性，丰富学生的教育经历。	M
3.5.1 利用当地的文化多样性来丰富课程。	M
3.5.2 引导教师以适当的方式将当地文化整合进课程。	M
增加指标：	
无	
课程和教学 **3.6**	**等级**
课程有利于培养和发展学生终身学习的技能和能力。	M
3.6.1 课程强调收集、组织、表达和运用信息的过程。	M
3.6.2 课程向学生提供培养其批判性思维和解决问题能力的经历。	M
3.6.3 课程为学生提供认知和交流其学习方式的机会。	M
增加指标：	
无	
课程和教学 **3.7**	**等级**
学校向教师提供持续的专业发展，以提高教师的教学水平。	M
3.7.1 建立相关的专业发展机制和程序，以帮助教师设计和开发课程。	M
3.7.2 在与教师的工作相关及其感兴趣的领域，为其提供专业发展机会。	M
3.7.3 提供相关的专业发展机会，以帮助教师改进教学方法。	M
增加指标：	
无	

课程和教学 3.8	等级
教师根据学生不同的学习方式，采用相应的教学方法和策略。	M
3.8.1 根据学科内容的性质，采用不同的教学方法。	M
3.8.2 创设激励性的学习环境，吸引学生参与。	M
3.8.3 使用不同的教学材料和方法，最大限度地满足个体学生的需要。	M
3.8.4 为母语非汉语的学生提供适当的教学方法。	×
增加指标：	

注：1. 如自评委员会认为上述标准或指标中有不适用于本学校的，请在标准或指标旁边划“×”，并说明理由：

不适用的标准或指标代号	说明
3.8.4 为母语非汉语的学生提供适当的教学方法。	我校暂无母语非汉语的学生

陈述结论：

优势：

1. 课程的设置有效贯彻国家、省、市各级教育办学理念和办学目标。

2. 校本课程建设初见体系与特色。

3. 国学教育成效显著。

4. 体育艺术模块教学有特色。

5. 国学节、国际节、英语节、艺术节、科技节、体育节、学生社团活动等校园活动丰富多彩。

6. 多层面的评价报告体系，使学校、家长、学生能够多渠道沟通。

7. 精诚合作、勇于开拓、专业过硬的优秀教师队伍。

8. 服务部门、教育教学各部门互相支持，密切合作。

9. 便捷、高效的校园信息网络，使资源能够共享。

需要加强的方面：

1. 校本课程实施需进一步精细化。

2. 提高课堂教学效率，全面提升教学质量。

3. 加大研究性学习的组织力度，提高教研论文、著作、研究报告、公开课、优质课、科研课题的层次和质量。

在自评过程中改进的方面：

1. 结合学校办学理念和办学目标的修改，认真审视并对课程文件进行完善。

2. 在日常教科研活动中，加强了课程纵横衔接，学科之间的渗透与研究。

3. 教学中大力开展了以研究性学习及培养学生批判性思维和解决问题能力为主攻方向的小课题研究，促进了教与学方式的转变。

4. 加强了学校与社区的联系，如：加强家校联谊会的规划；学校开展家长开放日活动，走进校园、进入课堂，亲身体验。使学校的课堂教学更加透明，更有效地将学生的日常表现与学习效果与家长沟通。

……

样例 4–9：

自评报告第三部分样例（节选）

第三部分　结论及行动计划

主要优势

第一章　办学理念和办学目标

1. 学校的办学理念和办学目标通过校领导、管理者、教职员工、家长、学生和校外专家的共同讨论中逐步形成与明确，在发展中与时俱进，不断根据自身情况及时修订。

2. 学校有意识地把办学理念和办学目标渗透在各项工作中，学校的各项工作、决策过程都以办学理念和办学目标作为指导。

……

第二章　机构与管理

1.学校领导班子对学校基本情况熟悉，长期从事教育教学研究与管理工作，有较为丰富的教学、管理经验。

2.学校创新管理机制，实行“双轨制”，内设校长室、行政中心、课程与课程与教学处、学生发展处、教学研究处、家庭教育处、安全办六个机构。各部门岗位职责明确、任务清晰。

……

第三章　课程与教学

小学

1.课程的设置有效贯彻国家、省、市各级教育办学理念和办学目标。

2.校本课程建设初见体系与特色。

3.国学教育成效显著。

4.体育艺术模块教学有特色。

5.国学节、国际节、英语节、艺术节、科技节、体育节、学生社团活动等校园活动丰富多彩。

6.多层面的评价报告体系，使学校、家长、学生多能够渠道沟通。

……

需要加强的主要方面

第一章　办学理念和办学目标

1.办学理念和办学目标的审核或修订的程序需要出台成文的文件来规范。

2.对办学理念和办学目标的宣传方式有待加强，渗透到学校工作的细节之中。

3. 学校对办学理念和办学目标的评价体系不够完善，每年对办学理念和办学目标的达成度的检测评估有待加强。

第二章　机构与管理

1. 现行的学生手册、家长手册不能与时俱进地全面反映学校的最新情况。可进一步完善并突出学校特色，将各项协议、条例汇集成册。

2. 学校社区对各项规定理解缺乏系统性。

……

第三章　课程与教学

小学

1. 校本课程实施管理比较粗放。

2. 研究性学习的组织实施力度比较薄弱，教研论文、著作、研究报告发表较少，公开课、优质课、科研课题的层次和质量尚未形成品牌与特色。

……

初中

1. 校本课程的开发力度比较单薄，项目偏少。

2. 课程的纵向衔接与横向衔接不够融洽。

……

行动计划

标准序号	改进措施	执行负责人	监督负责人	完成时间	资源支持	完成标准
1.3.1	1. 定期分层次召开会议，研讨、审核或修订办学理念和办学目标； 2. 出台成文的程序来规范办学理念和办学目标的审核或修订，进一步增强审核程序的民主性。	×××	×××	×年×月	学校行政及骨干教师、家长代表等人力资源。	1. 有最终形成的文字记录表明修订及达成情况； 2. 有成文的文件来规范办学理念和办学目标的审核或修订的程序。
1.3.4	1. 制定制度，规范程序； 2. 通过多种途径，包括家长会、家长委员会、家长社团、社区活动、学校网站等方式宣传学校的办学理念和办学目标。	×××	×××	×年×月	学校行政及骨干教师、校外有关专家等人力资源，从学校办公经费中规划所需费用。	1. 办学理念和办学目标广为宣传，在社会上有明显知晓度； 2. 学校工作的细节之中都有所渗透。
1.4.5	研究制定一套更加系统、科学的评价体系，每年对办学理念和办学目标的达成度进行检测评估	×××	×××	×年×月	家长、社区、网络资源 1. 专家及各部门的相关负责人、教师等人力资源； 2. 一定的经费支持。	对办学理念和办学目标的评价有完善的体系，每年对办学理念和办学目标的达成度有规范的检测评估。
2.3.1	每学期根据学校工作情况，制定最新的学生手册、家长手册，与时俱进地反映学校的最新情况。	×××	×××	×年×月	全体师生及家长代表等人力及一定的经费支持。	有能够反映学校最新情况的学生手册、家长手册及能突出学校特色的各项协议、条例汇集成册。

标准序号	改进措施	执行负责人	监督负责人	完成时间	资源支持	完成标准
3.14.2（音乐学科）	教师加强学习提高自己，走出去听课、教研交流、学习，建议学校给音、体、艺教师多提供外出学习的机会。	×××	×××	×年×月	1. 教育主管部门、教师培训部门、有关部门的人力资源主管； 2. 学校相关的骨干教师及校外专家等人力资源。	年轻教师逐渐形成自己的教育风格；科组教师在教研方面有所建树。
4.5.7	尽快制定面向全体教职员工发展的中、长期实施计划。	×××	×××	×年×月	图书资源、人力资源；学校相关的骨干教师及校外专家等人力资源。	对全校性的教师发展规划有系统制定。
4.5.8	尽快建立员工心理健康评价体系以促进师生身心健康长效发展。	×××	×××	×年×月		有系统的教职员工的心理健康计划，并在实施过程中进行系统、适时评价。
5.9.2	对图书馆工作人员加强培训，提高其参与课程的检查和开发的能力。	×××	×××	×年×月	有关部门的负责人等人力资源，充足的经费。	图书馆工作人员参与课程的检查与开发。
8.3.3	1. 制定“班级共同体教师管理制度”及对全体教职工的评价机制； 2. 非班主任教职员工对学生的德育工作职责和评价机制。	×××	×××	×年×月	学校各级管理部门及教职工。	有明确的条文制度并广而告之。

四、自评指导

（一）自评前的培训

1. 通识性培训

在初步考察期间，一般会在考察的第二天下午召开教职员工会议，对全体教职员工进行自评指导，所有的员工都要出席。

培训会上，认证机构派出的考察人员通常会向与会人员介绍“什么是认证”“认证的意义”“认证标准框架”“认证程序”“自评的目的与任务”等，确保大多数利益相关者了解自评的目的和要求。培训通常以提问和回答环节结束，自评指导委员会主席和认证协调员应在培训活动中发挥好统筹协调的作用。

2. 专题性培训

应学校要求，考察人员将适时为自评指导委员会的成员提供培训，根据学校需求也可以为其他一些需要详细了解认证过程的关键人员提供培训。培训内容包括大家共同关心的十大主题，如：

（1）如何建自评组织机构？

（2）自评指导委员会、自评分委员会以及认证协调员的具体任务是什么？

（3）如何根据认证标准和学校的办学理念和办学目标来评估学校的运作？

（4）如何收集和审核自评所需要的信息和数据？

（5）如何撰写学校的基本信息？

（6）如何评价学校的运作？

（7）如何写事实概述和陈述结论？

（8）什么是一份好的自评报告？

（9）为什么要求学校制定一个全校行动计划？

（10）一份高质量的行动计划是怎样的？

培训通常采取讲座与互动相结合的方式开展，培训有讲解、有指导和练习，主要为了提高学校教职员工在自评过程中的实践技能。

（二）自评中的随访

在自评过程中，认证机构为了保证学校自评工作的规范与质量，会针对学校自评过程中遇到的困难与问题，到学校进行指导，我们通常称之为“随访”。自评过程中的随访小组一般由两位考察人员组成，随访活动一般需要花 1 ～ 2 天时间。

1. 随访的意义和目的

如前面所述，学校自评是学校认证过程中持续时间最长，也是最有价值的过程。学校自评工作是整个认证过程的基础，其质量的高低直接影响到认证功能（提供质量保证，促进学校发展）的实现。如果学校自评走了过场，外部考察团的考察就失去了基础，对学校的认证也就失去了意义。学校自评过程中随访的意义在于指导学校开展自评工作，提高学校的自评质量。

随访的主要目的：一是帮助学校进一步明确申请认证的动机。学校申请认证的正确动机，应是通过学校自评和外部评估这种机制进行诊断和改进，促进学校可持续发展。但是如果想通过认证实现一些功利性的目的，就会直接影响其对自评工作的态度。随访小组通过与学校沟通，使学校理解申请认证的真正目的应该是向社会提供教育质量保证，促进学校工作改进，持续发展。二是帮助学校校长和认证协调员熟悉认证程序和要求。学校认证工作是一项专业性很强的工作，学校开展自评需要专人来组织协调。学校校长和认证协调员是两个重要角色，其中，认证协调员尤为关键。随访小组的随访指导可以帮助学校校长和认证协调员加深对学校认证的理解。三是帮助学校解决因校长的变动而出现的衔接问题。在学校自评期间，学校校长的变动也会对学校自评工作造成影响。学校校长的变动可能会导致自评完成时间的延迟，也可能导致自评过程和自评报告不规范。认证机构随访小组通过与继任校长的沟通，可以帮助学校解决自评过程中因校长更换而出现的衔接问题。四是帮助学校诊断改进。有的学校长期处于一种不规范的运行状态，并且从来没有接受过任何认证机构的认证，这也会对推进自评工作造成影响。随访小组针对学校自评过程中遇到的问题，指导学校边自评边改进，使学校顺利完成自评工作。

2. 随访方式

认证机构对学校随访的方式一般有两种，一是应学校的请求，派随访小组到学校考察；二是当认证机构派专家对同一城市的其他学校进行访问时，应学校之需抽出半天或一天时间到学校去考察。不管是上述哪种方式，都是针对学校在自评过程中遇到的困难和问题进行的。随访的前提是需要学校提前梳理在自评过程中遇到的困惑与问题，并告知认证机构。当随访小组到达学校时，直接就学校遇到的困惑和问题与学校的相关人员进行沟通、答疑和指导。这种随访的方式针对性强、效率比较高，能够有效解决学校在自评过程中遇到的问题。

第五章　考察人员工作指南

一、考察工作概述

（一）考察人员角色定位

认证是学校主动申请的、由第三方机构组织开展的自下而上的评估，更多地发挥着诊断、改进的功能。所以认证考察人员的角色定位应该是促进学校发展的帮助者和指导者。

1. 考察人员是认证机构的代表。受认证机构的委托赴现场考察。因此，考察人员应该对认证机构负责，严格按照标准、程序开展认证工作，确保评估认证的科学、客观与公正。

2. 考察人员是教育同行。考察人员是经过严格遴选的专业人员，是作为教育同行参加学校认证工作的，需要深入理解认证标准及其内涵，熟悉认证程序和方法，正确作出专业判断。

3. 考察人员是学校的朋友。考察人员不是凌驾于学校之上的权威者角色，而是一个服务者的角色。考察人员应该了解，学校没有义务寻求认证，它这样做主要是为了自身的改进与发展。此外，他（她）应该了解，认证过程促进了来自不同学校和不同文化的人员之间的交流与合作。他（她）作为一名教育同行，也会从中学到很多东西。

（二）考察人员规范

认证考察不仅要求考察人员具有较高的专业素质，还要有严格的职业操守。考察人员在学校考察活动中需要遵守以下规范：

1. 认真负责

考察人员应认真、负责地工作。例如，考察前，每位考察人员都应熟悉他（她）所承担的任务，他（她）还应该提前熟悉文件和材料，并准备问题。考察时，认真收集信息，深入研究学校的情况，以便能够为学校的发展提出有针对性的意见和建议。

2. 谦虚谨慎

考察时，要谦虚谨慎地对待学校里的每一个人，避免成为“检查者”。同样，也要避免扮演“专家”的角色，主动提供“我们学校是怎么做的”的信息，声称“我们学校做得比你们好”……

在会议上，要认真倾听，特别是不同的观点；访问教室时，要尽量安静地进出教室，以免打断教学；访问时间不宜过长，不在教室里做笔记；写报告时应该给出建议，而不是批评，以帮助学校改进。

3. 客观公正

考察时，考察人员应全面地收集事实、核实信息和描述结果，要独立地做出客观评价。访谈时，考察人员应避免提出带有隐含价值判断的问题，比如“你不认为……吗？”“……不是更好吗？”以及“你为什么不……”，力求做到客观公正。

4. 严格保密

对于保密信息，考察人员应保持审慎态度并努力做到：不要将任何标有“机密”字样的文件或资料交给任何人；未经允许，不得将学校准备的文件带出工作间；不要向任何人透露有关考察的信息，例如团队会议上发表的观点、认证考察结果等；不要在工作间或学校其他任何地方留下任何可能引起误解的东西，如报告草稿、会议笔记等。

5. 廉洁自律

考察团人员不得利用考察的机会，谋求个人利益。他（她）不能从学校接受任何礼物或与学校的工作人员有任何私人接触。考察期间不能对学校提出与考察无关的、不合理的要求。

二、如何开展资格考察

（一）资格考察的任务及要求

资格考察是为了确认学校是否具备认证申请资格，考察人员的主要任务为：一是考察学校是否为依法审批的学校；二是考察学校的办学手续是否齐全；三是了解学校是否处于正常的运行状态。认证机构一般会派 2 位考察人员参加，即一位组长和一位成员。组长承担考察工作的领导责任，需按资格考察任务清单开展工作（见样例 5–1）。

样例 5–1：

资格任务工作清单

为了提高工作效率，请仔细阅读下面的清单。

考察前

✓ 从认证机构获得以下资料

1. 学校（名称、地址、电话号码、传真、网址、背景介绍）；

2. 校长及其秘书（姓名、电话号码、邮箱地址）；

3. 考察日期及其他考察者信息（姓名、电话号码、邮箱地址、邮寄地址等）；

4. 学校提交的认证申请。

✓ 与其他考察人员联系

1. 确认邮箱地址和电话号码；

2. 确认考察前及考察期间事项。

✓ 了解学校

1. 浏览学校网站；

2. 阅读有关学校的其他纸质材料（如已提供）。

✓ 与校长及其秘书联系

1. 说明考察目的；

2. 讨论确定考察日程；

3. 有关考察的行程安排，如交通、食宿等。

✓ 联系其他考察人员

1. 交换意见；

2. 将考察日程、行程安排发给考察人员。

考察期间

✓ 会见学校校长或负责学校日常管理的人员

1. 沟通参观目的；

2. 参观校园。

✓ 检查相关证照

1. 办学许可证；

2. 法人证书；

3. 组织机构代码证；

4. 地方税务登记证。

✓ 请学校协助复印上述证照

✓ 收集其他信息

1. 管理组织机构及其相关制度；

2. 管理部门的其他资料；

3. 学校宣传手册；

4. 在校学生名单；

5. 学校财务状况。

✓ 再次与校长 / 负责学校日常管理的人员会面

1. 沟通认证程序；

2. 向学校发放认证系列手册；

3. 撰写考察报告。

（二）资格考察报告

考察后一周内，考察人员应向认证机构提交资格考察报告（见样例5-2），报告包括以下内容：（1）简述考察期间在学校的活动情况；（2）对学校的印象；（3）证照检查情况；（4）对学校资格的评估和推荐。

认证机构根据考察小组的评价和建议，做出是否接受学校认证申请的决定。如果学校符合相关要求，认证机构将接受学校的申请，并与学校签订认证协议。

样例 5-2：

资格考察报告

被考察学校

<table>
<tr><td rowspan="2">校名</td><td colspan="2">汉语</td><td colspan="2"></td><td>邮箱</td><td></td></tr>
<tr><td colspan="2">英语</td><td colspan="2"></td><td>电话</td><td></td></tr>
<tr><td rowspan="2">地址</td><td colspan="4" rowspan="2"></td><td>传真</td><td></td></tr>
<tr><td>网址</td><td></td></tr>
<tr><td colspan="2">学校负责人</td><td colspan="3"></td><td>邮箱</td><td></td></tr>
<tr><td colspan="2">电话</td><td colspan="3"></td><td>传真</td><td></td></tr>
<tr><td colspan="2">秘书</td><td colspan="3"></td><td>邮箱</td><td></td></tr>
<tr><td colspan="2">电话</td><td colspan="3"></td><td>传真</td><td></td></tr>
<tr><td colspan="2">考察时间</td><td colspan="2"></td><td>备注</td><td colspan="2"></td></tr>
</table>

考察人员

<table>
<tr><td>姓名</td><td></td><td rowspan="3">邮寄地址</td><td rowspan="3"></td></tr>
<tr><td>邮箱</td><td></td></tr>
<tr><td>电话</td><td></td></tr>
<tr><td>姓名</td><td></td><td rowspan="3">邮寄地址</td><td rowspan="3"></td></tr>
<tr><td>邮箱</td><td></td></tr>
<tr><td>电话</td><td></td></tr>
<tr><td colspan="4">备注</td></tr>
</table>

考察人员签名：____________

完成报告的日期：__________

考察人员在学校的活动

到校日期____________　　离校日期____________

会见的人员和谈话要点

____

____

____

____

其他活动

____

____

____

初步印象

董事会和行政领导

周边环境、教学条件和教学活动

招生情况

财务状况

证件核查（填写颁发单位、颁发时间和有效时间。如有必要，请加以说明。）

办学许可证

法人证书

机构代码证 ____

地方税务登记证 ____

评价和建议

该校是否具备申请的资格（请陈述理由。）

____

____

____

____

____

____

还需要了解的情况

____

____

____

____

____

____

三、如何开展初步考察

（一）初步考察的任务及要求

初步考察是为学校自评做准备的重要环节。在此环节，认证机构将派 2～3 名考察人员到学校进行考察，其中一名考察人员将负责领导及沟通工作。考察人员的主要任务为：一是深入了解学校的办学情况；二是进行自评培训；三是完成初步考察报告；四是与校长确定自评时间及考察团考察时间。考察人员需参照任务清单开展工作（任务清单样例 5-3 可根据学校实际进行调整）。

样例 5-3：

初步考察任务清单

考察前

✓ 联系校长

1. 确认学校校长及认证协调员的邮箱地址及电话；

2. 开展调查，了解学校在准备自评方面的需要（见样例 5-4）；

3. 指导学校草拟初步考察日程表（见样例 5-5）；

4. 与学校讨论并确定初步考察日程；

5. 讨论并确定行程安排，如交通、食宿等。

✓ 联系其他考察人员

1. 确认考察人员的邮箱地址及电话；

2. 将学校的联系方式、考察日程发给其他考察人员；

3. 沟通资格考察报告中的重要事项；

4. 沟通行程安排。

✓ 联系认证协调员

1. 自评培训材料（保证参加培训的人员人手一份）；

2. 考察期间办公设施的准备，如打印机、投影仪等。

3. 考察期间的其他安排。

✓ 在酒店与其他考察人员会面

考察期间

✓ 与校长及认证协调员会面

1. 沟通考察目的；

2. 沟通日程安排；

3. 如有需要，对日程做最后调整。

✓ 参观校园

1. 了解学校的位置及周边环境；

2. 参观学校的设施；

3. 了解学校的安全程序。

✓ 查阅学校提供的材料

✓ 与所有员工见面

1. 介绍认证及认证的好处；

2. 介绍认证标准；

3. 介绍自评；

4. 互动与交流。

✓ 访谈学校各部门的代表

1. 做自评动员；

2. 了解员工代表对学校运行情况的看法；

3. 互动与交流。

✓ 举办自评培训

1. 自评指导委员会及自评分委员会的职责；

2. 自评指导委员会主席的职责；

3. 自评分委员会主席的职责；

4. 如何开展自评；

5. 如何进行信息收集与评价；

6. 如何撰写自评报告。

✓ 如果时间允许，进行观课

✓ 起草初步考察报告

✓ 会见学校校长和认证协调员

1. 交流对学校自评准备情况的总体印象及建议；

2. 感谢学校的安排；

3. 离开学校。

考察后

1. 完成初步考察报告。

2. 将报告提交给认证机构。

样例 5–4：

初步考察前的询问

1. 您曾经参与过学校认证吗？如果参与过的话，是什么时间，在什么地方？您曾经是自评委员会的成员，或者在自评过程中作为领导团队的成员吗？

____

____

____

____

2. 学校的员工（所有人员，包括管理人员、教师、后勤人员等）中，有多少人曾经参与过学校认证？（请给出大概的比例）

____

____

____

____

3. 学校是否已经建立了自评指导委员会？如果已经建立了，主席是哪一位？

____

____

____

____

4. 自评按照标准划分为各个章节，每个章节包含了学校运行的一个方面。针对每个章节，应该成立一个自评分委员会来开展自评。学校准备成立哪几个自评分委员会？任命各个自评分委员会的主席了吗？

____

____

____

____

5. 学校现在指定认证协调员了吗？如果已经指定了的话，是哪一位？您能告诉我他（她）的电话号码和邮箱地址吗？

____

____

____

____

6. 学校愿意在初步考察期间组织一个 3 小时左右的自评培训会吗（与会人员为参与到学校自评过程中的重要人员）？如果愿意的话，将会有多少人员参加培训？

____

____

____

____

7. 关于自评过程方面的问题，您还有什么地方需要我们解释的吗？

____

____

____

____

8. 您还有其他建议吗？

____

____

____

____

*建议学校在初步考察前成立认证自评指导委员会，指定一名认证协调员，以及任命各个自评分委员会的主席（各委员会的人员具体构成可以在初步考察之后再确定）。

样例 5-5：

初步考察日程表

× 年 × 月 ×—× 日

组长：××× 成员：×××、×××

12 月 14 日，星期三

17：30 考察人员抵达 ××，入住并与校长和认证协调员见面商议后两天考察的事项

12 月 15 日，星期四

8：30—9：20 在校长、认证协调员的带领下，参观校园

9：30—10：00 对校长进行访谈（地点：校长办公室）

9：30—10：00 对领导班子成员进行访谈（地点：校长办公室）

10：10—10：40 对主管教学副校长和教务主任进行访谈（地点：行政会议室）

10：10—10：40 对财务主管进行访谈（地点：财务室）

10：50—11：20 对教师代表进行访谈（地点：343 室）

10：50—11：20 对家长代表进行访谈（地点：350 室）

10：50—11：20 对学生代表进行访谈（地点：行政会议室）

11：20—12：00　查看文件。

12：00　午餐

14：30—16：00　自评培训（与会人员：全体行政、团委、少先队、年级组长、音体美科组长，各处室干事；地点：行政会议室）

16：00—16：50　休息

16：50—18：00　评估认证介绍会（与会人员：全体员工；地点：多功能厅）

18：30　晚餐

12月16日，星期五

8:30—10:00　自评培训（与会人员：与会人员：全体行政、团委、少先队、年级组长、音体美科组长，各处室干事；地点：行政会议室）

10：00—10：30　休息

10：30—12：00　解读估认证标准（与会人员：全体行政、团委、少先队、年级组长、音体美科组长、各处室干事；地点：行政会议室）

12：00　午餐

14：00—15：30　分委员会主席座谈会（与会人员：各处室负责人；地点：行政会议室）

15：30—16：00　休息

16：00—17：00　分委员会主席座谈会（与会人员：各处室负责人；地点：行政会议室）

17：30　晚餐

晚餐后　所有考察人员离开学校

（三）初步考察报告

考察人员需要在考察后的一周内完成初步考察报告，并提交认证机构。报告内容包括：标题页、考察活动的简要描述、学校简介、学校自评准备情况及考察建议等（见样例 5–6）。认证机构在收到报告后，将与校长讨论有关考察团考察事宜。

样例 5–6：

初步考察报告

被考察学校

<table>
<tr><td rowspan="2">校名</td><td>汉语</td><td colspan="2"></td><td>邮箱</td><td></td></tr>
<tr><td>英语</td><td colspan="2"></td><td>电话</td><td></td></tr>
<tr><td rowspan="2">地址</td><td colspan="3" rowspan="2"></td><td>传真</td><td></td></tr>
<tr><td>网址</td><td></td></tr>
<tr><td colspan="2">学校负责人</td><td colspan="2"></td><td>邮箱</td><td></td></tr>
<tr><td colspan="2">电话</td><td colspan="2"></td><td>传真</td><td></td></tr>
<tr><td colspan="2">秘书</td><td colspan="2"></td><td>邮箱</td><td></td></tr>
<tr><td colspan="2">电话</td><td colspan="2"></td><td>传真</td><td></td></tr>
<tr><td colspan="2">考察时间</td><td></td><td>备注</td><td colspan="2"></td></tr>
</table>

考察人员

<table>
<tr><td>姓名</td><td></td><td>职务</td><td></td></tr>
<tr><td>单位</td><td colspan="3"></td></tr>
<tr><td>电话</td><td></td><td>邮箱</td><td></td></tr>
<tr><td>地址</td><td colspan="3"></td></tr>
<tr><td>姓名</td><td></td><td>职务</td><td></td></tr>
<tr><td>单位</td><td colspan="3"></td></tr>
<tr><td>电话</td><td></td><td>邮箱</td><td></td></tr>
<tr><td>地址</td><td colspan="3"></td></tr>
</table>

观察员

姓名		职务	
单位			
电话		邮箱	
地址			
姓名		职务	
单位			
电话		邮箱	
地址			

签名：____________

完成报告的日期：__________

考察人员在学校的活动

到校日期__________　　离校日期__________

主要活动

学校简况

学校开展自评的准备情况

总的印象：

1. 办学理念和办学目标

观察到的情况

（1）

(2)

(3)

建议注意的方面

(1)

(2)

(3)

2. 机构与管理

观察到的情况

(1)

(2)

(3)

建议注意的方面

(1)

(2)

(3)

3. 课程与教学

观察到的情况

(1)

(2)

(3)

建议注意的方面

(1)

(2)

(3)

4. 员工

观察到的情况

（1）

（2）

（3）

建议注意的方面

（1）

（2）

（3）

5. 资源、设施及服务

观察到的情况

（1）

（2）

（3）

建议注意的方面

（1）

（2）

（3）

6. 学生服务

观察到的情况

（1）

（2）

（3）

建议注意的方面

（1）

（2）

（3）

7. 社区关系

观察到的情况

(1)

(2)

(3)

建议注意的方面

(1)

(2)

(3)

8. 德育工作

观察到的情况

(1)

(2)

(3)

建议注意的方面

(1)

(2)

(3)

9. 学生发展

观察到的情况

(1)

(2)

(3)

建议注意的方面

(1)

(2)

（3）

考察人员的建议

需要进一步了解的情况

（1）

（2）

（3）

派出考察团的时间

考察团的构成

四、如何开展考察团考察

（一）考察团考察的任务和要求

当学校完成自评之后，认证机构将组织专业的评估人员对学校进行考察团考察。考察团考察时间一般 5 ～ 6 天。考察团的主要工作是根据学校的办学理念和办学目标及认证标准，对自评报告的结论做出全面而客观的评价，为学校发展提供建议。考察团完成考察时需提交考察报告和认证结果建议报告。

为保证认证质量，考察人员主要从有能力、有经验、有专业素养的校长、教师候选人中选择。在组建团队时，认证机构会考虑每位候选人的专业背景和工作经历，以保证考察团队的专业性和权威性。

考察人员的数量根据学校规模来确定，一般 5 ～ 10 人。此外，为了提高效率，考察团通常会配备一名文字能力较强的全职秘书，负责考察期间的支持与服务工作。

无论考察团规模有多大，撰写考察团考察报告都是一项艰巨的工作，因为它是一份详实的报告，涵盖了标准的每一章，既要有事实描述，又要有客观评价以及中肯的建议。该报告将在考察结束一周内提交给认证机构。

（二）考察团考察前的准备

1. 提名考察团团长

通常，认证机构会在考察前八周提名考察团团长，并通知学校，询问学校是否同意。学校有权否决提名，并要求再次提名。

多数情况下，考察团团长在秘书的帮助下，负责考察团考察前、考察期间和考察之后的大部分组织与沟通工作。

2. 考察团团长任务

（1）审核学校的自评报告

学校的自评报告是考察团考察时最重要的文件之一。在确定考察团团长之后，认证机构需将学校的自评报告寄送给考察团团长。考察团团长需要审核报告，对报告是否符合要求形成审核意见，在一周内将他（她）的意见通知认证机构。

如果该报告符合要求，认证机构将与团长讨论并确定考察团人员名单及秘书人选。如果该报告不符合要求，认证机构将会考虑推迟考察团考察时间。在做出决定之前，认证机构会与学校进行沟通。

（2）指导学校草拟考察日程

在考察前的第四周，认证机构会将考察团考察指南（样例 5-7）发给学校校长及认证协调员，指导学校根据考察团考察指南草拟考察日程。在考察前第三周，在与学校讨论之后，确定考察日程。

样例 5-7：

考察团考察指南

×× 学校

× 年 × 月 ×—× 日

考察人员名单

（待定）

考察时间

（1）考察团人员于 10 月 20 日下午到达。

（2）10 月 25 日晚或 26 日早晨离开。

食宿、交通

（1）学校为考察团人员安排食宿及交通。

（2）考察期间，午餐可安排在学校食堂。

工作间

为考察团准备一个工作间，工作间需准备以下内容：

（1）自评档案材料；

（2）一份本星期、所有班级的课表、学校教室安排图及任课教师名单（年级、班级、学科）

（3）文具（笔、彩笔、订书机、纸等）；

（4）打印机一台；

（5）投影仪一台；

（6）粉碎机一台；

（7）插座；

（8）无线网。

与校长交流

（1）20 ～ 30 分钟，星期日（全体考察团成员、认证协调员）

a. 自我介绍；

b. 考察团考察目的；

c. 考察日程的进一步确定。

（2）40～60分钟，星期四，考察团离开学校前（考察团全体人员）

a. 向学校反馈考察团的意见和建议。

参观校园

（1）最好安排在星期天；

（2）参观学校的设施、环境。

观课

（1）星期一至星期四，考察团人员随机观课。

访谈

（1）50～60分钟，各自评小组（参加人员：各自评小组和2～3名考察人员）：

a. 办学理念和办学目标；

b. 机构与管理；

c. 课程与教学；

d. 员工；

e. 资源、设施及服务；

f. 学生服务；

g. 社区关系；

h. 德育工作；

i. 学生发展。

（2）50～60分钟，学校各部门代表：

a. 行政领导；

b. 财务人员；

c. 课程与教学管理人员（小学部、中学部、高中部）；

d. 语文学科教师；

e. 数学学科教师；

f. 英语学科教师；

g. 科学学科（生物、物理、化学）教师；

h. 历史和地理学科教师；

i. 艺术和体育教师；

j. 计算机技术教师；

k. 指导与咨询教师；

l. 图书馆；

m. 后勤管理（资源设施、食堂、校车、卫生保健、保洁）。

（3）50～60 分钟，学校社区代表：

a. 领导层；

b. 学生代表；

c. 家长代表；

查阅文件和撰写考察报告

员工大会

（1）30～40 分钟，星期四，考察团离开学校前；

（2）考察团成员与全体教职员工见面；

（3）校长讲话；

（4）考察团团长反馈考察团的意见和建议。

（3）做考察任务分工调查

考察团名单确定之后，团长需要向所有考察人员发放任务分配调查表（见样例 5-8），了解每位考察人员对任务分工的意愿。收集完所有人员的意见之后，团长要结合工作需要和个人意愿对考察任务进行分配，形成考察团成员任务分配表（见样例 5-9），发给每位考察人员进行确认，如果考察人员认为所分配任务不适合自己，可以向团长提出，做部分微调。一般来说，每位考察人员会承担 2 个领域的考察任务。

样例 5-8：

考察团成员任务分配调查表

姓名	
单位	
职务	

小组选择——根据您自己个人偏好，在每一部分中选择 5 项。

第一部分：小组	优先级（1= 最希望参加）				
	1	2	3	4	5
A：办学理念和办学目标					
B：机构与管理					
C：课程和教学——幼儿园					
C：课程和教学——小学					
C：课程和教学——初中					
D：员工					
E：资源、设施及服务					
F：学生服务					
G：社区关系					
H：德育工作					
I：学生发展					

第二部分：学科		优先级（1= 最希望参加）				
		1	2	3	4	5
小学课程	道德与法治					
	语文					
	数学					
	外语					
	科学					
	信息科技					
	体育与健康					
	艺术					
	劳动					
	综合实践活动					
中学课程	道德与法治					
	语文					
	数学					
	外语					
	物理					
	化学					
	生物					
	历史					
	地理					
	信息科技					
	体育与健康					
	艺术					
	劳动					
	综合实践活动					

样例 5–9：

考察团成员任务分配表

章节	人员
1. 办学理念和办学目标	A、B
2. 机构与管理	C、D
3. 课程和教学	
3.1 幼儿园	E、F
3.2 小学	H、L
3.3 初中	D、A
4. 员工	I、K
5. 资源、设施及服务	B、G
6. 学生服务	G、I
7. 社区关系	F、E
8. 德育工作	H、C
9. 学生发展	K、L

（4）其他任务

考察之前，考察团团长要与学校取得联系，通知学校将自评报告发给每一位考察人员。要及时将考察团名单（其中包括团长的姓名、团队其他成员姓名、职务、地址、电话号码以及邮箱地址等信息。考察团名单将作为附录放入考察团报告之中，由于是整个团队对考察报告承担集体责任，该列表不应显示任何特定的人在考察期间所执行的任务）和考察团日程表等资料发给其他考察人员。团长还需要与考察团成员保持密切沟通与联系，及时回答他们的问题，认真考虑他们的要求和建议。

3. 考察团成员任务

考察人员在考察前的任务分为一般性任务和特殊任务两类。一般性任务包括阅读认证标准，熟悉学校声明的办学理念和办学目标，浏览学校提交的自评报告以及其他材料等。特殊任务包括阅读自评报告中自己负责领域的章节，记录有关的发现，准备访谈期间需要提出的问题，撰写自己负责部分的报告草稿，这个草稿可以留出部分空白（考察时可补充）和需要澄清的问题。

从实践来看，让 2 ～ 3 人共同在一个领域或子领域工作，而不是把每个人分配到一个单独的领域或子领域开展工作，是一种经济而有效的方法。需要注意的是，不要给团长分配过多具体任务，因为他（她）的主要任务是组织协调，包括组织和激励小组，与学校沟通联络及确保报告的质量。

（三）考察团考察期间的任务和安排

1. 考察期间的任务

考察团的考察活动是收集信息、分析信息和对学校的运行进行评估和判断的过程。每位考察团成员需要密切关注自己负责的领域，并完成以下具体任务：

（1）收集信息。考察期间，考察人员需要收集学校的信息，收集信息的方式有观察、访谈、查阅资料等。在收集信息时需要关注如下问题：①自己承担的任务是什么？②为了完成任务，需要什么信息？③什么样的信息或数据对自己非常重要？④从哪里获取这些信息或数据？⑤如何收集这些信息？⑥哪些信息可以通过考察团日程来获取？⑦哪些信息需要在考察团日程之外来获取？⑧如何记录这些信息？

观察。观察包括校园观察和课堂观察。校园观察包括对学习设施、仓储及其他设施等进行检视。课堂观察即考察人员需带着明确的目的，进入课堂做一般性观察。通常是在不中断课堂教学活动的情况下进入教室，在教室里面观察 5 ～ 10 分钟，收集与所分配的任务有关的信息。

访谈。访谈是获取信息的重要方法，一般会安排两位考察人员负责自己领域的访谈。有时会为了特定目的而进行个别访谈。访谈前要准备好问题，问题要覆盖认证标准。访谈时要避免提问带有暗示性的问题，要做到少说多听。

查阅资料。考察期间，考察团工作间将集中安排放置一些与学校运行相关的材料。考察人员需要阅读这些材料，特别是自己负责领域的材料。

研讨。考察期间，考察人员需主持或参加有关问题的讨论。研讨时，在思考、理解学校运行某方面的优势和弱势的过程中要记笔记；要与其他考察团成员就考察情况进行讨论；撰写报告的牵头人应该与小组成员讨论、交流撰写报告的想法。

（2）检查信息。在收集完信息之后，要对学校的信息进行梳理，剔除那些多余的、矛盾的、过时的或不相关的信息，保留那些对回应自己负责领域的认证标准是有价值的、准确的信息。同时，需要关注，这些信息要有事实作为支撑。

检查信息时，可参照如下问题进行思考：①从自己负责领域的认证标准来看，这些信息是相关的吗？②从学校目前的运行状态来看，这些信息是最新的吗？③这些信息与其他渠道收集来的信息，甚至与其他考察人员收集到的信息有矛盾的地方吗？④从反映学校在该领域的运行状态来看，哪些信息比较典型，哪些不够典型？

（3）分析信息。对于收集的信息进行去粗取精之后，要做深入分析。基于所掌握的信息，找出自己对学校运行的发现，并将自己的发现与认证标准作比较，做出自己的判断。

分析信息时，可参照如下问题进行思考：①在自己负责的领域，学校运行的事实是什么？②在自己负责的领域，学校运行方面有重要的发现吗？这些发现是什么？③在自己负责的领域，将自己的发现与学校的办学理念和办学目标以及认证标准作比较，你得出什么结论？④哪些证据能够支持“赞扬”的发现？⑤哪些证据能够用来支持“建议”的发现？

（4）撰写报告。考察期间的最后一项工作是撰写报告。通常，考察团小组中，一人执笔，另一人辅助支持。每个考察团小组要写两部分（根据考察团或学校的规模），小组牵头人就负责起草的部分，向小组成员征求意见和建议。除此之外，牵头人还要向考察团汇报他们撰写的报告，来寻求反馈和确认。考察团团长 / 副团长要检查每个小组报告的最后一稿。

需要注意的是，所有的考察团成员都要支持课程与教学部分的撰写。另外，与同伴讨论、会议讨论和修改报告可以使大家从不同的视角，利用多种信息对同一领域进行分析和判断，有利于保证评估和判断的准确性、客观性和全面性。

2. 考察期间的活动安排

考察团的所有活动，包括考察团小组的内部活动都包含在考察日程之中。考察团要严格按照考察日程来工作。在一定程度上来说，考察日程能够保证考察工作的高效率和高质量。考察团日程（见样例 5–10）是可以调整的。在学校校长、认证协调员或其他人员的要求下，考察团日程通常会有些微调。如有调整，团长应提前通知考察团成员。

样例 5–10：

××学校考察日程表

12 月 22—27 日

12 月 22 日　星期六

18：00　全体考察人员在 ×× 酒店集合，并晚餐（地点：×× 酒店）

12 月 23 日　星期日

7：30—8：30　早餐（地点：×× 酒店）

8：30—9：00　学校介绍自评情况（全体考察团成员、学校校长、认证协调员，地点：学校行政会议室）

9：10—10：10　在校长、认证协调员的带领下，参观校园。（全体考察团成员）

10：20—11：50　考察团会议：如何收集信息、分析信息（全体考察团成员，邀请学校校长、认证协调员列席。地点：考察团工作室）

12：00　午餐（地点：学校餐厅）

14：00—16：00　考察团会议：如何撰写考察团报告（全体考察团成员，邀请学校校长、认证协调员列席。地点：考察团工作室）

16：10—17：00　考察团会议：讨论学校的自评报告（全体考察团成员。地点：考察团工作室）

17：00—18：00　查看文件，撰写考察团报告（地点：考察团工作室）

18：00—19：30　晚餐（地点：×× 酒店）

12 月 24 日　星期一

7：30—8：30　早餐（地点：学校餐厅）

8：30—8：50　团内简短会议（地点：考察团工作室）

资源、设施及服务组可以去观察学校交通服务的情况

8：50—10：00　校园观察和课堂观察

10：00—10：40　会见学校办学理念和办学目标自评分委员会成员（地点：校长接待室）

10：00—10：40　会见资源、设施及服务和学生服务自评分委员会成员（地点：学校行政会议室）

10：00—10：40　会见德育工作、学生发展自评分委员会成员（地点：学校行政会议室）

11：00—11：40　会见小学部主任（地点：学校行政会议室）

12：00—13：00　午餐（地点：学校餐厅）

13：00—13：30　会见社区关系自评分委员会成员（地点：学校家委会办公室）

13：30—14：10　会见初中部主任（地点：学校教师书吧）

14：00—14：40　会见自评指导委员会成员（地点：学校行政会议室）

14：30—15：10　访谈：

家长代表（地点：学校家委会办公室）

15：30—16：00　访谈

小学语文、数学、英语教师代表（地点：学校行政会议室）

16：30—17：00　与全体员工见面（全体考察团人员，地点：学校三楼报告厅）

17:00—18:00　查看文件，撰写考察团报告（地点：考察团工作室）

18：00—19：00　晚餐（地点：学校餐厅）

19：00　讨论报告：第一章　办学理念和办学目标（地点：考察团工作室）

12月25日　星期二

7：30—8：30　早餐（地点：学校餐厅）

8：30—8：50　团内简短会议（地点：考察团工作室）

8：50—9：50　会见学校领导班子成员（地点：学校行政会议室）

9：50—10：30　开始课堂观察和考察小组会议（整天持续）

10：30—11：00　访谈：

小学体育与艺术、科学、信息科技、道德与法治教师代表（地点：学校行政会议室）

10：30—11：00　访谈：上级主管部门代表（地点：学校校长接待室）

11：00—11：30　访谈

初中数学、语文、英语教师代表（地点：学校行政会议室）

11：30—12：00　会见学校员工自评分委员会成员（地点：学校行政会议室）

12：00—13：00　午餐（地点：学校餐厅）

13：00—13：30　访谈

小学生代表（地点：图书馆）

初中生代表（地点：学校团委活动室）

13：30—15：00　查看文件，撰写考察团报告（地点：考察团工作室）

14：00—14：40　访谈

初中物理、化学、生物、历史、地理、体育与健康、艺术、劳动、信息科技和道德与法治教师代表（地点：学校行政会议室）

17：00—18：00　讨论报告：第五章　资源、设施及服务（地点：考察团工作室）

18：00—19：00　晚餐（地点：学校餐厅）

19：00　讨论报告：

第六章　学生服务（地点：考察团工作室）

第七章　社区关系（地点：考察团工作室）

第八章　德育工作（地点：考察团工作室）

12 月 26 日　星期三

7：30—8：30　早餐（地点：学校餐厅）

8：30—8：50　团内简短会议（地点：考察团工作室）

8：50—9：10　开始课堂观察和考察小组会议（整天持续）

9：10—9：30　考察团团长会见校长（地点：校长接待室）

9：30—10：10　会见财务管理人员（地点：学校财务室）

10：30—11：00　会见中层管理人员（地点：学校行政会议室）

11：00—11：30　会见学生教育与发展自评分委员会成员（地点：学校行政会议室）

12：00—13：00　午餐（地点：学校餐厅）

14：30—16：00　查看文件，撰写考察团报告（地点：考察团工作室）

16：00—16：40　会见学校机构与管理自评分委员会成员（地点：学校行政会议室）

17：00—18：00　讨论报告：第三章　课程与教学—小学（地点：考察团工作室）

18：00—19：00　晚餐（地点：学校餐厅）

19：00　讨论报告：

第三章　课程与教学—初中（地点：考察团工作室）

第四章　员工（地点：考察团工作室）

12月27日　星期四

7：30—8：30　早餐（地点：学校餐厅）

8：30—8：50　团内简短会议（地点：考察团工作室）

8：50—9：10　开始课堂观察和考察小组会议（整天持续）

9：10—9：30　考察团团长与校长会议（地点：校长接待室）

9：30—10：30　讨论报告：第二章　机构与管理（地点：考察团工作室）

10：30—11：30　讨论报告：第九章　学生发展（地点：考察团工作室）

12：00—13：00　午餐（地点：学校餐厅）

13：00—15：00　讨论考察报告中的主要优势与建议；关于评估结果的建议（地点：考察团工作室）

15：30—16：00　考察团团长与校长见面（地点：校长接待室）

16：10—16：15　向学校管理者、教师和董事会成员报告（地点：学校三楼报告厅）

18：00—19：00　晚餐（地点：学校餐厅）

19：00　所有考察团成员离开学校

考察前，考察团团长应仔细研究初步考察报告中的建议。考察期间，团长应根据各考察小组的调查结果尽快确定考察的重点领域。如果学校是再次申请认证，团长应在其他成员到达学校之前研究上一次考察团报告中的赞扬和建议部分；在考察期间，团长及整个团队应重点考察上一轮考察团考察所提出的建议，并阅读学校的进展报告，把本次考察的重点放在学校已经取得的进展和需要加强的方面。

考察团的大多数成员将在星期四晚上或星期五上午离开，但团长（副团长）及秘书需要留下来，以完成报告的撰写，形成语言流畅、内容连贯、文体统一的考察团报告。

考察团考察的日程安排一般都比较紧凑。除了访谈、观察、查阅资料等，需要花费相当多的时间做文书工作。考察结束后，考察团应向认证机构提交两个文件：一是考察团报告；二是考察团对认证结果的建议。

下面是一位参加过认证考察的专家根据亲身经历描述了考察团考察的整个过程，这为我们了解考察团考察期间的活动安排提供更为直观的感受。

链接 5-1：

一个由亲身经历构成的案例

今年九月，一个中国人收到了“美国西部院校协会”（WASC）

下属的学校认证委员会的邀请，去参加一个由来自六个国家（美国、加拿大、中国、爱尔兰、马来西亚、新加坡）的专家组成的学校认证小组，到日本神户，去认证一所国际学校——加拿大学院（Canadian Academy）。以便该校来自30多个国家的学生，毕业后能够到欧美国家的大学去深造。

2002年9月，我开始阅读WASC寄来的各种文件资料。同时我们开始向神户加拿大学校索要各类资料。

第一天：我于11月17日中午2：00到达神户加拿大学院，此时认证小组成员已经按工作规程开会工作。主题是：交流大家对WASC认证方案的意见和对加拿大学院自评报告的看法。

5：00与学校董事会、学校领导和家长委员会成员茶叙。

晚上8：30继续开会，以确定认证小组的分工和工作进程。

从这天起，我们认证小组每天从早上7：00集体用早餐开始进入工作状态，一直要工作到晚上9：30。

第二天起，我们遵循有关规定，严格参照学校制定的办学目标、愿景和发展规划以及WASC的基本质量规范《聚焦学习》进行认证。认证小组的时间安排基本上是：上午听课，下午开会访谈。晚上研究文件、内部交流。

WASC的《聚焦学习》是一个由五个部分十四个领域构成的一个规范系统。我们主要的工作方法是深入访谈（找各种教职工谈话，听取各种意见）；分组座谈会（探讨专门问题、听取各层意见）；课堂观察（规定必须听每位教师的课）；研究文献（财务、人事、教务、学生、安全等）。我们的工作方式不是每人一块，而是每个领域由三人组成考察小组，组长负责，分头组织会议，听取意见。

第三天工作安排同第二天……

第四天晚上，我们汇总信息，形成完整见解。每个人都要提出书面意见，并与组内成员进行讨论。每个人写的书面意见都包括四个部分：描述、感受、肯定、建议。

这是工作得最晚的一天，每个人都在开夜车……

第五天上午：补充材料；与学校领导见面。

中午午餐：与董事会、家长委员会交流。

下午3：00：认证小组对最后文本投票定稿。

下午4：00：专家对全校教师作告别发言、组长作认证小组口头和非正式的认证结果报告（不作任何解释）。

下午5：00：选行认证总结，其中一项是考评组长。

第六天：回国，但整个认证并没有结束……

——摘自张民选报告《WTO与学校认证》

链接5-2：

一位考察团成员的工作清单

✓ 与团长的联系与交流

及时与考察团团长取得联系，主动要求参与考察工作；

如有可能，帮助团长做一些前期准备工作，提供相关建议；

对团长发来的任何信息做出及时反馈。

✓ 做好考察前的各项准备工作

认真阅读认证文件；

熟知所使用的认证标准和对应每条标准的指标；

通读学校的自评报告，以及学校提供的所有相关文件；浏览学校网站的相关内容；

认真阅读初步考察报告，对比报告中的建议和自评报告中的相关部分，了解学校对初步考察所建议的内容是否做了相应的改进；

反复阅读自评报告中自己将要负责的部分，草拟出考察报告的初稿；列出需要进一步证实的事实和问题，以便在考察过程中做到“有的放矢”；

熟记考察日程中各项活动的安排；

与学校进行必要的联系。

✓积极参与考察团第一次会议前的准备工作

在团长抵达的同一天到达酒店，积极参与相关准备工作；

参加与学校相关领导的初次见面会；

对团长的工作给予尽可能的帮助与支持。

✓全方位参与考察的各项重要活动

尽可能全面听课；

多参加座谈会；

不要忽视每天早上团长与校长的会面；

多与相关老师、学生及家长交流；

勤观察、多听、做好相关记录；

对自己负责的部分详细收集信息和素材，并及时归纳分析；

多听取同行的意见和建议；

重视每天的报告讨论会，发表自己的意见。

✓写出高水平的考察报告

规范

内容充分

逻辑清晰

结构严谨

重点突出

建议恰当

文笔流畅

——摘 NCCT 自评培训材料（杨金平）

3. 考察团报告的撰写

由于考察团的日程安排很紧，考察团在考察的最后一天需要完成考察团报告。团长和考察团的其他成员需要密切配合、高效工作。而考察团报告的撰写需要保持一定的体例和风格。

（1）考察团报告的结构

考察团报告一般包含以下几个部分：

①封面

②目录

③介绍

④前言

⑤报告的主体部分

⑥主要赞扬和建议

⑦附录

（2）报告各部分撰写要求

①封面和目录

考察团报告的封面和目录采用下面的格式（见样例 5–11）：

样例 5–11：

考察团考察报告

被考察学校

校名		邮箱	
		电话	
地址		传真	
		网址	
校长		邮箱	

电话		传真	
认证 协调员		邮箱	
电话		传真	

考察团团长、副团长

姓名		通信地址	
邮箱			
电话			
姓名		通信地址	
邮箱			
电话			
姓名		通信地址	
邮箱			
电话			
备注			

团长 ____________ 副团长 ____________
（签名） （签名）

完成报告的日期____________

目 录

②介绍和前言

介绍一般由认证机构提供，供考察团使用。内容是关于认证机构评估认证的简介。前言通常包括：对学校的简单描述；考察活动概述；对学校社区人员的合作表示感谢。

③报告的主体

报告的主体需要按照认证标准的章节顺序来撰写。每一章都包含四部分：观察、评定、赞扬、建议。

观察。观察是考察团在特定领域的发现，这些发现为“赞扬”和“建议”提供基础信息。观察到的事实从认证标准的要求来看，有“好”

与“不好”两方面。“好”的方面为下面的“赞扬”提供证据；“不好”的方面为下面的“建议”提供证据。要基于观察到的事实来回答认证标准中包含的问题。要根据标准对学校特定领域的运行情况（事实）进行价值判断。要用平实、客观的语言进行表达，避免笼统的概括以及没有依据的事实。“观察”部分的描述请见样例 5–12。

样例 5–12：

第一章　办学理念和办学目标

一、观察

学校的办学理念和办学目标反映了学校的核心价值观及对高质量教育的追求，学校对此有明确的书面表述。建校时，学校提出了“全面关爱，全面发展”的办学宗旨。经过实践和理性思考，学校在原来基础上发展和启用了“品格第一，全面发展”的办学理念，并从四个方面进行了解释。

学校提出的办学目标是：“遵照国家教育方针，依法办学；创办社会需要的现代化、国际化、探究型的优质民办名校；为更高一级学校和未来社会培养‘品格第一，全面发展’的优秀人才”。五年的发展历程，基本保证了学校办学理念和办学目标的传承和一致。在全校的发展规划和年度工作计划中，在各学部的工作计划中，都有关于办学理念和办学目标的阐述。通过资料查阅和与部分人员的交谈发现，办学理念和办学目标作为学校文化建设的重要部分已经被师生员工理解和接受。

学校通过多种途径来宣传和实施办学理念和办学目标，利用校园文化建设形成品格教育的氛围，许多场所的显著位置都展示其办学理念和办学目标。建筑物的命名、每幢建筑物的走廊都有名人名言和美德故事；每个教室的布置都有校训“忠诚守信，自强不息”标识和学校品格教育的四十个基本概念的图示；在各级领导办公室也有鲜明的办学理念和办学目标的标识。这些举措起着宣传学校办学理念和办学目标的作用。

学校充分利用各种媒体宣传办学理念和办学目标。学校网站首页上有醒目的栏目介绍学校的工作计划，例如，“品格教育的内涵和实施”“创建品格学校的构想”等，从而帮助有关人员了解学校的办学理念和办学目标。学校的办学理念和办学目标在招生简章和招生宣传册上都有所体现。学校的校服、信纸、信封、名片、作业本、家校联系册以及校标、校徽、字形、字色等文案设计都有体现学校办学理念和办学目标的标识。

学校通过各种活动帮助教职工、学生和家长来理解办学理念和办学目标。资料显示，学校的教职工大会、班主任研讨会、教师校本培训活动、国旗下演讲、班级主题班会、少先队队会、共青团团会和家长开放日等各类活动都实践着品格教育理念。小学的“感恩”主题班会，初中的“诚信”主题班会等都是学校品格教育的具体体现。

学校成立了“学校品格研究小组”，人员由校长、中层干部和教师代表组成。该小组多次举行会议，专门研究品格教育的内涵，对办学理念和办学目标进行诠释，对相应具体活动进行组织落实。

由于学校建校历史不长，办学理念形成也是一个不断认识、不断深化的过程。目前的资料还不能清晰地呈现办学理念的演进过程，包括提出概念、讨论表述、形成决议等程序。

学校虽然通过各种途径给家长发放了办学理念和办学目标的书面材料，但是家长对于学校办学理念和办学目标形成的参与度不够，家校没有及时沟通与反馈，因此效果不够明显。

评定。评定即对照认证标准对学校的运行进行评定。评定表与学校自评报告中的评定表相同。考察人员要根据观察（事实）来判断学校自评时的等级，同意学校自评时的等级，则维持原有等级。不同意学校自评时的等级，则需集体讨论，给予相应等级。对部分达到或没有达到的领域要做出说明。

赞扬。赞扬要陈述学校的优势，其基本依据来源于“观察”中提到的积极的方面。“赞扬”在内容上应该与“观察”保持一致，但需要用不同的方式来表达。值得注意的是，赞扬的内容应该是较为重要的事情，而不是所有积极方面的事情。如果没有重要的内容，可表述为“没有”。

样例5-13是考察团对学校“办学理念和办学目标”一章中的“赞扬”的意见，是基于前面“观察”中的三条重要事实的价值判断。

样例5-13：

三、赞扬（接续样例5-12）

1．具有明确的办学理念和办学目标。

2．学校领导能够有意识地把办学理念和办学目标渗透在各项工作中。

3．通过多种途径和措施来宣传办学理念和办学目标，办学理念和办学目标得到了学校师生员工的认同，取得了成效。

建议。建议是学校需要加强的领域。这一部分还应该基于“观察”中的事实描述和价值判断来撰写，提出建设性的意见。样例5-14提出了一条建议。

样例5-14：

四、建议（接续样例5-12）

1．建立董事会、全体员工及家长参与对办学理念和办学目标定期审核和修订的机制。

④主要赞扬和建议

“主要赞扬和建议”是考察团认为学校应该特别注意的方面。“主要赞扬和建议”需逐条从各章中的“赞扬”与“建议”中摘录，按照每章的顺序来排列。具体内容可参见样例 5-15。

样例 5-15：

主要赞扬

1-1 办学理念内涵明晰，体现了整个学校成员共同发展的愿景。

1-2 培养目标的三个方面，整合了学生适应未来社会发展所需的主要素质，具有时代特征。

1-3 学校领导能积极主动地通过多种途径和措施把办学理念和办学目标渗透在各项工作中，并取得了成效。

……

主要建议

1-1 学校要规范办学理念和办学目标形成的程序，要有包括起草、讨论、定稿、批准和公示等五个过程的文本记录。

1-2 学校要制定对办学理念和办学目标实施情况可观察的指标体系，并定期召开相关会议，对评估结果进行分类指导，以采取有效措施，使之更加符合学校发展的需求。

⑤附录

考察团报告的附录包括：一是考察团名单，即所有考察团成员的姓名、单位、职务、电话、邮箱及通信地址等；二是考察团对评估认证结果的建议（见样例 5-16）。

样例 5–16：

考察团对评估认证结果的建议

学校			
地址			
校长			
电话		传真	
邮箱		网址	
备注			

考察团名单

姓名： 单位： 职务：	电话： 手机： 邮箱：
姓名： 单位： 职务：	电话： 手机： 邮箱：
姓名： 单位： 职务：	电话： 手机： 邮箱：
姓名： 单位： 职务：	电话： 手机： 邮箱：
姓名： 单位： 职务：	电话： 手机： 邮箱：
姓名： 单位： 职务：	电话： 手机： 邮箱：
姓名： 单位： 职务：	电话： 手机： 邮箱：

×× 认证委员会： 经讨论，考察团认为学校达到了《×× 学校评估认证标准》，并建议授予学校： 1. 通过认证 □ 2. 有条件通过认证 □ 3. 认证推迟 □ 理由如下： 考察团团长： 考察团成员： 日　期：

附：主要赞扬与主要建议

4. 考察团团长任务清单

建议考察团团长按照任务清单来开展，这样他（她）就能提前了解考察前、考察期间以及考察后的具体任务，并能有序推进考察评估工作。

考察团团长任务清单如下：

考察前八周

－阅读认证标准；

－阅读考察团手册；

－阅读认证机构寄来的材料：自评报告、考察安排、初步考察报告以及学校的背景资料；

－审核自评报告并向认证机构提出是否接受该报告。

考察前七周

－与认证机构讨论团队组成，确定考察团成员及秘书；

－拟定考察团名单；

－向考察团成员发送材料，其中包括考察团名单及联系方式、学校信息及考察时间。

考察前六周

－与考察团成员联系，发放考察团成员任务分配调查表；

－与校长联系；

－与认证协调员联系，进行自我介绍，发送考察团考察指南、考察团名单，讨论考察团考察的行程安排。

考察前五周和前四周

－与校长联系；

－与认证协调员联系，讨论并确定考察日程；

－与考察团副团长联系，讨论并确定考察团成员的任务安排；

－与认证机构联系，告知考察日程及考察任务分工；

－给考察团的每个成员发邮箱，通知考察日程及考察任务分工。

考察前三周

－与考察团人员联系，确认各成员是否收到自评报告，沟通行程安排等；

－与认证协调员联系，沟通考察团工作间所需设施以及召集全体员工会议时需要的设施。

考察前两周

－如果有任何变化，与学校或考察团成员进行及时沟通。

考察期间

星期六晚上

－考察团的首次集合：相互自我介绍、明确考察目的、任务及日程安排。

星期日

– 召集第一次考察团全体会议：强调考察人员行为准则；交流对自评报告的看法；指导收集证据的方法；草拟考察团报告；

– 考察团全体成员与学校校长及认证协调员会面，进行自我介绍，沟通考察目的及任务；

– 参观校园；

– 召集考察团会议。

周一至周四

– 在学校全体员工会议上讲话：进行自我介绍，阐明考察目的和任务，表达与全体合作的期待；

– 确定重点领域；

– 考察团全体会议：周一至周四；

– 组织各小组草拟考察团报告；

星期五

– 考察团报告：审校、完成；

– 与学校管理者、校长及其他关键人物会面；

– 全体员工会议；

– 离开学校。

5. 秘书任务清单

作为考察团团长和副团长的助理，秘书需要在考察期间，甚至是在考察前，只要得到授权，就需要代表团长做好统筹协调工作。下面是给秘书的任务清单。

考察前

– 阅读考察团手册；

– 通过邮箱或电话与考察团成员联系（由团长授权）；

确认电话号码、邮箱地址及邮寄地址

考察团名单

学校背景材料

考察日期

考察团任务分配调查

考察团考察任务

确认已收到自评报告的有关部分

考察团日程表

－通过邮箱或电话与学校联系（由团长授权）：

考察团考察指南

考察团名单

－发邮箱至认证机构（由团长授权）：

考察团日程表

考察任务分工

考察期间

星期六晚上

－考察团名单，包括酒店房间号码和电话号码；

－确认酒店和学校之间的日常交通。

星期日

－团队房间：设备检查

桌椅

插座及插座适配器

台式电脑

打印机

投影机

碎纸机

办公文具

黑板（或白板）

网络连接

– 学校地图（附平面图）;

– 学校课程表（包括所有课程、教师姓名、教室编号），贴在布告栏上；

– 准备好参观教室清单（包括所有教师的姓名和考察人员的签名栏）并放在布告栏上；

– 公告栏：周一重要事项提醒。

周一至周四

– 公告栏：第二天事项提醒；

– 准备办公文具；

– 考察团报告：

打印报告草稿

分发给考察团成员

对报告进行编辑

– 打印评分表

– 打印主要赞扬和建议

– 打印考察团对认证结果的建议

星期五

– 报告的最后润色：

标题页

目录

介绍

序言

报告主体

主要赞扬和建议

考察团名单

评分表

考察团对认证结果的建议

- 打印考察团报告；

- 复印由团长及签名的报告；

- 安排到机场 / 火车站的交通；

- 向认证机构提交报告的纸质版和电子版。

6. 考察团成员任务清单

考察团成员可参照以下任务清来准备考察工作。

考察前七周至前四周

- 阅读认证标准；

- 阅读考察团手册；

- 阅读认证机构寄来的材料：

熟悉自评报告的相关章节 / 部分

阅读学校的其他背景资料

- 与团长或秘书联系：

确认电话号码、邮箱地址和邮寄地址

确认考察团名单已收到

确认考察团任务分工调查已完成

确认已收到考察团任务安排

确认已收到考察团日程表

考察前三周至前两周

- 与学校联系：

行程安排（详细）

需要澄清的事情

– 完成指定章节 / 章节的草稿。

访问期间

星期六晚上

– 考察团全体集合。

星期日

– 第一次考察团全体会议：

提出关于考察的问题和建议

交流对自评报告的看法

周一至周四

– 全体会议；

– 主要任务：

课堂观察

设施设备检查

查阅资料

访谈

起草报告

五、如何开展中期考察

（一）中期考察的目的

中期考察作为后续程序的一部分，是在认证有效期内第三年对学校进行的考察。中期考察是为了解学校在考察团建议基础之上制定并执行行动计划的情况。

至少在考察前八周，认证机构将与学校联系，讨论考察的准备工作。多数情况下，中期考察需要两天时间。2～3 名考察人员将被派往学校，其中一人负责考察前和考察期间的沟通工作。

（二）中期考察任务清单

考察前需准备一份任务清单，重点聚焦学校落实行动计划的情况。下面是任务清单，可参考。

考察前

- 确定考察的重点领域；

- 阅读认证标准；

- 阅读相关文件：

考察团报告，特别是报告中的建议部分

特别考察报告中的建议（如有特别考察）

学校的行动计划

学校每年向认证机构提交的进展报告，描述学校的进展情况，关注没有明显进展的情况以及过去几年学校发生的新情况。

学校的中期进展报告：一个有两栏的总结表，简要说明所有的建议和采取的举措，以显示每项建议是否取得了进展。

（三）中期考察报告

中期考察报告需要在访问后一周内向认证机构提交。它应该强调学校已经取得的进步，同时描述哪些领域还没有进展。提出意见和建议，以帮助学校进一步改进工作。

中期报告的内容（见样例 5-17）包括：

1. 考察人员在学校的活动；

2. 学校的进展情况；

3. 没有进展的领域；

4. 整体印象；

5. 建议。

样例 5–17：

中期考察报告

被考察学校

<table>
<tr><td rowspan="2">学校</td><td colspan="2">中文</td><td>邮箱</td><td></td></tr>
<tr><td colspan="2">英文</td><td>电话</td><td></td></tr>
<tr><td rowspan="2">地址</td><td colspan="2" rowspan="2"></td><td>传真</td><td></td></tr>
<tr><td>网址</td><td></td></tr>
<tr><td>校长</td><td colspan="2"></td><td>邮箱</td><td></td></tr>
<tr><td>电话</td><td colspan="2"></td><td>传真</td><td></td></tr>
<tr><td>认证协调员</td><td colspan="2"></td><td>邮箱</td><td></td></tr>
<tr><td>电话</td><td colspan="2"></td><td>传真</td><td></td></tr>
<tr><td>考察日期</td><td></td><td>备注</td><td colspan="2"></td></tr>
</table>

考察人员

<table>
<tr><td>姓名</td><td></td><td rowspan="3">通信地址</td><td rowspan="3"></td></tr>
<tr><td>邮箱</td><td></td></tr>
<tr><td>电话</td><td></td></tr>
<tr><td>姓名</td><td></td><td rowspan="3">通信地址</td><td rowspan="3"></td></tr>
<tr><td>邮箱</td><td></td></tr>
<tr><td>电话</td><td></td></tr>
<tr><td>姓名</td><td></td><td rowspan="3">通信地址</td><td rowspan="3"></td></tr>
<tr><td>邮箱</td><td></td></tr>
<tr><td>电话</td><td></td></tr>
<tr><td>备注</td><td colspan="3"></td></tr>
</table>

考察人员__________

（签字）

完成报告的日期__________

考察人员在学校的活动

到达日期__________　　离开日期__________

主要活动

____

____

____

其他活动

____

____

____

自考察团考察以来学校的进展情况（如果需要，可适当评论）

____

____

____

尚未进展的情况（如果需要，可适当评论）

____

____

____

整体印象

____

____

____

建议

____

____

____

六、如何开展特殊考察

（一）特殊考察的目的

当出现下列情况时，认证机构会派考察人员对通过认证的学校进行特别考察，这也是后续程序中的一个重要环节。

1. 当认证决定为“有条件通过认证”，即学校基本达到标准，但在某些关键领域还需要进一步提升时，认证机构将在适当的时间派人对学校进行特别考察。

2. 认证之后，学校发生了一些实质性的变化，认证机构需要进行现场考察，作为后续认证的基础。

3. 学校自身提出考察需求。

在特别考察期间，考察人员应关注重点需要关注的问题，而不是对学校的运作进行全面的评估。认证机构通常会派 2 ～ 3 位考察人员到学校，一般需要两天时间。其中一人任组长，负责考察前和考察期间的沟通。

（二）特殊考察任务清单

下面是特殊考察的任务清单。

考察前

- 明确考察的重点领域；
- 阅读认证标准；
- 阅读其他文件：考察团报告、学校的行动计划、学校的进展报告；
- 与学校的沟通：

确认邮箱地址和电话号码

特别考察指南

考察日程安排

行程安排

- 与其他考察人员的沟通：

确认邮箱地址和电话号码

特别考察指南

考察日程

行程安排

考察期间

- 与校长见面：

自我介绍

说明考察目的及任务

沟通日程安排的细节

如有必要，对日程做最后的调整

- 审核学校提供的书面材料（待补充细节）；
- 访谈（待补充细节）；
- 课堂观察（待补充细节）；
- 评定（仅限于需要重点关注的领域）；
- 撰写特别考察报告；
- 与校长及校董会成员会面：口头沟通对学校考察的情况；
- 离开学校。

考察后

- 向认证机构提交特殊考察报告。

（三）特殊考察报告

特殊考察报告需于考察后一周内向认证机构提交，特殊考察报告（见样例5–18）的内容包括：

1. 考察目的；

2. 考察人员在学校的活动；

3. 学校重点领域变化的描述；

4. 整体印象；

5. 建议。

样例 5–18：

特殊考察报告

被考察学校

学校	中文	邮箱	
	英文	电话	
地址		传真	
		网址	
校长		邮箱	
电话		传真	
认证协调员		邮箱	
电话		传真	
考察日期		备注	

考察人员

姓名		通信地址	
邮箱			
电话			
姓名		通信地址	
邮箱			
电话			
姓名		通信地址	
邮箱			
电话			
备注			

考察人员__________
（签字）

完成报告的日期__________

特殊考察目的

考察人员在学校的活动

到达日期__________　　离开日期__________

主要活动

____

____

____

学校改进情况（聚焦特定领域）

____

____

____

整体印象

____

____

____

建议

____

____

____

第六章　认证管理

一、认证组织机构与运行机制

认证工作是个系统工作，需要建立相应的组织机构以及运行机制。在十几年国际学校认证以及国内学校认证工作基础上，NCCT 建立了相对完善的组织机构，形成了相对成熟的运行机制。

NCCT 成立了认证委员会、认证咨询委员会和认证办公室三个机构。认证委员会和认证咨询委员会是非常设机构，而认证办公室是常设机构。

（一）认证委员会

认证委员会主要服务于“认证决定”阶段，其主要职能是审议考察团对学校的考察报告以及认证结果的建议报告，并就授予学校认证结果向认证机构提出建议。根据《认证工作章程》，认证委员会的职责为:（1）听取认证办公室关于认证工作的报告;（2）听取考察团团长或考察团代表关于对学校考察情况的报告;（3）审议考察团报告以及考察团关于认证结果的建议报告;（4）向认证机构提交关于认证结果的建议报告。

认证委员会每届任期两年，由教育行政部门、学校代表以及认证专家等组成。认证委员会通过认证委员会会议履行其职责。一般来说，认证委员会会议由认证机构组织召开；其各项组织工作由认证办公室具体负责；召开会议时，由认证委员会主任或副主任主持；根据需要，每年召开 1 ～ 2 次认证委员会会议。

（二）认证咨询委员会

学校认证是一项政策性和专业性都很强的工作，为保障认证工作的方向性和科学性，NCCT 还成立了认证咨询委员会。认证咨询委员会的主要职责为：（1）听取认证办公室关于认证工作的报告；（2）列席认证委员会会议；（3）向认证机构提供咨询。

认证咨询委员会主要由国家及地方教育行政部门代表、法律专家及认证专家等组成，每届任期两年。认证咨询委员会的职责通过认证咨询委员会会议来履行，通常与认证委员会会议同时召开。

（三）认证办公室

认证办公室是负责学校认证日常事务的常设机构。认证办公室的主要职责为：（1）受理学校的认证申请，组织对学校的认证活动；（2）组织制订、修订学校认证的相关文件；（3）组织对认证考察候选人员的培训；（4）组织对学校有关人员的培训；（5）负责学校认证的宣传工作；（6）负责与学校认证工作相关的其他事务。

（四）运行机制

学校认证的三个组织机构日常运行如图 6–1 所示。其中，认证咨询委员会发挥政策咨询作用，认证委员会集体审议学校的认证报告并形成审议结果。认证办公室是常设机构，负责学校认证活动的日常管理。认证办公室具体组织认证委员会和认证咨询委员会会议，并在会议上向两个委员会报告学校认证工作。认证委员会的审议结果和认证咨询委员会的意见会通过认证办公室向认证机构报告。

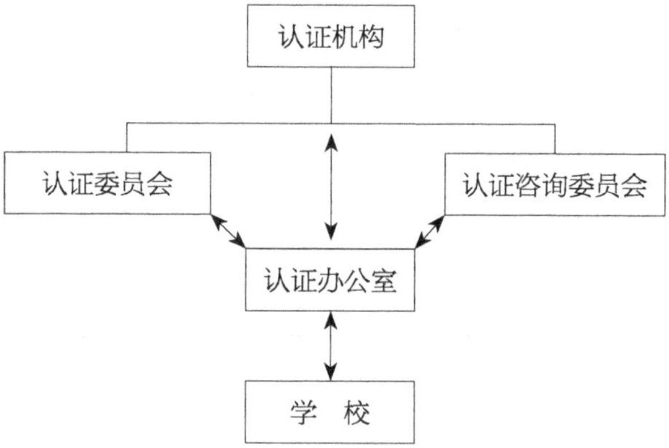

图 6-1　认证机构运行图

二、专家队伍建设

高素质的专业队伍是保证学校认证工作质量的关键因素，为保障学校认证工作的质量和水平，认证机构严格按照遴选条件来选择认证候选考察人员。作为认证候选考察人员还要接受一定的培训才能正式参加考察工作。

（一）认证候选考察人员的遴选

1. 遴选条件

认证候选考察人员的遴选条件是由实际考察工作的需要决定的。认证候选考察人员的遴选条件包括：（1）熟悉学校的教学或管理工作；（2）有一定的学术专长；（3）有一定的时间和精力从事此项工作。

熟悉学校的教学或管理工作是指不论候选考察人员来自哪个领域，需要熟悉中小学学校（公办、民办）的管理和教育教学情况。因为认证采取的是同行评估，只有熟悉学校的管理和教育教学情况，才能帮助学校做出精准诊断，提出合理建议。

有一定的学术专长是指候选考察人员在学校管理、某个学科或某个教育领域有一定的专长，这将有利于在考察过程中能够与学校校长、教职员工进行有效对话，能够给学校带来真正的帮助。

有一定的时间和精力是指候选考察人员每年应该保证有一定的时间参加认证机构组织的培训和研讨活动，特别是每年要参加 1 ～ 2 次学校考察活动，每次大概 1 周时间。

2. 遴选方式

候选考察人员的遴选一般采取学校或同行推荐，并采取在考察活动中考察的方式，合格一个吸收一个。学校或同行在向认证机构推荐人选时，客观上帮助认证机构把了第一道关。同时，由于学校认证是一项实践性比较强的工作，对候选考察人员的整体素质有较高要求。因此，在实践中最能考察出他（她）是否能够胜任学校认证考察工作。实践证明，此种遴选方式比较有效，能够保持认证机构候选考察人员的整体水平。

（二）认证考察人员的培训

遴选出来的候选考察人员经过培训之后才能开展考察工作。NCCT 对候选考察人员的培训每年举行 1 ～ 2 次。培训的方式有三种：一是常规培训。对初次入选的人员采取会议培训的方式，培训内容为认证标准、认证方法与技术以及政策法规等。二是实地培训。实地培训相当于实习，主要是对于接受过常规培训但从来没有参加过考察活动的人员，慎重起见，一般先以观察员的身份参加考察活动，并且采取“以老带新”的方式。三是提高培训。对于有经验的考察人员，认证机构会组织他们参加研讨会，针对考察过程中遇到的共性问题进行研讨；或者委派有经验的考察团后备人员以考察团成员身份参加学校认证活动，在实践中提高考察人员的素质与水平。

总之，在认证实践中，我们发现针对不同对象，培训宜采用不同方式，集中培训是其中的一种方式，而采用工作中培训的方式，效果更为明显。NCCT 学校认证项目经过十几年的发展，培养和锻炼了一批认证专家队伍，大部分专家能够独立开展工作，表现出较高的专业水平，受到了国内同行的称赞。

三、认证办公室日常管理

（一）认证办公室的工作流程

认证办公室的工作主要是根据认证的工作程序来组织的，主要包含申请事宜的处理、资格考察的组织、初步考察的组织、学校自评期间的交流与指导、考察团考察的组织、认证委员会会议的组织、后续程序中相关事项的处理以及培训的组织。学校认证的工作流程如图 6-2 所示。

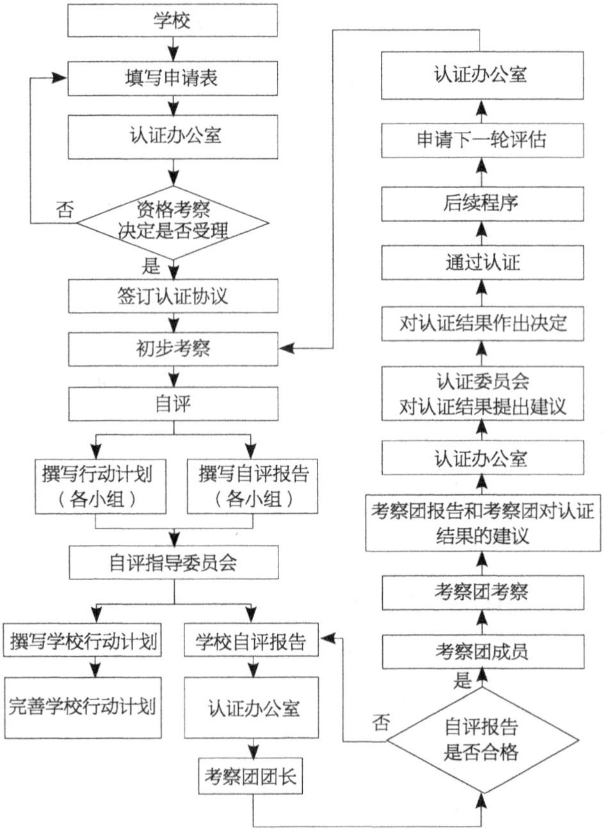

图 6-2　学校认证工作流程图

（二）申请事宜的处理

当学校向认证办公室表达申请认证的意向之后，认证办公室的工作任务如下：

1. 咨询的处理。如果学校来电或发邮箱询问认证事宜，认证办公室需要对咨询人员的问题进行耐心解答，应对方要求，提供相关的材料。同时要对咨询人员的单位和联系方式等进行记录。

2. 发放申请表。如果学校有意愿申请认证，认证办公室需要向学校发放认证申请表（见第三章表 3–1）。可以直接向学校发邮箱，请学校填写之后，提交认证办公室。

3. 申请表的处理。当学校向认证办公室提交了申请表之后，认证办公室需要对申请表进行如下处理：

（1）审核申请表的内容。

（2）对申请表进行归档。申请表是学校与认证办公室接洽的第一份资料，要以此为开端，为学校建立认证档案。

（三）资格考察的组织

认证办公室受理学校的认证申请之后，就需要开始组织资格考察事宜。在这项工作中，认证办公室的工作任务如下：

1. 与学校沟通考察事宜

（1）通过邮箱或电话联系等方式，与学校商议资格考察时间。

（2）通过邮箱给学校发送《学校基本情况表》（见第三章表 3–2）和《资格考察指南》（见第三章样例 3–1）。要求学校填写并反馈《学校基本情况表》，并根据《资格考察指南》制定考察日程。

（3）将资格考察人员名单（姓名、单位、职务、电子邮箱和电话）告知学校。

2. 与考察人员沟通考察事宜

（1）与考察人员联系，确认他（她）能否承担考察任务。

（2）向考察人员寄发材料：

- 资格考察邀请函；
- 考察人员名单（姓名、单位、职务、电子邮箱和电话）；
- 学校联系人的姓名、电话和电子邮箱；
- 学校向认证办公室提供的认证申请表；
- 《学校基本情况表》；
- 考察日程（请考察人员核准）；
- 资格考察报告模板（见第五章样例 5-2）。

3. 资格考察后续事宜

（1）考察完毕，提醒考察人员及时提交资格考察报告。

（2）审核资格考察报告，决定是否受理学校申请。

受理学校认证申请的依据是：

- 学校的办学手续齐全；
- 从教育部正式批准之日起，学校办学至少在三年以上；
- 学校依法办学，运转正常。

如果学校符合上述条件，经过认证办公室的研究之后，方可受理学校的认证申请。

（3）向学校发放认证受理函。

（4）与学校签订认证协议。

（四）初步考察的组织

如果一所学校的资格考察顺利通过，则可以进入初步考察的程序，在组织初步考察的过程中，认证办公室的工作任务如下：

1. 与考察人员进行沟通

（1）与考察人员沟通，确认他（她）能否承担考察任务，并提名牵头人。

（2）向考察人员寄发材料：

－初步考察邀请函；

－学校联系人的电子邮箱和电话；

－考察人员名单（姓名、单位、职务、电子邮箱和电话）；

－资格考察报告；

－学校填写的申请表；

－认证标准；

－自评培训材料（自评手册等）；

－初步考察报告模板（见第五章样例 5–6）。

（3）与考察人员沟通初步考察时的重点。

2. 与学校进行沟通

（1）初步考察的时间和考察人员情况。

（2）考察人员名单及其联系方式。

3. 联系初步考察组组长，布置工作任务

（1）联系校长

－考察前做一个调查，了解学校的自评准备情况（第五章样例 5–4）；

－根据实际情况修改初步考察指南，发给学校（见第三章样例 3–2）；

－请学校根据初步考察指南，确定考察日程；

－与学校沟通食宿、交通安排等问题；

－与学校沟通，确认考察日程。

（2）联系其他考察人员

－将考察日程转给其他考察人员；

－转达资格考察报告中的重要问题；

－通知集中的时间、地点以及需要携带的材料。

（3）联系学校的认证协调员

- 将自评培训材料传给认证协调员；
- 向认证协调员说明需要准备的事宜（包括工作间、办公文具、投影仪等）。

（4）准备培训材料

4. 初步考察后续事宜

（1）提醒考察人员在考察结束一周内，向认证办公室提交初步考察报告。

（2）对初步考察报告进行存档。

（五）学校自评期间的交流与指导

初步考察结束后，如果考察顺利，学校便进入了自评程序，自评的时间一般为12个月。在自评期间，认证办公室的主要任务如下：

1. 为学校提供自评指导

（1）自评交流与指导

在12个月的自评期间，认证办公室需要通过邮箱或电话，与学校沟通2～3次。询问学校自评进展情况以及需要提供哪些帮助等。

如果学校需要指导，认证办公室应做好以下工作：

- 向学校了解需要指导的内容，与学校商议具体的时间；
- 向考察人员转达学校需要指导的内容，请他（她）提前做好准备；
- 与学校沟通，为考察人员安排交通、食宿问题。

（2）自评报告的审核

- 考察团考察前四周，提醒学校向认证办公室提交自评报告；
- 提名考察团团长；
- 向考察团团长寄发自评报告，请他（她）审核。

经过审核，如果团长认为自评报告不符合要求，则需要学校重新修改自评报告，并考虑推迟考察团考察的时间；如果自评报告合格，将开始准备考察团考察的组织工作。

（六）考察团考察的组织

考察团考察是认证程序中的重要一环。在这一环节，认证办公室的主要任务是组织考察团队伍，与学校沟通考察的具体事宜。具体任务如下：

考察前

1. 组建考察团

（1）从专家库中选择考察团团长及成员；

选择考察团成员的原则：

－考察团应该有合理的年龄结构，做到老、中、青相结合；

－考察团应该有合理的专业结构，做到不同专业背景人的结合，以适应考察工作的需要；

－考察团还应该是具有不同工作风格的人的结合。

（2）与拟选定的人员进行联系，确认他（她）能否承担考察任务；

（3）确定考察团名单；

（4）根据需要，为考察团安排一位秘书（秘书一般从将要接受考察团考察的学校里选择，为其接受考察团考察提供经验）。

2. 与学校沟通

（1）将确定的考察团名单发给学校，名单应包括：团长、副团长、秘书和考察团成员的姓名、职务、单位、联系电话、电子邮箱等信息，并征求学校意见。

（2）请学校在考察团考察前一个月，向每一位考察团成员寄发自评报告（电子、纸质各一份）。

3. 向团长、秘书、考察团成员寄发相关材料

（1）向团长寄发的材料清单

－考察团考察邀请函；

－考察团名单；

- 学校校长、认证协调员的联系电话、电子邮箱；
- 认证标准；
- 初步考察报告；
- 考察团考察报告模板（见第五章样例 5-11）；
- 考察团对认证结果的建议报告表（见第五章样例 5-16）；

（2）向秘书、考察团成员寄发相关材料

- 考察团考察邀请函；
- 考察团名单；
- 学校校长、认证协调员的联系电话、电子邮箱；
- 认证标准；
- 初步考察报告；
- 考察团考察报告模板。

4. 提醒考察团团长应注意的事项

考察前

（1）与学校校长或认证协调员联系

- 考察前四周，给校长发送考察指南，让学校在此基础上制定出考察日程；
- 沟通考察团在学校的活动、所需办公设施以及交通食宿安排等事宜。

（2）与考察团人员联系

- 为考察团人员发送有关的考察安排调查（见第五章样例 5-8）；
- 并根据调查反馈，为考察团人员安排考察任务（见第五章样例 5-9）；
- 将考察日程通过邮箱发给考察团人员。

考察期间

认证办公室与考察团团长及学校保持密切联系，随时为学校提供帮助。

考察后

（1）督促考察团团长提交考察团考察报告；

（2）督促考察团团长提交认证考察团对认证结果的建议报告。

（七）认证委员会会议的组织

考察团考察结束之后，认证办公室需要组织召开认证委员会会议，对所考察学校的认证结果进行审议。围绕会议，认证办公室的工作主要有如下：

1. 会前工作

（1）确定会议的时间、地点、与会人员名单、会议日程；

（2）报会议预算；

（3）向与会人员寄发邀请函；

（4）准备会议材料；

－对拟审议学校的认证组织工作汇报材料；

－考察团考察报告；

－考察团对认证结果的建议表；

－认证委员会对认证结果的建议表一份（见样例 6-1）。

样例 6–1：

认证委员会对认证结果的建议

学校名称	汉语	
	英语	

本委员会依据《学校认证工作章程》以及《学校认证标准》等文件的精神，审议了考察团对该校的考察报告以及对认证结果的建议。

经讨论，认证委员会（同意、不同意）考察团对认证结果的建议：（A. 通过认证；B. 有条件通过认证；C. 认证推迟），建议做出以下决定：（只选择一种。）

A. 通过认证 □

B. 有条件通过认证 □

C. 认证推迟 □

如果不同意考察团对认证结果的建议，而建议给予学校其他认证结果，请说明理由：

____

____

____

____

认证委员会 签字

主任：

委员：

年 月 日

2. 会上工作

（1）安排与会人员的食宿、交通等事务；

（2）分发会议材料；

（3）记录会议纪要；

（4）请认证委员会人员填写认证结果的意见。

3. 会后工作

（1）向通过认证的学校下发通过认证的函；

（2）为通过认证的学校制作并寄送认证通过证书和标牌；

（3）整理会议材料，归档。

（八）后续程序中相关事项的处理

根据《认证工作章程》，在认证通过后的有效期内，上半年接受考察的学校需于每年的6月30日之前向认证机构提交年度进展报告。下半年接受考察的学校需于每年的12月30日之前向认证机构提交年度进展报告。在认证通过的第三年，认证机构还将组织对学校进行中期考察。认证机构认为如有必要或应学校要求，可以派考察人员对学校进行特殊考察。认证办公室后续程序工作任务如下：

1. 督促学校提交年度进展报告

（1）每年4月、10月，向学校下发提交年度进展报告的函；

（2）对年度进展报告进行审核、归档。

2. 中期考察的组织工作

（1）与学校沟通

- 商议考察时间和考察人数；
- 将确定的考察人员名单发给学校；
- 提请学校安排考察人员在考察期间的交通、住宿；
- 提醒学校向考察人员寄送中期自评报告。

（2）与考察人员沟通

- 与拟选派的人员进行沟通，确认他（她）能否承担此项任务，并确定牵头人。
- 向考察人员寄送相关材料：
- 中期考察邀请函；
- 考察团考察报告；
- 中期考察报告模板（见第五章样例5-17）；
- 认证标准；
- 中期考察任务清单（参见第五章）。

– 提醒牵头人与学校沟通日程安排问题。

（3）做考察人员的劳务费预算

（4）提醒牵头人在考察活动结束一周内向认证办公室提交中期考察报告，并对考察情况做以汇报

（5）审核中期考察报告

（6）将中期考察报告发回学校

3. 特殊考察的组织工作

（1）与学校沟通

– 商议考察时间和考察人数；

– 将确定的考察人员名单发给学校；

– 与学校沟通考察人员在考察期间的活动安排。

（2）与考察人员沟通

– 确认他（她）能否承担此项任务，并确定牵头人；

– 向考察人员寄送相关材料：

– 特殊考察邀请函；

– 学校的背景材料；

– 认证标准；

– 特殊考察任务清单（参见第五章）；

– 特殊考察报告模板（见第五章样例 5–18）；

– 提醒牵头人与学校沟通日程安排问题。

（3）做考察人员的劳务费预算

（4）提醒牵头人在考察活动结束一周内向认证办公室提交特殊考察报告

（5）将特殊考察报告归档

（九）培训的组织

培训工作是认证办公室的一项重要工作，认证培训的对象包括考察

后备人员和申请认证学校的相关人员。

1. 对考察后备人员进行培训

认证机构对考察后备人员的培训主要有集中培训和实地培训两种。我们这里讲的是集中培训的组织与安排。

认证办公室组织培训的任务有：

- 确定会议主题、会议名单、会议地点、会议方式和会议日程；
- 联系培训专家；
- 发放会议通知；
- 准备会议材料；
- 联系会议地点，安排会务；
- 第一次提醒：与与会人员取得联系，确认能否参加会议；
- 第二次提醒：会议召开前 2 ~ 3 天，再次联系与会人员，再次确认参会信息；
- 组织会议；
- 会后整理材料归档。

2. 对申请认证学校人员进行培训

对申请认证学校人员的培训，地点一般选择在申请认证的学校，培训对象是拟申请认证或者正在认证过程中的学校人员。

组织申请认证学校人员的培训，认证办公室的任务有：

- 与学校沟通会议时间、会议日程和培训内容等问题；
- 确定培训的地点，安排会务；
- 向参会学校发放会议通知；
- 联系专家，准备培训内容；
- 组织培训；
- 会议资料归档。

第七章　中小学学校认证实践成效与启示

一、认证体系初步形成

经过近二十年的探索，中小学学校认证形成较完备的认证体系，该认证体系包括：一是具有清晰的认证理念。中小学学校认证坚持自愿、发展、合作、服务的基本理念。自愿即以学校的自愿申请为前提；发展即以促进学校发展、学生发展为目的；合作即与学校建立平等合作的关系；服务即坚持为学校服务、为政府部门服务、为社会服务。二是研制了系列认证标准。包括《外籍人员子女学校认证标准》《公办学校评估认证标准》《民办学校评估认证标准》《民办幼儿园评估认证标准》等（见表 7-1）。认证标准反映了高质量教育的经验，既强调规范，又强调保证质量。三是形成了规范的认证工作程序。包括学校申请、资格考察、初步考察、学校自评、考察团考察、认证决定和后续程序等。四是开发了完备的认证工具，包括《认证工作章程》《自评手册》《考察团手册》《认证办公室工作手册》等。五是建设了一支专业的专家队伍。专家团队主要来自大学、国内中小学、教育科研单位、教育行政部门等。六是建立了完备的组织机构，包括认证委员会、认证咨询委员会和认证办公室，并得到教育部主管部门以及地方教育行政主管部门的大力支持。七是与国际机构（CIS、NEASC 和 WASC）建立了有效的合作机制，形成了多样化的认证模式（限于在华国际学校认证）。

表 7-1　学校认证标准体系

外籍人员子女学校认证标准	公办学校评估认证标准	民办学校评估认证标准	民办幼儿园评估认证标准
A 办学理念与办学目标	A 办学理念与办学目标	A 办学理念与办学目标	A 办园理念与办园目标
B 行政与管理	B 机构与管理	B 机构与管理	B 机构与管理
C 课程与教学	C 课程与教学	C 课程与教学	C 员工
D 员工	D 员工	D 员工	D 教育活动
E 资源、设施与服务	E 资源、设施及服务	E 资源、设施及服务	E 卫生保健与安全
F 沟通与社区关系	F 学生服务	F 学生服务	F 资源与设施
	G 社区关系	G 社区关系	G 社区关系
	H 德育工作	H 德育工作	
	I 学生发展	I 学生发展	

二、认证的社会功能初步显现

（一）协助政府加强管理

NCCT 认证实践的一个重要功能是协助政府部门加强对学校的管理。NCCT 认证的主要对象是民办中小学（含国际学校）和少量公办中小学。政府对于民办学校进入的门槛把关比较多，但是对于学校办起来之后，在规范管理，提高质量方面，政府往往有些缺位。NCCT 通过抄送制度及专题报告制度等，将认证报告抄送至国家和地方教育行政主管部门，为其提供学校的办学情况信息，反映考察过程中发现的问题。客观上起到了帮助政府进一步加强对民办学校规范管理的作用。

（二）为学校提供信誉保证

认证实际上意味着一种信任，学校的荣誉和公信力可以从认证中获得，经过认证的学校，在办学质量上可以被证明是“言行一致”的。认证本身代表学校符合认证标准。除此之外，在家长为子女挑选学校时，这所学校也会因为它已有的知名度而成为其候选学校，学校的教职员工也会因为在一所著名的学校内工作而感觉更加有保障。然而，这并不意味着终点。经过认证的学校仍会持续希望保障自己的公信力和地位，因此，这些学校会持续进行自我评估、规划和改进，最终迎来新一轮的再评估。而正因为如此，公众更加确信，能够做出如此承诺并通过认证的学校，其教育质量是出类拔萃的，这些学校与未做出如此承诺的学校的差别也是显而易见的。

（三）促进学校不断提升教育质量

无论何种性质的教育，大家对教育质量的关注和要求是一致的。认证标准包含了利益相关者共同接受的标准，这些标准是所有成功的、追求高质量的学校所重视的价值。认证的过程就是学校从校领导到每个教职员工作为一个整体，学习、对照、落实认证标准的过程。应该说，认证不会直接帮助学校提高学生的成绩或者缩小学术上的差距，但是它能够帮助学校认识和把握各种变化，从中找到提升自我发展能力的方法。“认证是永远地鼓励学校往前走，哪怕你只是一个只有几十人的学校，哪怕你的学校并不完善，它永远鼓励你这个学校向前走，学校会强调，自己与自己比，我今年比去年有进步，这就是最大的进步。”（王燕，2007）

总之，NCCT 学校认证是借鉴国际成功经验来探索建立具有中国特色教育质量保障体系的一种有益尝试，是我国教育质量保障体系的一种有益补充。近二十年的探索，评估认证了一批学校，积累了丰富的认证工作经验，产生了良好的社会效果，为我国其他教育领域建立质量保障机制提供了经验。

三、来自学校的视角

“学校认证与督导有何异同？我们可以把这两项工作比作‘产品的质检员’与‘保健医生’的作用。督导就像产品的质检，无论你是否愿意，只要你生产出产品，面对市场，就必须接受对产品的检验和评价，这是官方带有强制性的，督导团就是质检员。而学校认证，则是学校为了自身发展，获得社会认可的非官方无强制性的评估。就像我们为了更好更健康地生活，提高生活质量所请的保健医生。两种评估既有相似的功能，又有不同；既相互配合又互为补充”。（吴琦，2007）

NCCT 学校认证的实践证明：它对保证学校办学质量、促进学校更好地发展方面起到了不可或缺的作用。北京市忠德学校、山东省寿光世纪学校和深圳市潜龙学校[1]是接受 NCCT 认证较早的 3 所学校。从他们接受 NCCT 学校认证的经验与体会中，我们可以更好地理解学校认证的意义和价值。

（一）北京市忠德学校的实践与认识

北京市忠德学校是一所经北京市朝阳区教育委员会批准，创办于 2003 年 6 月的九年一贯制民办学校。学校坚持“品格第一，全面发展”的办学理念，实施品格教育，创建品格学校。学校立足中国传统文化，开展国际交流，实施双语教学，致力于学校的国际化发展。

2008 年该校成为参加“民办学校评估认证项目”的第一所试点学校。这次评估认证从 2008 年 4 月提出，2009 年 2 月完成，历时 10 个月。北京市忠德学校认证通过后，持续改进学校工作。我们从当时印发的“民办学校评估认证项目简报”中摘录部分内容，从中可以了解学校的改进工作：“认证通过一年来，学校根据《考察团报告》中的建议以及《学校行动计划》中制定的方案，有针对性地进行了改进，主要做了以下几方面工作：一是重新制作了学校的宣传画册，印发了《教职工手

[1] 三所学校的实践与认识来自 NCCT 收集的学校认证工作总结。

册》和《学生家长指南》；二是开始形成全面、详实的校本课程文件，开展了为期两个月的教学展示课活动；三是对幼儿园的图书室进行了改造，并设置了专用阅览室。为幼儿园新购置了820册图书，为中小学新购置了1471册图书；四是投入120万元对整个校园进行了电力系统改造，并请权威专业机构进行了检测；五是请权威专业机构对学校的全部建筑进行了抗震检测……”

本次评估认证给学校带来深刻变化，校长在工作总结中提到：

“一是教育观念的变化。认证让我用全新的视角重新审视学校的历史和现状，也让我从更多的角度审视了校长工作和学校发展的关系，让我认识到了有愿景、有目的、有计划、有程序进行学校管理的重要性，使我更加明确教育服务品质的高低在于以学生为中心，并对学生进行优质的全人教育。二是管理方式的改变。自NCCT评估认证工作在我校开展以来，学校很多重大事项在决策之前都会在全校范围内做“意见征询”，这种“自下而上的”决策机制有效地调动了全体教职员工的积极性、主动性，成为学校可持续发展的巨大推动力。三是完善了发展规划。2011年1月学校初步制定了《“十二五”教育国际化发展规划（2011—2015）》，在该规划中我们直接采用了NCCT评估认证标准的结构和框架，也充分汲取了此次发展性评估的精髓。今后五年，我校将在坚持特色发展的基础上，继续教育国际化的发展方向，逐步完善教育国际化的课程体系和管理体系，实现教育国际化的发展目标。”

（二）山东省寿光世纪学校的实践与认识

山东省寿光世纪学校于2004年8月建成并招生，该校于2009年9月提出申请，2010年10月通过认证，成为“民办学校评估认证项目”的第二所试点学校。山东省寿光世纪学校认证通过后根据自评报告和考察团报告的建议，改进学校的工作。

认证后第一年，山东省寿光世纪学校改进工作卓有成效，主要表现在以下几个方面：一是修订了学校的办学理念和办学目标，并积极践行，努力促进学生的个性特长发展和全面均衡发展。二是加强师资队伍建设。重视师德教育和查找自身不足，并及时改进工作；对青年教师进行多方面的专题培训。三是加强校本教研。各个学部结合自身实际，创建形成了适用有效的校本教研模式。四是完善人事制度。制定了《寿光世纪学校招聘教职工管理办法》和《关于规范招聘教职工工资待遇的管理办法》等文件。五是重视安全工作。组织学生进行真实的应急疏散演习，提高了学生规避风险的能力；强化安全意识，层层签订了安全责任书，进行了安全隐患大排查，各年级定期组织“安全主题班队会”；学校投资全部更换了高清数字监控，整个校园实现了无缝隙覆盖。六是利用社区资源。积极开展家长开放日、家长课程培训、家校联谊会、家长义工在行动等活动。许多家长应邀来校进行专题讲座或帮助联系校外活动，充分利用社区文化教育资源，融洽了学校与社区关系；积极拓展校外资源，鼓励学生走出校门进行社区服务和社会实践活动……

本次评估认证给学校带来深刻变化，他们对评估认证的体会与思考如下（节选）：

“我校在建校初期与众多教育专家论证，确定了较为先进的办学理念和教育思想，在不断探索和实践中，推动了学校初期的快速发展。引入评估认证体系后，我们进行了认真回顾和反思，发现有些办学理念落实不到位，实际执行与当初承诺存在较大差距。比如，在建校之初，我校提出了“个性化教学和特殊需要教育研究”，但是由于对这一理念的理解不深，措施不到位，效果并不明显，甚至出现了部分‘问题学生’。通过自评，我们发现这一问题后，加强了研究和探索，结合学校、学生的实际，从强化重点区域管理、班级教导会、学生自主管理、家校沟通交流等方面进行改进，经过两年的实践，探索出了预防问题学生产生的有效策略，‘问题学生’逐渐减少。”

“我校参与评估认证，一个重要的指导思想就是“全员参与、全员培训”，让更多的干部、教师参与其中，以评估认证作为对干部、教师队伍的一次系统培训。自评中既有理论学习，也有动手实践，既有信息搜集，也有信息整理、分析。在这一过程中，干部、教师最大的收获是增强了科研意识，提高了科研能力。干部教师在对评估标准的学习过程中，更准确地理解和掌握了现代教育理念和教育思想。近两年，我校共承担国家、省级课题 8 项，有 80 多项教育教学成果在省市获奖，教师发表科研论文 360 多篇，现在几乎所有的教师都有了自己的研究小课题。”

“我们借助评估认证这一平台，由各部室教职工共同参与，并吸收部分学生、家长参与，在这一过程中，各部室各负其责、分工协作、积极配合，很好地完成了自评任务，各部室之间加强了联系和沟通，学校团队增强了凝聚力，形成了很强的协作能力，全校上下形成了“心往一处想，劲儿往一处使”的良好工作氛围。我校还借此进一步完善了学校制度建设，形成了较为完善的《学校章程》，达到了用制度来守望学校，用文化来引领学校发展。现在，各部室之间的沟通更加通畅，遇到问题都会进行系统讨论并把问题当作课题来研究，促进了学校管理的科学化。”

“考察团九位专家到校进行了为期五天的评估认证，考察团的成员来自北京、广州、江苏等教育发达地区，他们都在教学管理一线，既有深厚的理论，也有丰富的实践经验，完全不同于纯理论型的专家。在访谈中，专家们带给我们更多先进理念和教育思想，参与自评的一位教师由衷地说‘外面的世界更精彩，外校的经验更宝贵’。从效果来看，这次引进外智的尝试非常有效。

评估认证结束后，考察团形成了系统的评估报告，报告中有对学校优势的充分肯定，这些肯定给全体教师树立了信心。报告中也有对学校不足的中肯建议，这些建议为学校进一步发展指明了方向，对学校的发展具有很好的借鉴意义，从一定意义上来说可以作为学校未来发展的重要指导纲要。我们依据考察团报告中‘进一步利用家长和社区的文化教育资源，开展校内外教育活动’的中肯建议，创新思路积极拓展校外资源，让学生走出校门，进行社区服务和社会实践活动，短短一年内，成为潍坊市综合实践活动和创新育人典型学校。”

（三）深圳市潜龙学校的实践与认识

深圳市潜龙学校是一所公办九年一贯制义务教育学校，该校于2011年11月提出申请，2012年12月通过认证，成为申请学校评估认证的第一所公办试点学校。

他们在完成评估认证之后提到：

“NCCT评估认证是一项非政府性的评估，正是基于这一点，经过学校的组织宣传，经过各自评指导委员会领导老师们深入研讨学习，广大老师、家长感受到了这次评估没有过去政府督导评估的繁琐与形式化，老师们都信服、接受这这项评估工作。特别是老师们了解了NCCT评估认证的历史之后，亲自见证了包括资格考察、初步考察以及考察团考察中各位专家工作的内容与方式，老师们都说：专家们真是很辛苦，他们提的问题很有意思，真不是搞形式主义的。老师们消除了以往对待官方性质评估中不自觉的‘抗拒’性，由衷地接受这项评估工作，在过程中自觉参与，使评估的‘诊断’‘促进’功能真正发挥。

同时，NCCT评估认证标准是一套在国内外国际学校和国内民办学校实践基础上，为公办学校量身打造的文件。我们深切地感受到，它的核心精神具有现代学校的特质，同时又具有可操作性，它的评估内容涵盖了学校发展所需具备的所有领域，凸出了学校发展中‘学生’与‘教师’两个核心主体。”

四、对我国学校督导评估改革的启示

NCCT 认证实践形成了比较成熟的评估标准、评估程序、评估方法与技术，对建立科学的、规范的教育质量保障机制提供了有益经验。NCCT 学校认证对我国学校督导评估改革有如下启示：

一是建立政府及其教育管理部门、非营利性的民间机构和社会团体多方参与的认证评估机构，改变单纯由政府主导的评估体制。NCCT 认证是连接政府、社会、学校之间的桥梁和纽带，其基本特征可以概括为“服务”。从服务对象上看，具有广泛性，即服务政府、服务社会、服务学校；从服务形式上看，具有传递性，即要做到上情下达，下情上达；从服务行为上看，工作程序和结果是公开的，处于政府、社会和公众的多方监督之下，在很大程度上可以确保认证和评估的客观性和公正性。

二是建立科学、规范和灵活的评估认证标准，改变以往单一的评估标准。要让不同类型的教育机构体现出其特色就要有多元的评估认证标准。标准必须是在收集政府、社会、公众、家长、学生等多方意见基础上制定，才能使学校被各方面所认可。同时，这些标准必须具体、可操作、具有指导意义。

三是从关键细节上完善学校督导评估制度。从一般意义上而言，程序与方法是活动目的达成的重要保障。如果没有合适的程序与方法，即便目标定位符合现实条件，整合了各种利益相关者的诉求，往往也难以最终达成。NCCT 认证借鉴国际认证机构经验，有严格的认证程序和操作规范。而我国学校督导评估文件中评估程序与方法多属于原则性的规定，对于可能影响督导评估质量和效率的关键细节缺乏明确规定，这种状况在很大程度上影响了学校督导评估的科学性和实效性。为此，我们建议，有关机构在开发新的学校督导评估方案的过程中，可以借鉴 NCCT 学校认证经验，尽量将评估程序制度化并提供实操工具，从关键细节上完善学校督导评估体系。

下篇

学校督导评估

第八章　学校督导评估概述

一、概念辨析

（一）教育督导

教育督导是我国法定的一项基本教育制度，是国家对教育实行监督和指导的有效机制和有力手段，也是现代教育管理体系必不可少的重要组成部分。具体来看，它是各级政府授权的督导机构和人员，依据国家的教育方针、政策、法律、法规和督导的原则与要求，对下级政府、教育行政部门和学校，进行有目的、有计划的监督、检查、评估和指导，并可向同级和上级政府及教育行政部门反馈有关教育工作的信息，提供改进工作的建议。它体现了教育领域行政监督和管理的重要职能。

我国教育督导部门的主要职能包括督政和督学两方面。督政主要是上级教育督导评估部门依据相关指标体系对同级或下级政府的教育行为进行监督、指导、评估和反馈。政府及其教育行政部门决策正确、管理得法、投资到位，必然会使学校教育得到较快的发展，学校教育质量也就得到了保证。教育督导的这项职能属于我国教育督导制度的特色职能。而督学主要是对学校贯彻教育方针、执行政策法规、提高教育教学质量和管理水平以及办学条件改善等情况进行督导评估。督学职能则是世界范围内教育督导部门的共性职能，也是教育督导制度从建立之初便履行的主要职能。中外历史上的教育督导工作，均以学校，尤其是学校的教学工作为对象。

2014 年，我国督导机构的职责发生新变化。为深入贯彻党的十八大和十八届二中、三中全会精神，落实《国家中长期教育改革和发展规划纲要（2010—2020 年）》（以下简称《教育规划纲要》）和《教育督导条例》，国务院教育督导委员会印发了《深化教育督导改革转变教育管理方式的意见》（国教督办〔2014〕3 号）。文件指出，当前深化教育督导改革的总体思路是："立足我国实际，借鉴国际经验，建立督促地方政府依法履行教育职责的督政机制、指导各级各类学校规范办学提高教育质量的督学体系、科学评价教育教学质量的评估监测体系，形成督政、督学、评估监测三位一体的教育督导体系，为促进教育事业科学发展、办好人民满意的教育提供制度保障。"自此，国务院教育督导委员会将质量评估监测确定为督导机构的职责之一，并由督导机构对质量监测实行归口管理，实现了督导工作的创新。

督政、督学、评估监测是新时期我国各级教育督导部门的主要职责。在督政方面，建立教育职责督导评价体制，定期开展督导工作。在督学方面，完善教学和管理的标准，规范办学行为并进行指导。在评估监测方面，建立健全多方参与的教育评估监测体系，对办学行为和教育质量进行评估监测。至此，我国确立了"督政、督学、评估监测"三位一体的教育督导体系。

（二）学校督导

学校督导即督学。具体来说，是指对学校及其他教育机构的教育教学进行监督、检查和评价等。

学校督导有以下特点：第一，学校督导是一种教育督导活动。国务院于 2012 年颁布实施的《教育督导条例》指出，教育督导包括两方面内容：一是县级以上人民政府对下级人民政府落实教育法律、法规、规章和国家教育方针、政策的督导，即"督政"；二是县级以上地方人民政府对本行政区域内的学校和其他教育机构（以下统称学校）教育教学工作的督导，即“督学”。督政与督学密切相关，督政离不开督学，督学是督政的基础。第二，学校督导的对象是学校，或者说各级各类教育机构。在我国，不同时期教育督导政策所界定的学校督导对象是有差别的。1991年颁布的《教育督导暂行规定》明确“教育督导的范围，现阶段主要是中小学教育、幼儿教育及其有关工作”，学校督导的对象包括中小学和幼儿园。1997年原国家教委印发的《普通中小学校督导评估工作指导纲要（修订稿）》则规定，“本《指导纲要》适用范围为政府、企业事业组织、社会团体及公民个人依法举办的对儿童、青少年实施初等教育和普通中等教育的机构。主要包括：城乡全日制完全小学，全日制普通初级中学、高级中学和完全中学，九年一贯制学校。”2012年颁布的《教育督导条例》又提出了一个新的界定，在本行政区域范围内的各级各类学校和其他教育机构都要接受督导。第三，学校督导的主体是代表人民政府行使督导职权的督学。它是一种政府行为，具有一定的强制性和权威性。

学校督导一直是教育督导制度中不可或缺的重要组成部分。它担负着对辖区内学校贯彻教育法律、法规、方针、政策情况进行监督、检查、指导、评估的职责（督导与评估是实行依法治教必不可少的手段和措施），并且还具有对学校工作进行全面诊断、正确指导、强力推动、解决热点难点问题，以及提高校长管理水平和培养培训校长等多种功能。

根据《教育督导条例》，学校督导主要通过综合督导、专项督导和经常性督导等方式开展，以保障和促进学校依法自主办学。学校督导的政策和标准由国家制定，实行省级主导、市县组织实施的工作机制。综合督导是指对学校的多项或全部工作进行的督导，其内容广泛，涉及面宽，督导的指标具体、完整，时间较长，空间较广。如教育督导机构对某所学校的发展现状进行诊断式督导就需要采用综合督导的方式。专项督导是就某一项工作开展专门的督导，此类督导工作主题单一，问题集中，便于掌握情况，如开展中小学学科教学改进情况专项督导、义务教育阶段减负督导、初中实践活动实施情况督导等。经常性督导主要通过设立督学责任区、实施责任督学挂牌督导来实现。《教育督导条例》要求，“督学对责任区内学校实施经常性督导每学期不得少于 2 次”。通过挂牌督导，责任督学成为学生、家长、社会公众与学校的联系纽带，也建立起了日常发现问题、解决问题机制，提高了教育督导的针对性和时效性。

（三）学校督导评估

在我国，教育督导部门对学校的督导多使用评估的技术和手段，因此称之为学校督导评估，学界也有使用“学校教育督导评估”，两者内涵大体一致。省去了“教育”二字，当然毋庸置疑也属于教育督导的范畴，而不会是其他领域的督导评估。

我国理论界对于“学校（教育）督导评估”的理解大体一致，典型定义有：裴洪宇（2006）认为，学校督导评估是由教育督导机构及人员以根据一定的准则所制定的标准为依据，运用一定的技术手段，为实现激励学校、促进其发展的目标，而对学校的工作状况和效果，进行监督、检查、评价和指导的活动过程。可以简单概括为：教育督导机构和人员对学校所进行的督导评估。刘永和（2009）认为，所谓“学校教育督导评估”就是对学校办学进行的监督、检查、指导、评价，以促进学生发展、教师发展和学校发展。韩立福（2009）认为，“学校教育督导评估”就是教育督导部门依据国家有关教育的法律、政策以及教育目标制定评估标准体系，运用科学手段收集信息，对学校教育过程、服务效益和教育质量进行客观分析和科学指导，并能够促进学校持续发展的教育活动。其根本目的就是促进学校在原有起点上持续发展、特色发展和全面发展。

在我国，“督导评估”长期作为一个整体性概念出现，“督导”和“评估”作为教育督导制度的两种承载形式，承担着不同的功能：督导着眼于政府管理部门对教育政策执行基本规范的监管，体现了教育督导工作的强制性和教育督导机构的权威性；评估更加侧重于教育水平的客观评价，更多体现了教育评估的诊断性功能，更多体现了教育评估工作的客观性和督导评估人员的专业性。应该说，评估是基础，督导是目的，督导评估兼具问责与改进两种职能。

综上，我们可以这样界定学校督导评估：学校督导评估是由教育督导机构依据国家有关教育的法律、政策以及教育目标制定评估标准体系，运用科学手段收集信息，为促进学校发展及教育质量提升，而对学校的办学状况和效果，进行监督、检查、评价和指导的教育活动。

二、学校督导评估的特征

学校督导评估是教育督导的职能之一，因此学校督导评估具有教育督导的属性，即法定性、行政性、专业性和权威性。

（一）法定性

法定性决定了监督指导的法律依据及其身份的法定赋予性，主要体现在三个方面。一是《中华人民共和国教育法》确立了教育督导与评估制度的法律地位，指出教育督导制度是我国教育的基本制度之一。《教育督导条例》作为我国第一部专门的教育督导法规，以法规的形式确立了教育督导的法律地位、法定职能和工作要求，教育督导是实施依法治教的重要内容。二是教育督导部门要按照有关法律、法规、规章等，按照法定的权限、程序和方式，对督导对象是否严格执行和遵守相关法律、法规开展教育督导活动进行监督、检查。而这一监督职能具有法律强制力和约束力。三是教育督导的结果必须按照法定要求使用。

（二）行政性

行政性主要体现于要执行监督、检查的职能，督导人员由教育督导机构授权，代表政府行为，行使行政监督的职权、义务。《教育督导条例》规定，“国务院教育督导机构和县级以上地方人民政府负责教育督导的机构在本级人民政府领导下独立行使督导职能，这一规定实际上指明了教育督导机构是政府管理教育的一个独立的行政机构，教育督导依法根据国家赋予的权力实施行政管理。行政性是教育督导的根本性质，集中体现为以国家强制力为基础，为防范和制约实践中可能产生的各种违反国家法律、法规行为而采取的有限的行政指令性监督。

（三）专业性

教育督导机构及其人员根据监督和评估的结果，帮助被督导单位在工作指标、工作内容、程序和工作方式、方法等方面找出问题的原因和解决问题的方法所具有的能力、作用和职责。专业性主要体现于督导的评估、指导等职能。而教育督导的专业性取决于督导人员的专业化。为此，教育督导机构需要制定并实施督学准入与培训制度，督学要树立与时俱进的教育督导理念，掌握深厚扎实的督学专业知识，具有胜任发展性督导的能力。

（四）权威性

教育督导的权威性，首先表现为法律赋予的、专业的行政监督权力。《教育督导条例》对教育督导的性质、职能、原则以及督学、教育督导实施及其法律责任等方面都做出了明确规定，构成了完整的体系，具有法定性，为教育督导提供了法律依据。赋予督导部门以及督学行使职责的权威；其次表现为教育督导在专业指导过程中表现出的学术权威。而教育督导的学术权威取决于督学及其工作人员的专业性以及督导评估工作的科学性。

三、学校督导评估的类型

我国自20世纪80年代恢复教育督导制度以来，学校督导评估才逐渐开展。在督促学校全面贯彻党的教育方针，依法依规办学，全面实施素质教育，提高教育质量方面发挥了重要作用。1991年，原国家教委下发了《关于实施〈普通中小学校督导评估工作指导纲要〉试点的意见》和《普通中小学校督导评估工作指导纲要》。1997年在总结试点经验的基础上，重新修订并下发《普通中小学校督导评估工作指导纲要（修订稿）》，此后，各省都广泛开展了学校督导评估工作，建立和完善了学校督导评估机制。通过文献梳理，各地开展的学校督导评估大体分为合格评估、选优评估、等级评估、分类定等评估以及发展性评估等。

（一）合格评估

合格评估，是指各级教育督导组织或教育行政部门，对学校及其他教育机构的办学条件、学校管理和办学质量等方面是否达标进行的考核与认定活动。合格评估的重点是学校教育资源的配置水平，目的是促进学校建设的标准化。

合格评估使用他律性标准，是国家、教育行政部门的教育意志在学校办学过程中具体化的表现，是一种统一性的、鉴定性的评估，具有普适性。合格评估适用于初创阶段的学校，是国家对学校及其他教育机构的办学条件和基本教育质量的一种认可制度。

（二）选优评估

选优评估是在学校及其他教育机构中进行的示范性学校、特色学校、重点学校等方面的选优性评估活动。选优评估对办学水平优异的单位与个人给予奖励，以达到遴选优秀、择优支持、促进竞争、提高水平的效果。选优评估也主要使用他律性标准，依然具有统一性与鉴定性的特征。选优评估，在一定程度上制约了学校的个性发展，不能适应时代和社会对教育的需求，压制了学校的多元化发展。

（三）等级评估

等级评估是指在合格评估的基础上，教育督导组织或教育行政部门，根据国家对不同类别的学校及其他教育机构所规定的任务和目标，通过制定各级各类学校等级评估方案，开展综合性评估，并按照得分高低，把同一性质的学校划分为若干等级的督导活动。等级评估对促进学校办学上水平、管理上等级具有推动作用。但与合格评估一样，等级评估使用他律性标准，普适性、统一性、鉴定性的特征较为显著，具有一定的局限性。对发展处于高位的学校，由于评估标准统一且具有强烈的行政意志，抑制了学校办学的自主性；对发展处于低位的学校，在等级评估中处于劣势，往往失去办学的积极性。

（四）分类定等评估

教育督导具有鉴定、激励、导向和调控的作用，不仅对学校贯彻执行教育方针和教育法律、法规的程度作出评估，而且对贯彻执行所产生的效果作出鉴定。但是，即使是一个县市，同是义务教育学校，由于所处的区域环境不同，乡镇经济社会发展水平的差异，学校发展的不平衡性难以克服。因此，把同一性质的学校，按照自身的条件、基础和水平，从高到低划分为若干个类别，让它们相对地站在同一起跑线上比较其等级的高低，就能更全面地发挥督导的功能。于是产生了分类定等的评估模式，比如有的地方采取的是“硬件分类，软件定等”方式。这是对学校纵向评估基础上的横向比较，不仅能够激励学校上等级，而且能够激励学校上类别。

（五）发展性评估

学校发展性督导评估（裴晓春，2015）是以科学发展观为指导，以“学校是发展主体，督导是发展保障”为宗旨，依据国家对学校的法律法规要求、学校的办学现状和学校自主选择的发展目标，指导学校制订科学合理的发展规划，并以学校发展规划为主线，建立学校自评和外部督评相结合的运行机制，运用教育督导评估的理论技术和方法，对学校发展的态势和绩效进行自我与外部的价值判断，提高学校自主发展的能力，促进学校自主发展机制的构建，逐步形成具有办学特色的素质教育办学模式的督导评估活动。

学校发展性督导评估追求的不单纯是“结果、证明”，更重要的是追求“改进、发展”，从而使评价的功能从侧重于选拔功能、鉴定功能转为强化导向功能、诊断功能、调控功能、改进功能与激励功能。

四、学校督导评估的功能

学校督导评估是教育督导机构对学校行使监督的重要手段，它对实现教育管理的科学化，提高管理水平和提高教育质量具有重要意义。学校督导评估具有导向、鉴定、激励和调控功能。

（一）导向功能

导向功能是由其评估标准的指向性决定的。在进行学校督导评估时，评估组织要设计一个评估标准。这个评估标准的方向，就成了学校教育奋斗的目标。通过督导评估的导向作用，可以为学校指明办学方向，为教师和学生指明教与学的目标；通过评价过程不断反馈调节，可以使学校领导、教师和学生不断逼近理想目标。无论何种模式的督导评估，都要将国家的教育方针、政策与法规以及教育目标具体化，变为相应的、稳定的参照系，形成督导评估的具体标准，引导学校找到发展方向，形成自主发展的能力。

（二）鉴定功能

鉴定功能就是对学校教育活动的状况、效能、优劣进行评定。教育评估中的鉴定可以分为三种类型：水平鉴定、评优鉴定、资格鉴定。水平鉴定就是根据某一标准对学校的办学水平进行鉴定，评判其是否达到某种水平；评优鉴定就是依据某种评估标准，评判不同学校间办学水平的优劣；资格鉴定就是依据某种评估标准，对学校是否具备某种办学资格进行鉴定[1]。对学校的发展结果进行鉴定，对于促成学校硬件达标、管理到位、质量和效益提高，是十分必要和有效的。但由于鉴定性注重“横向比较”，具有一定的局限性。

（三）激励功能

激励功能，即通过督导评估让每一所学校从自身工作中找到进一步发展的动力。督导评估的激励功能就是一次合理、科学、公正的评估，能对学校的办学情况、学生的学习状况以及教师的教学状况都有一个适当的评定，肯定教育活动的成效，发现不足，明确努力方向，这对于调动学校的积极性，激发内生动力具有激励作用。

（四）调控功能

调控功能是指通过督导评估的反馈可以对教育活动中的策略、方式、行为等进行修正，从而更好地进行教育活动。督导评估可以促使学校对照一定的目标参照系，通过自评或他评来构建自我调整、自主发展机制。目标参照系可以包括学校发展计划、年度（学期）工作计划、部门工作计划等内部目标以及督导评估方案等外部目标。通过评价及时获得教育结果的信息，及时强化、调节和矫正，使教育教学过程、教育方案和教育结果不断完善和提高。

[1] 闫艳．基础教育学校评估：教育生态学的视野 [M]. 杭州：浙江大学出版社，2020.6.

第九章　我国学校督导评估的历史与现状

一、我国学校督导评估制度的历史演进

自20世纪70年代末以来，我国的学校督导评估制度，作为教育督导体系中的一部分，是伴随着教育督导制度的恢复重建而建立，并在教育督导制度框架下发展起来的。几十年的发展中，在不断吸收国际先进经验和理论研究成果基础上，我国学校督导评估制度不断完善与创新，成为教育行政管理制度体系和现代学校制度体系中非常重要的组成部分，对促进中小学改善办学条件、规范办学行为、实施素质教育、提高教育质量发挥了不可替代的作用。总的来看，我国的学校督导评估制度的发展大致可以分为三个阶段。

（一）第一个阶段（1949—1990年）：初创探索期

新中国成立后，中央人民政府教育部随即成立，除设办公厅、高等教育司、中等教育司、初等教育司、社会教育司以外，还专门设立了视导司以履行教育督导职能。1950年通过的《关于加强视导司与各司厅工作联系的办法》要求视导司指定视导员与各司保持联系，参加各司重要会议，各司也需指定专人与视导司保持联系[1]。五十年代中后期，我国全面学习苏联，全面推进教研制度，淡化以至取消了教育视导制度。后来学习苏联，建立教研制度，教育督导制度逐渐被淡化、削弱，直至

[1] 闫艳．基础教育学校评估：教育生态学的视野[M]．杭州：浙江大学出版社，2020.6.

完全停顿[1]。

1. 邓小平同志提出恢复教育视导制度。1977年9月，邓小平同志在《教育战线的拨乱反正问题》中指出："要健全教育部的机构。要找一些四十岁左右的人，天天到学校里去跑。搞四十个人，至少搞二十个人专门下去跑。要像下连队当兵一样，下去当'学生'，到班里听听课，了解情况，监督计划、政策等的执行情况，然后回来报告。这样才能使情况反映得快，问题解决得快。可以首先跑重点大学，跑重点中学、小学。这些就是具体措施，不能只讲空话。"这实际上提出了恢复我国教育督导机构和教育督导制度的构想。

2. 教育部提出建立教育督导制度的实施意见。1983年7月，时任教育部部长何东昌在全国普通教育工作会议报告中提出："要建立督学制度，县以上教育行政部门都要设立督学机构。为取得经验，先在教育部和各省、市、自治区教育厅（局）设立，然后再在地（市）、县两级逐步实施。省、市、自治区和地（市）、县的主任督学，应相当于同级厅、局长级干部，受同级和上一级教育行政部门的双重领导。督学具有一定权力，负责对中小学教育进行检查、督促和指导。"这次会议讨论了《关于建立普通教育督导制度的意见（讨论稿）》，提出了督学的任务、机构及人员的职权和条件，要求先行试点，取得经验，逐步施行。会后，各地教育督导机构开始恢复建立。

3. 教育部设置视导室。1984年，教育部设视导室，聘请第一批视导员，负责巡视、检查和指导帮助全国各地的普通教育工作，我国教育督导工作逐渐步入正轨。同年，视导室起草《中小学和学龄前教育视导工作暂行章程（征求意见稿）》，对教育督导的性质、范围、内容以及视导员应具备的条件等作了规定。1986年9月，国务院办公厅转发国家

[1] 韩清林．中国特色教育督导制度30多年发展的回顾与思考[J]．教育实践与研究，2011（11-A）．

教委、国家计委、财政部、劳动人事部关于实施《中华人民共和国义务教育法》(简称《义务教育法》)若干问题的意见，明确提出要“逐步建立基础教育督学(视导)制度。国家和地方逐步建立基础教育督学(视导)机构，负责对全国或本地区范围内义务教育的实施进行全面的视察、督促和指导，并协同当地人民政府处理有关实施义务教育的各项问题。”

4. 我国教育督导制度正式恢复与重建。1986 年 10 月，国务院批准教育部视导室更名为国家教委督导司，标志着中国教育督导制度的恢复和重建工作有了更加明确的目标和方向。1988 年 9 月，国家教委、人事部联合印发《关于建立教育督导机构问题的通知》，促进了全国省、市、县三级教育督导机构的建立。到 1988 年底，全国各省、市、自治区(除西藏外)都建立了教育督导机构。1989 年 2 月 22 日，国家编委发文规定:“建立与强化教育督导制度，保证各级各类学校和教育部门全面贯彻党的教育方针”，规定督导司的职责是：拟定督导工作的方针、政策和规定，建立和健全教育督导制度；规划、指导督导队伍的建设；督导、检查、评价地方政府和教育行政部门以及学校的工作。这标志着我国教育督导制度得以正式恢复与重建。

这一阶段的工作虽然着眼于恢复性工作，为建立有中国特色的教育督导制度作了必要准备，也为我国学校督导评估制度的建立奠定了重要基础，此阶段督导与评估的职能并没有明显的区分。

(二)第二个阶段(1991—2001 年)：初步建立阶段

1.《教育督导暂行规定》(下称《暂行规定》)颁布实施。1991 年 4 月 26 日，国家教委发布《教育督导暂行规定》。第一，明确了教育督导的任务和范围。教育督导的任务是：“对下级人民政府的教育工作，下级教育行政部门和学校的工作进行监督、检查、评估、指导，保证国家有关教育的方针、政策、法规的贯彻执行和教育目标的实现。”“教育督导的范围，现阶段主要是中小学教育、幼儿教育及其有关工作”。第二，明确了教育督导机构“督政”与“督学”两大基本职能。第三，确立了专职督学和兼职督学制度。《暂行规定》明确指出，行使教育督导职权的机构应设相应的专职督学，还可根据工作需要聘请兼职督学；兼职督学与专职督学均由本级人民政府或其教育行政部门颁发督学证书，享有同等的职权。第四，明确了三种基本督导形式，即教育督导主要采用综合督导、专项督导和经常性检查。第五，确立了中央、省、市、县四级督导体制。确立了由上而下的四级督导体制，要求“地方县以上均设教育督导机构”。《暂行规定》是我国教育督导制度恢复后第一部关于教育督导制度的教育部门规章，在当时和以后很长一段时间是学校督导评估领域具有关键影响作用的基本政策。

2. 开展中小学督导评估试点工作。1991 年 5 月，国家教委印发了《普通中小学校督导评估工作指导纲要》和《关于实施〈普通中小学校督导评估工作指导纲要〉试点的意见》，对督导评估的目的和内容以及试点单位、任务、步骤等作了具体的规定。在两个文件的推动下，全国绝大部分地区都制订了中小学督导评估方案，并开展了试点工作，部分地区在试点的基础上开始进入实行阶段。北京、6 个计划单列市和一些省会城市初步建立了中小学督导评估制度。

1993 年 2 月，中共中央、国务院印发《中国教育改革和发展纲要》（下称《纲要》），《纲要》第 32 条指出：“建立各级各类教育的质量标准和评估指标体系。各地教育部门要把检查评估学校教育质量作为一项经常性的任务。要加强督导队伍，完善督导制度，加强对中小学学校工作和教育质量的检查和指导。”1994 年 8 月，国家教育督导团在哈尔滨市召开了全国中小学校督导评估工作座谈会。各省、自治区、直辖市和计划单列市、7 个实施《普通中小学校督导评估工作指导纲要》联系县、市教育督导室负责人出席了会议。会后印发《中小学校督导评估工作座谈会纪要》。会上对建立中小学校督导评估制度提出了具体要求，即“已进行试点的省、自治区、直辖市，要在总结经验的基础上，争取尽快在所辖各县、区全面开展对中小学校的督导评估工作，并争取经过若干年的努力，对所辖每所中小学都能有计划地进行督导评估，从而形成学校自评与县、区督导评估相结合的制度。对中小学校的督导评估按职责分工，应以县、区为主组织实施。凡尚未进行县、区试点的地方都要积极创造条件，尽快开展县、区试点工作。国家教委将在适当时候对这项工作进行专项督导检查。”

3.《中华人民共和国教育法》确立了学校教育评估制度的法律地位。1995 年，我国颁布《中华人民共和国教育法》，规定：“国家实行教育督导制度和学校及其他教育机构教育评估制度”。教育督导与评估制度第一次法定为我国教育的一项基本制度，从此为进一步建立和完善有中国特色教育督导评估制度提供了法律依据。

4.《普通中小学校督导评估工作指导纲要》（修订稿）为全面建立中小学校督导评估制度提出了明确要求。1997 年，国家教委对《普通中小学校督导评估工作指导纲要》进行修订并印发了《普通中小学校督导评估工作指导纲要》（修订稿）（简称《指导纲要》）。《指导纲要》提出，要在 1998 年以前全面推行中小学督导评估制度，并对督导评估的目的、适用范围、内容、方式、周期、结果运用、队伍建设等有关建立和完善中小学校督导评估制度作出了全面规定，以此作为全国学校评估工作的依据，奠定了中小学学校督导评估制度框架。各地依据《指导纲要》制定了中小学校督导评估方案或开展督导评估工作，获得了许多经验，取得了一定成效。该制度的建立与实施，在广度和深度上极大地丰富和发展了中国特色教育督导制度的内容与方法。

5. 理顺管理体制机制，对学校的综合评估实行归口管理。从 1999 年开始，教育部发布系列文件，要求对中小学进行“综合督导评估”和

“对学校的综合评估实行归口管理”。1999年8月20日，教育部印发《关于加强教育督导与评估工作的意见》，要求“理顺学校评估工作体制，对学校的各类评估工作应以综合督导评估为主，各有关部门相互配合，减少评估项目，减轻基层学校负担，提高评估效益和信度。”2001年9月8日，国家教育督导团下发《关于加强基础教育督导工作的意见》，要求“对学校的综合评估实行归口管理，由教育督导部门组织实施，各有关部门配合。要求“十五”期间，全面建立起对普通中小学校的督导评估制度，有计划、有步骤地对所辖中小学进行全面督导评估。义务教育学校和幼儿园一般由县级负责督导评估，高中阶段学校一般由地市级进行督导评估，有条件的地方经省级批准也可由县级负责督导评估。“十五”期间地县两级按分工对所有的学校进行一轮督导评估。同时开展对民办中小学及其他基础教育机构的督导评估工作。”

6. 全面建立中小学校督导评估制度。1995年至2001年，《中国教育改革和发展纲要》《中华人民共和国教育法》《普通中小学校督导评估工作指导纲要》及其修订稿以及《关于加强教育督导与评估工作的意见》《关于加强基础教育督导工作的意见》等法律、文件的出台，中小学校督导评估制度逐步在全国推行并建立起来。截至2001年，全国已有31个省（区、市）建立了省级教育督导机构，97.5%的地（市）建立了地市级教育督导机构，97.77%的县（区）建立了区县级教育督导机构，我国国家、省、市、县四级教育督导组织体系逐渐形成，中小学学校评估制度逐步建立，各地在实践中不断完善本地中小学校督导评估的方案或体系。

2000年，我国实现了基本普及九年义务教育和基本扫除青壮年文盲的“两基”目标，这一时期学校督导评估有两个主要特点：一是教育督导以普及九年义务教育和扫除青壮年文盲为基本任务，开始以县（市、区）为单位进行检查验收，督政与督学兼顾，以督政为中心、为重点，以义务教育学校督导检查为基础，学校督导评估作为检验县级政府普及九年义务教育工作状况的基本依据。义务教育学校督导评估成为衡量“两基”是否达标的标准，义务教育学校督导评估上升到贯彻实施义务教育法的高度，被各级党委政府和督导部门高度重视。二是中小学校督导评估制度开始成为实施素质教育的保障机制。随着“两基”任务基本完成和义务教育经费保障的逐步落实，我国基础教育进入了一个注重教育质量和学校可持续发展的新阶段。学校督导评估工作逐渐将重点从辅助教育督导转移到改善学校教育质量上来，更为关注学校自主发展，引导学校全面实施素质教育。21世纪之交，我国相继颁布《关于当前积极推进中小学实施素质教育的若干意见》(下称《意见》)(1997年)《中共中央国务院关于深化教育改革全面推进素质教育的决定》(1999年)《国务院关于基础教育改革与发展的决定》(2001年)，确立了全面推进素质教育的教育方针。为推进素质教育的全面实施，各地以监督和引导学校实施素质教育为中心内容，全面开展对普通中小学校的综合督导评估工作。督导评估结果成为被督导单位改进工作的依据，成为政府和教育行政部门教育决策及考察干部和评价学校的重要依据。社会各界对于基础教育质量的关注和问责，成为推动学校督导评估的巨大动力，学校督导评估成为实现基础教育改革与发展目标的重要保障机制。

(三)第三个阶段(2002年至今)：完善发展阶段

1. 学校督导评估强化规范管理。2007年1月，教育部发布《关于规范普通中小学校检查、评估工作的意见》，针对学校督导评估中存在的多头检查、重复评估等问题提出规范要求，要求各地建立规范的工作制度，包括检查评估的年度审定制度、公告制度、免检制度，做到依法开展检查评估，严格控制对学校检查评估的项目和次数，检查评估以学校自检、自评为主。加强管理，提高检查评估工作的实效。提出要建立和完善对学校综合督导评估制度，“将学校办学条件、教育经费、校长教师、教学管理、教育质量、安全、卫生等内容全部纳入综合督导评估体系，定期对学校进行综合督导评估”。

为了贯彻落实《国家中长期教育改革和发展规划纲要》，2012 年 9 月 5 日，教育部印发了《关于进一步加强中小学校督导评估工作的意见》(简称《意见》)。《意见》明确了新时期学校督导评估的总体要求，指出“促进学校全面实施素质教育，全面提高教育质量是新时期赋予教育督导的重要任务”。必须“坚持以学生发展为本。把教育教学工作是否适应学生发展需要作为衡量学校办学水平的主要标准”。《意见》强调学校督导评估主要在健全规章制度，依法规范办学；有效使用资源，提高管理效率；优化教学管理，提高教学质量以及学生的健康成长和全面发展等方面，突出学校科学管理和内涵发展。《意见》要求创新督导评估机制，把推动“硬件”达标和“软件”提升结合起来，促进学校标准化建设和内涵发展。在评估方式上，要把综合督导和专项督导、定期督导和经常性督导结合起来，有针对性地开展督导评估工作。在管理方法上，要积极采取现代化技术手段，推动学校督导评估信息系统的建立。要充分利用基础教育质量监测数据和结果，不断提高学校督导评估的科学性和有效性。《意见》的出台对完善督导评估工作的体制机制以及评价导向方面发挥了重要作用。

2.《教育督导条例》发布并实施。2012 年 9 月 9 日，国务院颁布《教育督导条例》(简称《督导条例》)，自 2012 年 10 月 1 日起施行，国务院教育督导委员会于同年成立，把教育督导职能上升到国务院层次。《督导条例》是新中国成立以来第一部教育督导行政法规，从法制层面解决了督导长期面临的一些关键问题，比如，在范围上明确把各级各类教育纳入督导范围，督导对象扩展到下级政府及其职能部门、各级各类学校和教育机构，实现了“全覆盖”。在体制上健全了决策、执行和监督相互协调的教育管理模式，突出了督学在教育督导中的重要地位，建立了定期督导机制、限期整改机制和公报机制等。在实施规范上明确了教育督导机构的职权，进一步明确教育督导分为综合督导、专项督导和经常性督导三类，并确定了严格的程序。自此，我国学校督导评估具有了法律保障，学校督导评估制度建设进入快速发展时期，学校督导评估体系不断完善。

3. 建立督学责任区制度。2012 年 5 月 4 日，出台《教育部关于加强督学责任区建设的意见》，提出督学责任区建设是教育督导制度建设的重要组成部分，并从省市县三级督学责任区建设的原则、职能及工作任务、要求和管理等方面进行了规定。《督导条例》进一步规定，要设立县域教育督导责任区，实现对学校督导评估实现制度化、经常化。2013 年，国务院教育督导委员会办公室先后印发《中小学校责任督学挂牌督导办法》《中小学校责任督学挂牌督导规程》和《中小学校责任督学工作守则》，对督学责任区建设、责任督学挂牌督导，以及深化督导改革、转变管理方式等有关工作进行规范。督学责任区制度是健全教育督导制度、强化教育督导功能、全面提高学校管理水平和教育教学质量的监督保障长效机制，主要承担评估与诊断、教育政策法制和教育教学业务指导、学校管理和教学工作咨询服务、帮助学校反映情况和解决问题、发现先进典型、推广先进经验等责任。

4. 转变教育管理方式，推进管办评分离。2013 年党的十八届三中全会发布的《中共中央关于全面深化改革若干重大问题的决定》明确："深入推进管办评分离……委托社会组织开展教育评估监测"；为了贯彻党的十八届三中全会"强化国家教育督导""深入推进管办评分离"精神，实施素质教育，推进教育公平，提高教育质量，2014 年 2 月 7 日，国务院教育督导委员会办公室印发了《深化教育督导改革转变教育管理方式的意见》。该文件指出了深化教育督导改革是转变教育管理方式的重大举措；设计了深化教育督导改革的总体思路和工作目标，按照决策、执行、监督既相互制约又相互支持的原则和强化国家教育督导、深入推进管办评分离的要求，形成督政、督学、评估监测三位一体的教育督导体系，为促进教育事业科学发展、办好人民满意的教育提供制度保障。2017 年，《关于深化教育体制机制改革的意见》重申了建立健全教育评价制度，建立贯彻大、中、小、幼教育质量监测评估制度，建立标准全部要分成多级评价、多元参与、学段完整的教育质量监测评估体系。2020 年 2 月中共中央办公厅、国务院办公厅印发了《关于深化新时代教育督导体制机制改革的意见》指出："积极探索建立各级教育督导机构通过政府购买服务方式、委托第三方评估监测机构和社会组织开展教育评估监测的工作机制。"上述系列文件的出台充分体现了管办评分离在国家教育治理体制改革中的关键地位。从国家决策和政策层面，已经对第三方教育评价开始重视，并着手开始建立。

5. 深化新时代教育督导体制机制改革。2020 年 2 月，中共中央办公厅、国务院办公厅印发《关于深化新时代教育督导体制机制改革的意见》(简称《意见》),《意见》提出的主要目标是：到 2022 年，基本建成全面覆盖、运转高效、结果权威、问责有力的中国特色社会主义教育督导体制机制。加强对学校的督导，完善学校督导的政策和标准，对学校开展经常性督导，引导学校办出特色、办出水平，促进学生德智体美劳全面发展，重点督导学校落实立德树人情况。为深化新时代教育督导体制机制改革提出明确要求，对健全督导机构、落实教育督导职能、加强学校督导、改进教育督导方式方法、加强督学聘用和管理等方面作出了具体规定，进一步完善了学校督导评估制度，使我国的学校督导评估制度逐步走向成熟。在督导问责机制改革方面，极大地丰富了督导结果运用和问责手段，从报告、反馈、整改、复查、激励、约谈、通报、问责等方面提出了推动教育督导"长牙齿"的关键举措，明确问责主体，规范问责方式，建立以问题为中心，以整改为目的，以公开为利剑的督导问责流程，推动树立督导权威。

此阶段，我国的学校督导评估走上制度化、规范化的发展轨道，学校督导评估的体制、机制及方式进一步创新，如督学责任区制度的建立、督学选拔聘任机制等，强调加大中小学校责任督学挂牌督导工作力度，将综合督导与专项督导有机结合，将经常性督导与主题式督导、应邀式督导有机结合；基础教育督导评估得到进一步重视，评估主体更加多元化、评估指标体系更加科学化、评估方式更加灵活多样；评估重心更加聚焦内涵，评估内容关注资源的整合、学生的发展、文化的建构、质量的提升；提倡建立教育督导信息化平台，积极采用现代化评估技术手段，提升教育评估的现代化水平[1]。学校督导评估不仅是政府对基础教育宏观管理的有效手段，也成为了各级各类学校树立社会声誉、实现自我发展的重要途径。

二、我国学校督导评估体系发展概况

经过几十年的发展，我国构建了中央、省、市、县四级教育督导网络，形成了比较完善的学校督导评估制度体系。学校督导的政策和标准由国家制定，实行省级主导、市县组织实施的工作机制。

（一）具有明确的立法依据

一是《中华人民共和国教育法》第二十四条规定："国家实行教育督导制度和学校及其他教育机构教育评估制度。"确立了教育督导的法律地位，教育督导与评估制度成为法定的国家基本教育制度。二是《教育督导条例》指出，教育督导包括县级以上地方人民政府对本行政区域内的学校和其他教育机构教育教学工作的督导，为学校督导提供了合法性依据。三是《普通中小学校督导评估工作指导纲要》（1991 年）、《普

[1] 王晓妹 . 中小学校内涵发展督导评估体系 [M]. 北京：教育科学出版社，2016.9.

通中小学校督导评估工作指导纲要（修订稿）》（1997年）、《关于进一步加强中小学校督导评估工作的意见》（2012年）三个关于学校督导评估的文件对中小学督导评估意义、目的、内容、方式等做出了具体规定，奠定学校督导评估制度的基本框架。在此基础上，各省（市、区）普遍出台了中小学督导评估指标体系和实施方案，从制度层面指导学校督导评估工作“督什么”“怎么督”。

（二）形成了相对独立的四级学校督导评估体系

我国建立了一个中央、省、市、县的四级教育督导系统，来开展中小学督导评估工作。其中，国务院教育督导机构负责对学校督导评估工作的宏观管理和政策指导，对各省（区、市）学校督导评估工作进行督查，定期发布国家教育督导报告。省级教育督导机构负责制定工作规划和适合本地区学校改革发展的督导评估标准和实施办法，组织对市、县的工作检查和督导评估。市、县两级教育督导机构按照省级督导部门确定的标准和周期，制订实施计划和工作规范，对所属中小学校进行督导评估。

（三）学校督导评估实施有明确的工作规范

《教育督导条例》对督导实施提出了明确要求。一是明确督导事项，教育督导机构主要对学校实施素质教育的情况、校长教师队伍建设情况、教育投入的管理和使用情况、义务教育普及水平和均衡发展情况、各级各类教育的规划布局和协调发展等情况进行督导。二是严格督导程序，实施专项督导或者综合督导时，应当事先确定督导事项，成立督导小组，并事先向被督导单位发出书面督导通知。在督导过程中，要征求公众对被督导单位的意见，同时采取多种形式听取学生及其家长和教师的意见。教育督导机构根据督导小组的初步督导意见，综合分析被督导单位的申辩意见，向被督导单位发出督导意见书。三是建立督导责任区。县级教育督导的机构根据本行政区域内的学校布局设立教育督导责任区，指派督学对责任区内学校的教育教学工作实施经常性督导。责任督学对责任区内学校实施经常性督导，每学期不得少于2次。四是建立限期整改、督导报告和公报制度。督导结束后，被督导单位应当根据督导意见书进行整改，并将整改情况报告教育督导机构。督导报告应当向社会公布。

（四）国家实行督学制度

一是明确规定配备专职督学、聘任兼职督学。县级以上人民政府要为教育督导机构配备专职督学，这表明督导机构须设立专门的行政编制，配备专职督学。同时教育督导机构可根据工作需要聘请兼职督学，这是对现行督学聘任做法的法规认定。二是明确督学资格条件。《教育督导条例》规定了督学应具备的包括政治素质、政策水平、道德品行、基本学历、业务能力、身体条件等在内的六个条件。同时还规定符合这些条件的人必须经过教育督导机构考核并合格，才能由县以上人民政府任命为督学，或由教育督导机构聘任为督学。三是明确督学工作要求。《教育督导条例》规定，督学在执行督导的过程中要遵守法律、法规和规章等，遵循教育规律；要实事求是，客观公正地反映实际情况，不得隐瞒或虚构事实。四是明确对督学的管理。《教育督导条例》使督学既获得了法律地位和执行公务中的合法权利，也明确了督学应承担的责任和应履行的义务。2016年，教育部印发《督学管理暂行办法》，对各级督学队伍的选拔、聘任、培训、考核、监督等作出规定。这对于改变督学设置无定编、督学职责不明确的状况，规范督学行为，提高督学的权威，调动督学的积极性，增强督学队伍的稳定性，都将起到积极作用。

2020年2月，国务院教育督导委员会聘任第十一届国家督学，组建了一支包括总督学顾问、国家督学顾问、国家督学、国家特约教育督导员在内的国家督学队伍。其中总督学顾问20人，国家督学顾问82人，国家督学200人，国家特约教育督导员300人。截至2021年2月，地方教育督导队伍合计17万余人，专职督学近2.5万人，兼职督学14.5万余人。督学数量明显增加，督学队伍也逐渐年轻化、专业化，覆盖教育行政管理、教学、科研各个领域[1]。

（五）探索形成了具有中国特色的学校督导评估模式

各地积极探索，逐渐形成了综合督导、专项督导、经常性督导及学校内部督导互相配合、有机统一的学校督导评估模式。其中以经常性督导为基础，以专项督导为重点，立足学校内部督导，市、区（县）两级教育督导部门统筹组织实施三至五年为周期的综合督导，通过综合评估来评价市域、区域教育发展水平和学校办学水平与质量。

三、我国学校督导评估的主要特点

我国的学校督导评估呈现法制化、体系化、专业化、多元化、民主化等特点。

1. 法制化。我国重视学校督导评估的立法工作。中小学督导评估制度从建立到完善都有立法依据，对中小学督导评估机构、队伍、工作体制机制等都有具体规定，这使得我国的学校督导评估工作的顺利开展有了法律保证。

2. 体系化。一是明确政策实施主体。我国的教育督导评估的实施主体由中央、省、市和县四级构成，在中央领导下的各级政府一直被认为是政策实施的主体。二是纵向理顺各级教育督导机构的关系。普通中小学校督导评估是省、市、县三级教育督导机构的共同任务，省、市、县三级教育督导部门又各有分工，其中省级负责示范学校等验收性督导评估、中央直属和省直属普通高中督导评估，市（州）级负责普通高中督导评估，县级督导全面负责普通初中、小学评估，三级联动，提高了督导评估的效能，把中小学校督导评估的目标和任务落到实处。三是横

[1] 樊平军主编．中国教育督导报告（2021）[M]. 北京：社会科学文献出版社，2021.12.

向理顺督导机构与其他业务机构之间的关系。将各类督导、检查和评估、验收都统一到普通中小学校督导评估上来。提高督导评估的规范性、时效性，减轻了中小学校的负担。四是建立覆盖基础教育、学前教育、中等职业教育以及高等学校的“全领域、全口径、全支撑、全保障”的学校督导评估体系。

3. 专业化。一是各地积极探索学校评估的标准建设与评估方式的创新。从督导评估指标不断具体化和细分化，到逐渐要求定性和定量方法相结合，再到督导评估方式与真实情境相结合，都体现了学校督导评估的专业化发展。除此之外，现代化的技术手段，推动了各地区建立督导评估信息系统的建立，充分利用义务教育质量监测数据和结果，不断提高了督导评估的有效性和专业性。各地建立了区域内部相对完整的对中小学督导评估的指标体系。二是加强督导评估队伍的建设，不断完善培训机制，提高督导人员的素质，培养专家型督学，使督学专业化。

4. 多元化。我国的学校督导评价主体呈现多元化格局。我国的学校督导评估一直以来由政府部门主导，评估主体是政府部门。但从 2001 年开始，政府部门的有关文件显示我国中小学评估的主体开始发生变化，由一元向多元发展，第三方教育评估机构相继成立，全国以“教育评估”命名、在民政部门注册登记的教育评估机构共有 68 家[1]，越来越多的教育评估项目由第三方教育评估机构来承担，教育评估市场不断壮大。

5. 民主化。学校督导评估在实践中不断向民主化发展。一是将公众参与机制引入其中，在学校督导评估中，吸收社区和有关专业人士参与督导评估，广泛听取教师、员工、学生、家长的意见，使督导评估的结果能得到群众的认可。二是政策的结果处理更加公开公正，在结果的处理方面，由原来的“可以向社会公布”到现在“应该向社会公布”，体现出教育督导评估逐渐走向公开、公平和公正的道路。

---

[1] 闫艳 . 基础教育学校评估：教育生态学的视野 [M]. 杭州：浙江大学出版社，2020.6.

第十章　国内外学校督导评估实践

一、外国经验

（一）英国

1. 英国国家教育督导机构——教育标准局[1]

英国是世界上建立教育督导制度最早的国家之一。早在 1839 年，英国政府就根据当时的教育法案设立了皇家督学团，开始了对学校的督导。当时工业革命达到高峰，人口出生率也达到高峰。政府要求办好学校，教育好下一代，于是要求督导承担这一任务。1870 年、1902 年英国分别通过《初等教育法》和《教育法》。为适应义务教育实施和社会提高教育质量的要求，督导机构不断加强职权。1944 年通过的《巴特勒教育法》，进一步明确了督导工作的内容、程序和要求，这是英国现代教育督导制度全面建立的基础。《1992 年教育法》出台，成为英国教育督导体制改革的标志。该法明确规定要对英格兰所有公立学校进行定期督导，同时对督导机构、人员、过程和报告等一系列问题做出了明确规定。1996 年《学校督导法案》出台，它在《1992 年教育法》和《1993 年教育法》的基础上，以国家法令形式对教育督导做出了详细规定。至此，从教育督导角度着眼的政策和法令已基本完成[2]。《1992 年教育法》

[1] 郭振有 . 英国的教育督导制度 [J]. 人民教育，1998（11）.

[2] 肖甦等著 . 世界主要国家教育督导的历史与现状：基于 21 世纪初国际比较的视野 [M]. 太原：山西教育出版社，2019.3.

规定成立专门的督导机构——教育标准局（英文简称为 OFSTED），从原教育部（1995 年改为教育与就业部）独立出来，成为一个非政府序列的政府部门，以加强中央政府对全国教育质量的监控。教育标准局总部设在伦敦，由首席皇家督学领导，下设两名局长。在 6 个地区设有地区性办公室。教育标准局的经费由财政部支付，主要用于督导活动的正常进行与机构运转。

英国教育标准局和教育与就业部分工明确。凡对教育质量、教育管理的督导评估工作均由教育标准局负责。教育标准局的主要任务是：（1）制定评估标准，建立高效的评估体制；（2）根据教育大臣提出的一些要求进行某些方面的督导评估工作；（3）制定督学撰写督导报告的规章，公布督导报告；（4）对督学的工作进行监督；（5）加强教育标准局自身建设使其有效运行。

英国教育标准局的工作涉及除大学以外的各级各类教育，具体分为三大块：一是中小学的视导，包括学前教育、初等教育和中等教育，这是整个教育督导工作的主体任务；二是继续教育机构的视导，教育内容上包括职业性课程、非职业性课程、社会及娱乐活动等方面，学制上包括全日制、工读交替制、部分时间制、日校和夜校制等形式，学校类型上包括教育学院、多科技术学院、农林园艺学院、艺术与设计学院等；三是教师培训工作的视导，主要是参与师范教育机构课程的审查，组织在职教师培训课程 [1]。

2. 确立全国统一的评估标准

1992 年，英国教育督导并无统一的督导评估标准。1992 年英国教育标准局成立后，制定了对中小学的评估标准，其主要内容是：（1）学校领导与管理。办学的目标与规划明确，且在领导工作中有反映，办学方向与工作重点有保证，并有监督。（2）教职员工、校舍、设备。（3）

[1] 石灯明 . 英、德教育督导制度的比较研究及其启示 [J]. 教育测量与评价，2009（6）.

学生的成绩与进步。（4）学生的态度、表现和自身发展。（5）学生出勤情况。缺勤应有家长和医生证明，出勤率应超过 90%。（6）教学。学校教学能力的强弱项。影响教学质量的因素，教学应满足所有学生的要求，注意有特殊需要学生的要求。（7）学生在精神、道德、社会和文化方面的发展。（8）学校与家长的社区合作。（9）全国课程设置与评估[1]。

2011 年 1 月，英国教育标准局出版了《学校评价指标》（*The Evaluation Schedule for Schools*），该标准自 2009 年 9 月即已启用。《学校评价指标》主要围绕“教育结果”“学校领导能力和管理水平”“教育质量总体水平”等核心要素进行评价，每个要素都被划分为“优”“良”“及格 / 需要改进”和“不及格”四个等级[2]。

3. 督导评估实施

（1）运行机制

英国把市场机制引进了对中小学校的督导评估。每年教育标准局向社会公布将要评估的中小学，提出评估标准和要求，公开招标。注册督学可以去投标，并负责组织督学研究评估方案，做出评估计划，提出实施意见，作经费预算。教育标准局根据各注册督学的投标申报，进行选择。中标者与教育标准局签订合同，可得到评估经费，并按要求到中小学去评估。对中小学校督导评估的具体组织工作由注册督学负责。

（2）督导程序

督前准备。英国教育标准局每年都公布对学校的督导评估计划。正式检查前 2 ～ 3 个月，与校方取得联系，共同决定检查日期。正式检查前召开三个会议：一是校长会议——初步讨论督导团所需要的材料，共同商定检查期间的行政安排。二是部分教职工会议——商定听课、课后

[1] 郭振有 . 英国的教育督导制度 [J]. 人民教育，1998（11）.

[2] 张瑞海 . 英国学校督导常用工具的特点及启示 [J]. 北京教育，2015（5）.

总结及信息反馈等。三是家长会议——三周前书面通知家长，了解学生学习成绩，学校提倡的学习态度与风尚，学生表现与出勤情况，学校对家长提供信息的反映，家长对学校工作的作风及家长建议等。校方应准备的材料：校长表格与校长声明、学校简介、发展规划、近 12 个月董事会记录、上年度年度报告、教职工手册、教学规划与评估文件、课程表、学生人数、缺席记录、考试成绩等。

进校督导。督导小组到学校后，各位督学根据各自的专长进行分工。要找校长、教师个别谈话、进行问卷调查、到课堂听课。英国非常重视教学评估，在整个督导过程中，约有 60% 的时间花在教学评估上。由于提前阅读学校大量资料，督学所提问题及了解的情况很有针对性，获取的信息随时记录在登记表中。

结果处理。对一所学校的督导评估结束后，督学必须对督导结果进行处理，主要包括两个方面：信息反馈和撰写报告。一是信息反馈。督导结束之后，要召开督导小组总结会议，针对学校的进步与不足，以口头或书面形式向校长提供临时反馈。校长可以就这些反馈意见在一段时间内作出答复，协助督导小组组长得出完整而专业的报告。学校教职员工可以参加督导小组的总结会议，地方教育局的工作人员也可参加，但需以观察者的身份出席。督导小组还需向学校管理层反馈关于学校需要改进的信息，这些信息将出现在最后的督导报告中。此外，督学还应与家长进行一次会面，向他们解释督导结论以及将要采取的行动方案。二是撰写报告。注册督学要全权负责写出督导报告，并与学校董事会交换意见。校长对督导报告的内容有申辩的权利。督导报告须提交教育标准局和学校管理层、校长，由皇家督学通过审查后出版，并放到教育标准局网站上，以便查询，并将其作为政府、家长和公众了解该学校的官方依据。

后续措施。督导小组提交了督导报告并不意味着整个督导活动结束。英国在20世纪90年代后期强调督导之后学校的后续改进。（1）一般学校的改善，即行动计划（Action Plan）。督导和学校评估人员把对学校的意见写成报告交给学校，学校则必须在规定时间（6周）内拿出一份关于学校存在问题的改善计划，作为对督导报告的反馈，提交给督导报告部门和家长。行动计划就是针对问题进行的限期整改计划。根据行动计划所规定的整改期限，督学和评估人员要根据行动计划所回应的措施对该校进行检查，看所列措施是否得到执行、问题是否得到有效解决，最后针对这些整改措施及其执行情况提出指导性意见。（2）失败学校的改善，即特殊措施学校，是对“不达标”的学校采取特殊措施，如果这些学校在规定时间内仍达不到标准，则会被认为“整改失败”而遭关闭。

4. 英国督学的聘任和培训

英国的督学由皇家督学、注册督学和督学三级构成。英国督学的任职条件非常严格，其选聘、培训及日常管理有一套严格的制度。

（1）皇家督学

皇家督学既是教育教学方面的专家，又是国家公务员，在国内有很高的地位和待遇，深受社会尊重。皇家督学的入选率一般为10%，入选者经培训合格后，即成为皇家督学。皇家督学为终身制。英国皇家督学平均年龄为40～50岁。皇家督学除直接参加少数学校的督导外，主要审查督导报告，对督学进行监督，督导报告质量不高，皇家督学不予接受。私立学校主要由皇家督学检查。

（2）注册督学

注册督学是能够领导一个小组对学校进行评估的专业人员。成为注册督学必须具备以下条件：应具有督学资格，有5次以上参与督导评估活动的经验；有评估英语、数学、科学等主科的经历；有较强的分析、管理和写作能力。应聘注册督学需要经过两名注册督学的推荐，然后参加考试。考试由两名皇家督学主考，有笔试，也有面试。注册督学不是终身制，每3年要进行一次考试，合格者留任，不合格者退出。注册督学每年还要接受5天的培训。

（3）督学

督学候选人必须具有4年以上教学经验和学校管理经验。对申请做督学的人要由注册督学进行培训。实践培训内容主要有五个方面：（1）如何做好督导评估的准备工作；（2）如何对教师的教学过程进行评估；（3）如何对收集到的信息进行分析整理；（4）如何写督导评估报告；（5）督导评估结束后，如何向学校反馈督导评估的意见等。教育标准局要对培训质量进行考查。考查方式包括组织学员看录像后写出督导评估报告，考查其写作能力；面试答辩，考查其口头表达能力；写几篇文章，考查其综合能力。通过以上程序，经考试合格后，由教育标准局颁发证书，即获得督学资格。

总的来看，英国督学管理有以下三个特点。一是选拔的公开性和严格性。英国督学的选拔是公开的，只要符合条件，谁都可以报名，但条件都有严格的限制，有一套严密的选拔程序，其考试也比较严格。二是培训的实用性和规范性。有岗前培训和岗位培训，培训大纲突出实用性。培训时间较短，但非常重视实践环节。英国教育标准局专门有负责督学培训的小组，负责制定督学培训计划，监督培训。三是加强对督学的管理。教育标准局制定督学行为准则，2012启动了一个新的数字工具、数据视图（Data View），任何登陆的用户都可以查到督导服务机构里督学在整个英格兰地区的督导表现。

5. 英国教育督导的主要特点

（1）立法化

英国政府非常重视教育督导的立法工作。督导制度从建立到几次变革都有立法依据，这使英国教育督导工作的顺利开展有了法律保证。

（2）独立性

首先是机构独立，国家教育标准局相对独立于教育与就业部，直接对教育大臣和议会负责，而不对教育行政部门负责。其次，督导评估工作独立，经费独立。这使评估活动和评估结果更为客观、公正。

（3）权威性

根据英国法律规定，教育标准局每年要撰写年度督导报告并提交议会讨论，该报告也是政府制定教育政策的重要依据之一。

（4）社会化

英国对中小学校的督导评估，是通过市场机制招标，由注册督学领导的小组进行的，将评估工作纳入社会化轨道。评估活动的社会化，充分利用了社会上的评估力量，也使教育标准局能够更有效地发挥对督导评估质量的监督保证作用。

（5）公开化

评估对象、评估过程和评估结果都要向学校、家长和社会公布。学校如对评估结果不服，有权提出申辩，确属评估不公正的，教育标准局可要求督导小组重写督导报告。

（6）信息化

英国国家标准局的重要工作之一，是在汇集大量的评估数据的基础上，进行科学分析，为提高教育拨款效益、改进教育管理和提高教育质量服务。

（二）芬兰

1. 背景

20 世纪 90 年代以前，芬兰中央政府对全国教育进行统一规划和严格管控，并在全国各小学设置督学，负责监督和指导学校的日常教学工作，建立了以督导系统为基础的教育质量保障体系。

1987 年，芬兰中央集权式的教育管理体制开始松动，教育决策、管理权不断下放至省、自治市乃至校董会。1988 年起，尽管芬兰各省政府依旧要负责指导教育发展，但不再提及督导这一概念。20 世纪 90 年代，芬兰地方教育决策权进一步增强，学校及教育提供方（主要是市政当局或联合市政当局）可以依据国家和地方发展目标自主开展教育活动。

1991 年，芬兰宣布正式废除教育督导制度。从此，芬兰中央政府通过信息支持和拨款等方式引导教育事业的发展，并通过教育法规提出教育目标，由全国教育委员会通过制定国家课程等方式指导地方教育活动，而对地方政府、学校具体的教育活动不再过多干预。与此同时，芬兰逐步建立起外部评价与自我评价相结合的教育评估体系。

2. 芬兰的教育评估体系

芬兰的教育评估体系从上至下分为国家、地方和学校三个层次。

国家层面：由芬兰教育评估中心（Finnish Education Evaluation Centre，简称 FINEEC）统筹负责各级教育外部评估工作。根据《芬兰教育评估中心法》的界定，评估中心是在芬兰教育与文化部的政府分支部门中运行的机构，于 2014 年 5 月成立，由三个分别负责高等教育、基础教育和职业教育的评估组织合并而成。FINEEC 主要职能是评估各级教育机构教育活动效果，开展教育系统质量审核，开展涉及教育各领域的专题评估和系统评估，为各级教育机构提供评估服务，开发新的评估项目。

FINEEC 具有政府机构特征，但其评估业务是独立运行的，不受政府制约，教育与文化部并不干涉其评估业务。机构运行原则是：独立决策，不受外部影响；遵循价值增值导向的评估原则；独立发布评估结果[1]。

---

[1] 张男星，孙继红 . 芬兰教育评估机构的重组与实践——访芬兰教育评估中心主任哈里・佩奥托涅米 [J]. 大学（研究版），2017（9）.

地方层面：芬兰的《基础教育法》等相关法律和文件明确规定，地方政府有责任为国家组织的外部评价提供准确的数据和信息，并对所辖区域的教育活动开展自评。自治市的自评主体通常由市委员会、市审计委员会、市教育委员会共同构成。根据地方自治原则，具体的评价模式、评价方案和评价方法均由各区、各市自行决定。芬兰国家和地区的教育质量外部评价并不具有行政约束力，不管学校在监测中的表现如何，政府一般都不会直接干预学校运作。

学校层面：学校在教育评估体系中不仅是被评价的对象，同时也是评价（自评）的主体。学校自评包括对其教学服务的可获得性和有效性的评价等，通常由校长自评、教师自评、学生自评和学生学业水平评价四部分组成。其中，学校组织的学生学业水平评价的目的是鼓励和指导学生的学习，及时反馈学生学业中存在的问题，同时也是国家开展外部教育评价的重要信息来源。

经费来源：芬兰是一个高福利国家，绝大部分教育评估的经费都来自政府财政拨款。如教育与文化部全额拨款给芬兰教育评价中心，市、区教育评估经费由地方政府承担，而学校层面的评价经费则是由学校从财政拨款中自行决定使用比例。芬兰通过法律来保障各级各类教育评价都能得到充足的资源，同时法律也强调了评价的具体工作不受行政部门的干扰。

政府的角色定位：随着芬兰教育决策和管理权的不断下放，国家对学校办学的直接管控越来越多地被学校自我规范所取代。政府在教育评估体系中的定位是服务者，而非管理者或监督者。学校在评价中享有很大的自主权，既是评价的主体，也是使用结果的利益相关方。政府仅提供评价标准，作为给学校的参考，而没有实际的约束力。在具体的评价活动中，政府充分信任学校和专业的力量，尽可能弱化行政干预和管控。

3. 芬兰教育评估体系的特点

芬兰教育走出了一条独具特色的道路。国家层面制定的教育质量评估标准仅仅是一种供教育提供方、学校及学生进行自我评价的参考工具，而不具有任何强制色彩；注重教育质量评估工作的专业性等。总体来看，芬兰的教育评估体系具有以下特点：

（1）独立性

芬兰的教育评估体系依托于非行政性的第三方教育评价机构，呈现出较强的独立性。主要表现在：一是芬兰的教育评估机构多设于教育行政部门之下，但其工作人员并非一般的教育决策者或管理者；二是芬兰的法律保障各级各类教育质量评价工作享有充足资源，如教育与文化部有责任向教育评估中心提供足够的财政支持，但不得干预其具体工作。

（2）专业性

芬兰教育评估工作的专业性主要体现在两个方面：一是相关工作人员多为教育质量评价领域的专家，而非其他教育行政工作者兼任；二是教育评估工作与相关研究紧密联系，秉持"以评价带动研究，以研究促进评价"原则，充分保证其专业性和科学性。

（3）多元化

芬兰教育评估鼓励多方主体参与，强调各种形式的教育评价合作。一是外部评价与学校自评相结合，注重两种评价的沟通与合作，其中学校自评处于核心地位；二是教育评估人员由教育提供方、教育机构、学生组织及其他利益群体共同组成，强调参与主体多元化，兼顾社会各方需求；三是积极参与国际教育评价项目，注重通过国际合作来丰富、改善本国的教育评估技术。

（4）服务性

自20世纪90年代中期起，芬兰的各种教育法案就明确规定，教育评估工作要以为公众及个人决策提供信息服务为目的，教育评估报告要对公众公开，但不得进行任何形式的排名，报告结果不得对教育提供方、学校及师生造成伤害。概括来讲，芬兰的现行教育评估体系强调以评价获取信息，以信息服务决策，而尽可能弱化带有干预性质的行政监督和管控。

（三）新加坡

1. 背景

20 世纪 80 年代，新加坡的学校评估系统被称为检查型系统。该系统是对英国学校检查系统的模仿。它由高级检查员负责，对学校进行定期检查，内容包括四个方面：学校管理、教学大纲、辅助活动以及相关成果。依据学校的规模及其提供的专业课程数量，检查组通常包含 10 ～ 14 位学校的代表与检查专家。检查组在学校驻留 10 个工作日，通过检查文件、到教室中听课、观察课外活动开展情况、访问学校不同区域、访问每名教师等形式进行检查。

1996 年，新加坡制定了教育发展第三个阶段规划，该规划集中反映了对实现能力导向教育与实现思考型学校和学习型国家目标的迫切需要。在此背景下，新加坡教育部着手改革学校督导的管理体制，力图使学校评估能够从督导中分离出来，以赋予学校更大的办学自主权。新加坡教育部加强同生产力与标准局合作，参照新加坡质量奖（SQA）及欧洲质量管理基金会卓越模式、美国国家质量奖《绩效优异教育标准》，于 1999 年完成了新的学校评估标准——卓越学校模式（School Excellence Model，简称 SEM）。新加坡卓越学校模式作为国家教育行政部门制定并执行的标准，具有很强的政策性，推荐给国家教育体系内的学校普遍施行。

卓越学校模式将学校置于引领变革的位置，促使学校创造卓越。该模式对过程与结果同样关注，它为学校提供一个框架，使得学校能采用合理路径，以实现能力导向的教育目标。卓越学校模式是一次巨大的转变：从过去中央集权式的检查系统发展成为一个学校为自身发展负责并达成改进目标的模式。卓越学校模式能够在不同学校之间进行“基准测试”时，充分关注学校的管理系统，重视学校的自身改善和“增值”业绩。研究者称，卓越学校模式“激发那些能够对整个学校的质量带来积极影响并最终能够提高整个教育体系质量的活动”。

2. 卓越学校模式简介

（1）校群督导

新加坡校群督导制度创建于 1997 年。新加坡共有 356 所中小学和初级学院，由教育部学校督导司管辖。全国按地理位置分为东区、南区、西区和北区，每区又被分为 7 个校群，各校群分别有自己的校群督学。每个校群又分别由一位副司长来领导，监督各所学校的管理，监督卓越学校模式评估系统的落实，监督全国学校网络资料系统（School Cockpit）的运作。每个校群由 12 ～ 14 所学校组成，多数校群包括了不同类型的学校（小学、初中、初级学院或高中）。各个校群都是由校群督学和各学校校长组成各自的委员会来负责拟定行动方针，规划校群资金的运用等。

校群督学一般是表现卓越的中小学校长，他们既掌握教育领域的知识，又熟知管理方面的知识，这使得校群督学既可以在督导工作过程中得心应手，又可以给其他中小学校长提出有针对性的、操作性强的建议。校群督学在工作中发挥着协调性作用，协调教育部与学校之间、校长之间、教师与校长之间的关系。校群督学协调各种关系的目的是促使教育督导工作顺利进行，从而使各方工作水平和管理水平得以提高。

（2）评估标准

新加坡卓越学校模式所设定的评估标准共分 9 个一级指标，分为两大类，分别是“运作过程”和“成果”，各占 50%，总分为 1000 分。SEM 的评分方式，即对每一项指标进行 0 ～ 100% 的衡量。分数先分作 6 个区间，依次为 0 ～ 5%，10% ～ 25%，30% ～ 45%，50% ～ 65%，70% ～ 85%，90% ～ 100%，每个区间又以每 5% 分级；每一级都有详尽的描述，以帮助评估者确定得分的额度。“成果”由“运作过程”得来，“运作过程”通过“成果”的反馈而得到改进（见图 10–1）。

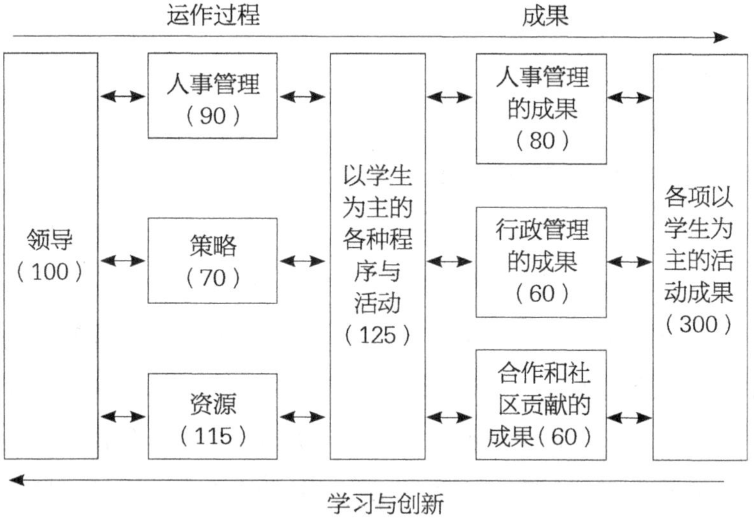

图 10–1　卓越学校评估标准体系

具体来说，“运作过程”类别涉及的问题是如何促进结果的达成，包含领导、人事管理、策略、资源、以学生为主的各种程序与活动这 5 项准则。领导准则重点关注学校校长和权力系统如何达成学校价值标准、如何集中关注学生学习和卓越表现、学校如何承担其社会责任。人事管理准则重视学校如何发展和利用其员工的全部潜质，以创设卓越学校。策略准则重视学校将利益相关者关注的战略转向实现思考型学校和学习型国家的目标；如何制定行动计划，以促成其战略得以实施，如何部署这些计划并追踪计划实施的情况。资源准则重视学校如何富有效益和效率地管理其内部资源和外部关系，旨在为学校战略计划实施提供支持。以学生为主的各种程序与活动准则重点关注学校如何设计、实施、管理和改进相关关键活动，以提供全人教育和促进学生福祉。

“结果”类别涉及学校已经取得了什么或正在获取什么的问题，包括人事管理的成果、行政管理成果、合作和社会贡献的成果以及各项以学生为主的活动成果4类准则。对于每类准则，学校都会确定相应的绩效指标（或者称关键绩效指标），以测量各类准则实施的成果。人事成果准则重视学校在员工能力建设工作中所达成的结果，该工作与培训、发展和促进员工斗志相关。行政管理结果准则重视学校在校务管理和运行工作中所达成的结果，要求该工作具有效率和效益。合作和社会贡献的成果准则重视学校在与合作者及社区建立良好关系的工作中所达成的结果。各项以学生为主的活动成果准则重视学校在实施学生全面发展工作中达成的结果，尤其是学校能够达到大众所期望的教育结果的程度。

（3）组织实施

①学校的自我管理和自我评估

学校依照SEM体系进行自我管理和自我评估。

- 根据指标体系，组成9个工作小组（对应9个部分）。每个组均由学校管理人员和教职工组成，经专门培训，讨论如何将指标的要求与学校日常工作结合起来，改进学校日常工作。
- 按SEM的各项指标要求梳理学校已有规章制度，调整与指标要求不相符的，增补指标要求而学校原先缺乏或不完整的。
- 根据关于“运作过程”方面的指标，对学校的工作流程进行合理优化，使学校的各部门运转更具有效率。
- 校长及管理层带领教职工重点研讨学校的使命、愿景和价值观，并在此基础上形成学校的发展策略，建立与之相适应的学校制度和文化，并在日常工作中贯彻实施。
- 根据SEM评估方法，每年组织一次校内评估，全校教职工参与。评分的依据和方式与校外评估一致。

– 评估结束，各工作组撰写自我评估报告，在规定时间内呈交教育部学校督导司。

– 五年之内，当学校认为可以接受校外评估，或希望得到某种形式的确认时，可以向教育部提出申请，准备接受校外评估。

②运用卓越学校模式进行“校外评估”

“校外评估”即校外机构对学校进行评估，也称作“校外验证”。教育部要求学校每5年须接受一次校外评估。何时接受校外评估，由学校自行决定。新加坡教育部学校督导司评估处是负责监督所有学校实施SEM，并负责组织、实施校外评估的职能部门。

– 总体安排。由学校提出申请，学校评估处统一安排时间。一般每年安排7个评估周期，每个周期同时派出约10个评估组开展校外评估。每个评估周期一般为3个星期。

– 评估组一般由3名评估员（也称鉴定员）组成。3名评估员中，1人为学校督导司的专职评估员，1人为其他校群的校群督导（校群督导不能评估本校群的学校），另1人为“特邀评估员”。学校校长可申请成为评估员，其他部门及机构的专业人士也可以申请成为评估员。评估员履职前均接受专业培训。

– 评估过程分为三个阶段：**阅读报告，列出问题。**进行校外评估前，学校须提交以往5年的自我评估报告。3名评估员分工负责，用4天的时间阅读报告，并根据报告列出需要到校调查、了解的问题。**实地查访，多方验证。**一是听取校长的陈述，并对校长进行访谈；访谈内容集中于领导、策略、人事管理和资源4项。二是分组访谈、询问。访谈对象包括部门主任、教职工、学生、学生家长、学校咨询委员会成员，甚至包括在学校餐厅经营的小贩等。三是查看资料及相关材料。学校将管理过程中形成的文件、资料按SEM指标要求分类存放，作为自我评估和接受校外评估的证据。**评估打分，撰写报告**。3名评估员集体讨论，对照评分标准逐项评分，最终10个评估组在一起对评分情况进行对照，并根据以往对其他学校的评分情况，对评分进行细致估量，最终评定得分。之后，3名评估员在6周内共同完成一份评估报告，并将报告提交教育部学校督导司，同时作为评估组的最终结论反馈给接受评估的学校。

（4）配套措施

为保障SEM体系的高效实施，新加坡还制定“配套措施”。

①编制卓越学校模式手册，列明学校运用此标准进行自我评估的操作方式、评分标准及相关表格。

②教育部专门开发了电脑评分系统软件，供各校使用，有效降低了重复性工作，为学校持续自我评估和自主管理提供了便利。

③建立了更全面的全国教育数据资讯系统，与卓越学校模式有效配合，一方面能够收集并处理全国所有学校的相关数据，另一方面也辅助学校收集数据和资料。

④形成了常规培训制度，定期培训并指导学校进行校内评估。

⑤招募、训练了一批专业水平高的评估员，确保评估的科学性和公正性。评估员的招募向社会开放，吸引非教育界专业人士参加，有利于引进新的资源和信息。

⑥校内评估与校外评估能够“互动”和“对话”，促进评估的良性发展，保持着以评估促进质量提升的目标。

⑦对评估标准及评估方式进行持续更新。

3. 卓越学校模式的特点

（1）建立学校教育质量保障机制。新加坡赋予学校更多的自主权，但同时引入学校教育质量保障机制，以加强对学校教育质量的监控。卓越学校模式采取自我评估与校外评估相结合的评估方式。学校校长每年都要求教职工使用卓越学校模式对学校系统、相关流程和结果进行自我评估，收集和分析相关数据和信息，并评价卓越学校模式九个准则的实施情况。校长与其教职工需要反问自己学校内部关键领域的根本问题：学校当前情况到底如何？结果是怎样的？校方的工作是反问他们自身的工作，并评价与目标制定相关工作的绩效。这些目标应当关注增值教育的结果。然后，学校将集中精力关注需要改进的工作领域，将其作为自我评估的组成部分。学校也接受以自我评估报告为基础的校外评估。校外评估工作的成果是提供给被评估学校的反馈报告，内容包括学校优势和需要改进的领域。校外评估过程也是学校内部改进工作的组成部分。学校在自评与校外评估中不断总结与反思，从而走向优秀，成就卓越。

（2）注重增值评价。从 1992 年开始，新加坡教育部实行学校排名制度和增值排名制度。学校排名制度是以学生成绩为依据的学校间的排名。每年小学会考和初中毕业考试结束后，教育部会将数据库内各个学校的成绩分别排名，并在各大媒体公布前 50 名，以激励学校在接下来的教学中努力取得进步。为避免学校之间发生不正当竞争，新加坡推出中学学校增值排名制度，即毕业成绩与入学成绩作比较，将学生 4 年中学学习之后与他在小学毕业时的成绩和排名变化，即增值情况来进行排名。这两种排名方法并用，公平地反映各个学校的排名。增值排名制度又促使校长和教师不过分注重学生的成绩，而将关注重点转移到每个学生在各个阶段取得的进步。

（3）强调问责与激励。新加坡教育部每年在媒体上发布卓越学校模式评估的报告，提供对国家整体教育的意见和建议，对学校其他情况提出督查建议，接受政府、社会、家长的监督。同时，为了激励学校不断提高办学质量及取得良好成效，设立了教育激励机制——“学校奖项总蓝图”（Masterplan of Awards for School），以奖励那些努力为学生提供全人教育，使学生能够达到教育预期的学校。“学校奖项总蓝图”由

3个不同层次的奖项组成，分别是初级奖项、中级奖项和特级奖项。其中，特级奖项包括优异学校奖和更高一级的卓越学校奖，而后者也是新加坡最高和最负盛名的奖项。卓越学校奖、优异学校奖有效期为5年，在5年内如果学校表现不好，经过重新评估后将失去这一荣誉。

（四）国外学校评估的发展趋势

近几十年以来，发达国家无论在学校评估理念上，还是在学校评估实践上，都发生了重大的变化。比较各国的情况，呈现出制度化、专业化、独立性及服务性等特征，在一定程度上代表了学校评估的发展趋势，也给我们提供了一定的启示：强化学校督导评估的发展性功能，注重学校改进；加强机构建设，强调学校督导评估的独立性与权威性；评估内容从注重办学条件到聚焦内涵发展与效能；加强学校自评与外部评估的合作，两者共同服务于学校发展；强调评估结果的使用，形成学校持续改进的机制；学校评估机制建设上向专业化发展；多元主体之间注重平等协商与合作。

1. 强化学校督导评估的发展性功能

著名的教育评价专家斯塔弗尔比姆（Stufflebeam, D.L., 1966）曾说过："评价最重要的意图不是为了证明，而是为了改进。"20世纪80年代，倡导民主协商，为改进工作而评价的第四代评价观（强调评价的出发点是回应相关利害关系人的需求，倡导民主协商，为改进工作而评价）的兴起，掀起了西方国家的"评价改革运动"，以英国为首的一些发达国家开始摒弃那种注重鉴别和奖惩的教育评价制度，逐渐采用发展性教育评价[1]。学校评估的目的指向在强调政府督导问责的同时，更多地推进学校发展。

如英国教育标准局的核心理念是："以督导促改进"（Improvement

[1] 卢立涛. 发展性学校评价研究中的三个基本问题[J]. 山西师大学报（社会科学版），2009（1）.

through Inspection)。2005 年，教育标准局在《每个孩子都重要：学校督导框架》中重申了学校改进的重要意义，特别要求学校采用正式与非正式的方式开展自我评估和持续改进；2008 年 10 月，教育标准局发表了题为《聚焦于改进：2009 年学校督导建议》的咨询报告书，指出新的督导要高度关注其对学校改进和学生发展的影响，并提出了减少在不合格学校就读学生的数量、增加良好和卓越学校的数量、督导对学校的质量提升产生积极影响等一些有挑战性的目标。2009 年《学校督导框架》落实了相关建议，将“促进学校改进”作为新框架的首要特点予以介绍，并提出了一些促进学校改进的具体措施，主要包括：(1) 设置明确期望，督导框架中提出的标准以及督导指南清晰地描述期望学校达成的表现和效能标准；(2) 对学校认识到的自身优势给以确认，以增强学校的自信心，同时对于学校需要改进的地方提供深入的分析，促使其改进；(3) 指出未来学校改进中需要优先解决的问题，并在督导之后监控改进的情况；(4) 督学与校长、教师进行建设性的对话；(5) 对学校的自我评估进行评论与指导，增强学校自我评估与改进的能力[1]。

2. 强调学校督导评估机构的独立性与权威性

通过对各国的教育督导情况进行比较分析发现，各国都设有比较完善的教育督导机构，如专设机构或一体化机构，多数国家采取专设机构方式，强调督导评估机构的独立性与权威性。专设机构有两类情况，一类是在教育行政部门以外单独设置教育督导机构，另一类是附设于教育行政部门的教育督导机构（或评估机构），受政府与教育行政部门的双重领导。前者以英国为代表，英国为了有效地对教育实行监督和管理，单独设置教育督导机构（教育标准局）。教育标准局只对议会负责，属于非政府组阁机构序列的独立部门，每年直接向议会提交教育质量报告，其超脱于教育与就业部具有完全独立性。后者如芬兰，芬兰的教育

[1] 赵德成．英国学校督导体系变革的特点及其启示 [J]. 外国教育研究，2011（2）.

外部评估工作由芬兰教育评估中心（FINEEC）统筹负责。根据《芬兰教育评估中心法》的界定，FINEEC 是在芬兰教育与文化部的政府分支部门中运行的机构，具有政府机构特征，但其评估业务是独立运行，不受政府制约，教育与文化部并不干涉其评估业务。

3. 评估内容聚焦内涵发展与效能取向

从各国学校评估的内容变化，我们可以看到这样一个趋势：由关注学校的办学条件、办学资质，转向更加注重学校的整体办学质量和办学效益。在衡量学校办学效益方面，国际上的普遍做法是遵循“输入—过程—输出”框架，将学生的发展与成就作为重要的关注点。这种做法体现了督导评估的主要作用在于促进学生发展，有利于监督学校的各项管理制度是否真正为了促进学生的发展。

在英国，教育标准局于 2005 年 9 月启用的《每个孩子都重要：学校督导框架》非常重视学生发展与表现，这一框架规定，督学在工作结束后必须汇报学校所达到的教育水准（achievement and standard）及学生个人发展状况（personal development and well-being）。学校所达到的教育水准，主要考查在校学生取得的学业成就，学生达成课程标准的程度，学生的进步程度，以及学习困难和残障学生的学习进展；学生个人发展状况则主要考查学生在精神道德和社会文化方面的发展，健康方式生活的程度，喜爱受教育的程度，对社区做出积极贡献的程度，以及提高其对未来生活有益工作技能的程度等。不难发现，这一框架对学生发展的重视已不仅仅局限于学业成就，它还关注学生在精神、道德、社会和文化等诸多方面的全面发展。新加坡的卓越学校模式注重学生发展和学校的办学质量。评估标准设计的 9 个一级指标又分为 5 项过程性指标和 4 项输出指标，其中，“以学生为主的各种程序与活动”是最为重要的输出指标。

4. 学校自评与外部评估的并立与整合

外部评估和自我评估是学校督导评估的两个重要方式。从英国、芬兰、新加坡等国的评估实践来看，加强学校自评及其与外部评估的合作，建立学校自评与外部评估相互合作、内外互动的办学质量评估体系，使两者共同服务于学校发展，已成为一个发展趋势。

英国在早期比较重视外部评估，将外部评估视作学校改进教育教学及管理的推动力量。这种强调外部评估的督导体系确实在一定程度上督促了学校的发展，但由于学校在督导中处于被动地位，致使学校为自身改进承担责任的空间和动机不足，改进的幅度十分有限。2004 年，教育标准局出台了一份咨询报告，对 1992—2003 年的督导实践进行回顾与反思，指出督学要转变角色，与学校发展新型合作关系，一项具体的改进措施就是重视学校自我发展规划及自我评估，充分发挥学校管理者的主动性和创造性。2005 年，英国教育标准局对原来的督导框架进行修订。新框架既确保外部评估作为一个相当独立的成分存在，又确保学校能对自身进行严谨、细致的自我评估，强调外部评估与学校自我评估之间要取得平衡，要加强自评以促进改进，将自我评估看作是学校督导的一个新特点予以重点阐释。自我评估成为外部评估的有益补充，学校在两次外部评估之间要适时、经常地进行自我评估，更新自我评估表[1]。新加坡卓越学校模式也是采取自我评估与校外评估相结合的评估方式。

而芬兰正在由以学校自评为主向学校自评与外部评估合作的新模式转变。1991 年，芬兰学校督导全面终止，1999 年，自我评估成为学校法定义务，学校自评受到地方政府的高度重视。各校都在一个大致统一的框架下开展自评，但有研究显示早期学校自评的质量参差不齐，有些学校的自我评估工作十分简单，对学校办学质量的分析也不够客观和深

[1] 赵德成 . 英国学校督导体系变革的特点及其启示 [J]. 外国教育研究，2011（2）.

入。近几年来，为了有效扭转这种局面，以客观评估和切实保障学校办学质量，芬兰开始重视外部评估。一方面，芬兰鼓励学校参加国内外有关学生学习成就的调查，关注本校参与有关外部评估所取得的成绩，从而使自我评估有客观的参照；另一方面，芬兰开始启动对学校的审计工作，虽然政府一直强调审计不是督导，是一种促进学校分享治校经验和专业反思的活动，但这种审计由接受过培训的校外同行实施，有审计计划，有评估检核表，也提供书面反馈报告，因此实际上也属于外部评估，在一定程度上发挥着问责功能。芬兰学校自评不再是“孤军奋战”，与外部评估的合作已经展开。

5. 强调结果运用，形成学校持续改进的机制

督导评估本身不是目的，真正的目的是推动学校的发展。为了提高督导评估的有效性，各国强调评估结果的运用，构建学校持续改进的机制，使督导评估成为动态的管理过程。目前比较通行的做法：一是将学校自评与学校发展规划联系起来；二是加强后续程序，形成学校持续改进的机制；三是强调问责与激励。

制定学校行动计划。将学校自评结果运用到学校行动计划的制定与实施中。绝大多数欧洲国家，如英国、法国、爱尔兰、丹麦和比利时等，以及美国的学校认证，学校年度自评是发展规划制定过程的一个组成部分，自评的结果是确定学校发展目标和拟定行动计划的基础。学校通过自评发现并识别学校发展中的优势和不足以及面临的机遇和挑战，明确需要优先解决的问题，并有针对性地提出具体举措[1]。

加强后续督导程序。在英国，教育标准局设定后续督导。后续督导开始指的是一所学校接受督导后，在督导报告公布后的两年，教育标准局将再一次对学校进行督导，主要是确认学校是否落实了督导报告中提出的建议，是否对督导过程中出现的问题予以解决，以及这两年学校取

---

[1] 赵德成 . 中小学办学质量自我评估的国际比较分析 [J]. 教育学报，2013（2）.

得了何种进步。随着督导框架的不断修订，如何提升后续督导的质量是教育标准局一直关注的议题，因为后续督导是教育督导工作中的难题，落实督导报告中的建议往往是复杂的。教育标准局尝试建立一个与后续督导相应的推进机制，增强督导的有效性。这一机制主要由学校改进报告（亦被称为行动计划）和督导分析报告组成。学校改进报告主要包括学校在被督导后针对督导结果和建议采取的相应措施，督导分析报告是督学向上级部门指出学校无法应对但又亟需解决的重大问题。这个机制从学校和上级部门两个层面出发，向上、向下推进后续督导。教育标准局还注重加强对薄弱学校的后续督导，若学校在督导后被评为薄弱学校，那么它在这次督导之后的 6 ～ 8 个月对其进行一次全面的督导。

强调问责与激励。在新加坡，卓越学校模式作为学校问责的一种工具，有助于鉴别和奖励各类学校，也有利于家长和学生做出更明智的选择，同时学校的教育质量也受到了监控。另外，为了激励学校不断提高办学质量及取得良好成效，设立了教育激励机制奖励——“学校奖项总蓝图”，使学校不断地在总结反思中走向优秀，成就卓越。

6. 学校评估机制建设上突出专业化

从英国、新加坡等国的实践来看，学校评估的机制在朝着专业化方向发展，主要表现在评估机构的专业化、评估人员的专业化以及评估实施的专业化。

评估机构专业化。目前学校评估的主体有三类：一是独立设置的评估机构，如英国的教育标准局和芬兰的教育评估中心是组织教育评估的有独立权限的专门机构；二是教育行政部门或者督导部门负责，新加坡等国家采用这种方式；三是与教育行政部门无关的专业性中介组织，如美国私立中小学的认证由学校认证协会负责。

评估人员专业化。各国都非常重视对督学人员的培训和选聘工作，强调督学人员的专业化水平和严格选拔，建立准入制度，制定相关标准；建立公开、公正、公平的招聘制度；建立督学资格和证书制度；建立督学等级制度；建立专业发展、定期培训制度。如英国的皇家督学、注册督学和督学均有严格的资格条件，且都经过了严格的选拔聘任和培训；新加坡招募、培训了一批专业水平高的评估员，确保评估的科学性和公正性。

评估实施的专业化。评估实施需要有相应的评估标准及配套工具。英国重视督导手册和评价标准等指南和工具的编制，先后出版了《学校评价指标》（2011）、《对公立学校和学院的督导评价指标》（2012）、《学校督导手册》（2014），这些政策性、指导性和规范性文件为督学开展学校督导提供了政策依据和业务指导。而新加坡为保障SEM体系的高效实施，编制卓越学校模式手册，列明学校运用此标准进行自我评估的操作方式、评分标准及相关表格等，并且形成了常规培训制度，定期培训并指导学校进行校内评估。

7. 多元主体之间的平等协商与合作

第四代评估理论认为，评估在本质上是一种通过“协商”而形成“心理建构”的过程，因此，评估应坚持“价值多元性”的信念，反对“管理主义倾向”；评估应该倡导多种利益相关群体的参与、协商与对话。在这一理念的引导下，评估主体呈现多元化特征，如美国的学校认证，吸纳包括教育行政部门代表、外部评估专家、学校内部成员（管理人员、教师团队、学生）、家长和社区等在内的各利益相关者共同参与学校评估。学校自评也已发展成为一个民主参与的过程，自评为各种利益相关者群体互动提供平台，有效地增进了管理民主，改善学校内外的人际关系，团结各种力量共同参与到学校改进事务之中。

在多主体参与的背景下，评估者由管理者向服务者转变，与学校建立平等的伙伴关系，为促进学校发展提供服务，已经被世界各国学校教育工作者普遍接受。评估过程更加强调各主体间的平等对话、民主协商。同时，学校由传统意义上的评估对象转变为占据主导地位的评估主体，改变了外部评估者单方面掌控评估全过程的局面，使学校在评估中充分表达自身的价值需求，进行自我认识、自我判断和自我决策，从而形成学校自主发展的内驱力。

二、国内探索与创新

（一）上海市推行“学校发展性督导评价”

1. 背景

上海市政府教育督导室从 1998 年开始进行“发展性督导评价”课题研究，次年，与市教委相互支持配合，启动高中校的实验性示范性评估。[1] 此研究不仅涉及现行学校督导评价模式的变革与发展，而且涉及学校内部发展机制的构建和教育行政部门运作方式的转变。2003 年，上海市教委、上海市人民政府教育督导室下发了《上海市积极推进中小学“学校发展性督导评价”的实施意见（试行稿）》（沪教委督［2003］4 号），就学校发展性督导评估的目的、原则、指标设计、职能分解、实施步骤等都作了明确规定，同时还下发了《上海市中小学“学校发展性督导评价”指导纲要》，形成了较为完整的学校发展性督导评估实施方案。上海还制定了《上海市中小学督导基础指标》和《上海市中小学发展指南》，目的是促进学校持续、自主地个性化发展，重视和强调学校主体的自我评价和调整学校对自主发展的理解。

2. 特点

上海的发展性学校督导评价呈现三个特点：一是其评估指标由学校办学的“基础性指标”和“发展指南”两部分组成。“基础性指标”是依据教育法律法规、方针政策对学校的规范要求，强调中小学要依法办学，体现不同办学背景条件学校发展的共性。如“入学率”“教师任职

[1] 曹飞 . 对京、沪、苏发展性学校评价的研究及思考 [J]. 中小学管理，2009（10）.

条件”“学校财务制度”等基础性指标具有法定性和统一性。教育督导部门通过督导评估督促学校必须达到基础性目标。“发展指南”是依据教育改革发展需求以及学校发展规律所确立的关键领域及要素，对其中某些领域，如“学校课程建设”“师资队伍建设”“教育科研”“校园文化建设”等，学校可根据自身发展的不同阶段选择重点，兼顾其他（见表 10-1），体现校际间的差异性和学校的自主选择性。在标准制定上，采用统一标准与学校的自订标准相结合方式，学校还可以在每一个发展领域基于实践需要，对指标所列出的评估要素进行补充，自主设定新的评价要素。这样，解决了“用一把尺子衡量所有学校”的问题，体现了学校的差异性和多样性，也进一步落实学校发展的自主性和学校督导评估的发展性。

表 10-1：上海市中小学“学校发展性督导评价”指标纲要（2003）

学校办学基础性指标

A 级指标	B 级指标	主要测评点及评价标准
办学条件	校舍面积	达到上海市中小学校舍建设一类或二类标准
	设备设施	达到上海市中小学装备设施配备标准
学校管理	校务管理	学校有三年发展规划及办学章程：学校发展目标和分年度目标清晰，针对性强，措施落实 校长负责制、教代会制度、校务公开制度、安全和保卫制度等相应制度健全并贯彻执行 学校推广使用全国通用的普通话和规范字 学校管理机构设置合理，职责明确，运转正常
	教学管理	执行国家规定的课程计划，有“减轻学生过重课业负担”的具体措施 备课、听课、评课等教学研究制度、学生作业检查制度及教学质量监控制度等相关制度落实，学校教学流程管理运作规范 教务管理制度健全，有教学业务档案、学生学籍管理档案，图书馆、实验室、各专用教室及教学资料的管理和使用按制度正常运行，教学设备使用率高

A 级指标	B 级指标	主要测评点及评价标准
	德育管理	落实中小学生日常行为规范教育 注重结合节假日、重大活动和学科特点，有针对地对学生进行爱国主义等方面的教育 组织各类主题性的学生社会实践 学校、家庭、社会形成教育合力，有相应的组织形式并运作正常
	队伍管理	学校内部人事管理制度健全，全员岗位职责明确 学校任课教师的任职条件达到市颁标准，教师年龄、专业结构合理 学校有师德规范与师德考评制度；师德建设措施落实，杜绝体罚、变相体罚学生的现象 学校对在职教师开展多种形式的专业培训，加强青年、骨干教师的培养 学校成员管理育人职责明确，有培训、有考核
	总务管理	执行学校财务管理制度，按规定合理使用经费，规范收费行为 有财产设备、校舍场地管理制度并能规范执行 净化、美化、绿化校园环境，学校安全防卫和卫生措施落实
办学质量	入学率与巩固率	义务教育阶段入学率 100% 辍学率为“0” 严格控制大龄退学生人数，大龄退学率＜0.5%（只限于初一、二年级）
	基本要求	学生刑事案发率为“0”（近三年） 学生行为规范验收合格 各年级留级率：小学＜1%，初中＜2%（小学五年级、初三除外） 毕业率：小学＞99%，初、高中按时毕业率＞90% 体育课及格率：中小学均＞95% 学生身体素质主要指标抽测合格率≥95% 近视新发病率＜5% 学生能参与学校经常性的艺术、科技活动 学生参加艺术、科技团队活动率＞25% 学生劳技课成绩合格
	社会评价	家长、社区满意度 80% 以上

学校发展指南

发展领域	评价要素
学校发展目标	办学目标：贯彻教育方针和素质教育要求，体现现代教育思想，体现地区社会、经济发展与学校自身发展规律的整合，体现阶段性、递进性和办学特色，重点突出、可操作、可检测 培养目标：符合教育方针，面向全体学生，有预期的育人质量要求，注重创新精神和实践能力的培养，促进学生主动发展与个性特长发展，体现递进性和个性 管理目标：依法办学、规范管理，建立科学、民主、有效的决策机制，强化服务意识，关注人的发展，开发与利用各种资源，促进教师专业成长与学生个性发展
学校课程建设	课程开发：执行市二期课程改革方案，积极开发和利用校内外各种课程资源，提供多样的、能基本满足学生需要和选择、充分体现学校特色的各类选修课程，逐步形成学校的特色课程群 课程内容：体现时代性和学科整合的特点，体现学生创新精神和实践能力的培养，体现学生个性发展的需求 课程管理：有与二期课改要求相一致的教学管理制度和学生学习指导制度 课程评价：逐步完善学校课程评价体系，建立发展性课程评价制度
教学改革 与学生学习	课堂教学：改革主攻目标清晰，注重学生学习的知识与技能、过程与方法、情感态度与价值观的养成，形成民主、平等、和谐、互动的师生关系和教学环境，注重教学反思；优化教与学 教学方式：积极进行教学方式和学习方式的改革，引导学生自主探究、独立思考、合作交流和实践操作，整合现代信息技术，提高教与学的效果；尊重学生差异，实施分层教育，开发学生学习潜能，满足特殊学生的需求 学习动力：学生有学习的动力和乐趣，有学习热情、自信心和进取心 学习能力：学生能通过团队合作、探究活动、社会实践等多种方式，运用计算机网络等各种学习资源与工具进行学习；提高基础性、发展性、创造性学力 评价制度：建立与完善发展性教师评价和学生评价制度，促进教师专业发展，培育学生个性特长，提高综合素质

（资料来源：上海教育，2004.11B）

二是实施以学校发展规划为重要依据的督导评估活动。（1）制定学校发展规划。区县教育行政部门组织中小学校长对实施“学校发展性督导评价”的意义、目的及要求进行动员；教育督导部门对学校制订发展性规划进行培训；学校根据教育改革发展的重点和自身实际，发动教职员工参与制订学校三年规划和分年度的实施计划；教育行政及督导部门组织有关人员和专家对学校规划进行评审或论证，指导学校修订与完善发展规划。（2）实施学校发展规划。学校将三年规划的发展目标分解成年度目标，并落实部门和责任人加以实施，规划实施中允许不断修改、补充和完善发展目标；区县教育督导部门建立督学联系制度，加强对学校的随访指导，并与学校共同商定督导评估指标。（3）评估学校发展规划。程序如下（见图 10-2）：学校建立自评领导小组，自上而下组织教师开展自评，收集信息，在总结、反思的基础上撰写中期自评报告；区县教育督导部门在学校自评的基础上，掌握与分析信息资料，组织督导队伍对学校实施发展规划的情况进行中期评估，并对学校进行反馈，帮助学校改进工作；学校继续实施规划。学校规划终结性评估阶段的程序与中期评估相同，区县教育督导部门撰写督导报告并向学校公布评估结果，肯定其成绩，指出其存在的问题，并提出改进策略。学校在综合自我评价和督导评估结果的基础上提出改进意见并制订新一轮的三年规划。

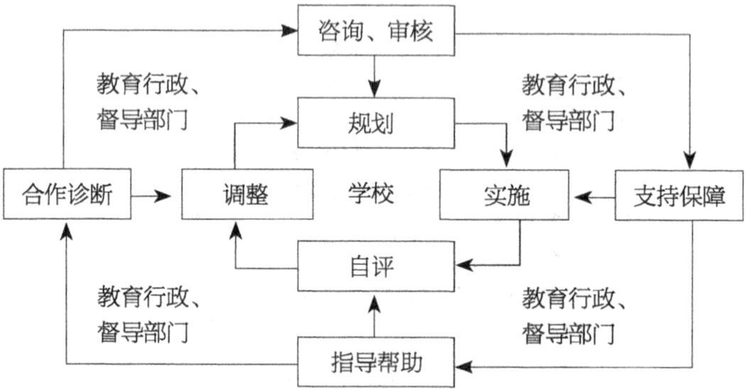

图 10-2　上海市学校发展性督导评价机制图

（资料来源：https://max.book118.com/html/2017/0909/132884680.shtm）

三是在学校发展性督导评估的实施过程中，重视健全学校自评制度，将学校发展规划实施的自评反思与外部督导评估有机结合，将形成性评价与终结性评价有机结合，逐步形成了以学校自评为主，教育督导部门、家长、社区共同参与的开放性督导评估机制。教育督导部门通过督导评估指导学校努力实现选定的发展性目标。上海的“学校发展性督导评价”探索与实践，不仅推动了上海市学校督导评估工作的改革与发展，带动了上海市学校督导评估制度的研究与发展，而且还辐射至全国各地，产生广泛而深刻的影响。

3. 最新进展

2015 年 2 月，上海市颁布《上海市教育督导条例》，每 3 ～ 5 年为一个督导周期，对辖区内的普通高中开展发展性综合督导评价。上海市教育评估院受上海市人民政府督导室的委托，从 2017 年 9 月开始，对市示范性高中组织实施了发展性督导评估工作。截至 2018 年 12 月，连同试点督导调研的 5 所高中，56 所上海市实验性示范性高中现场督导评估工作全部完成。

2021 年上海市根据中共中央、国务院《关于深化新时代教育评价改革总体方案》，中共中央办公厅　国务院办公厅《关于深化新时代教育督导体制机制改革的意见》，国务院办公厅《关于新时代推进普通高中育人方式改革的指导意见》和教育部等八部门《关于进一步激发中小学办学活力的若干意见》等文件精神，制定并发布《上海市普通高中发展性督导评价指导意见》（下称《意见》），进一步完善对学校开展督导评估的政策与标准。

《意见》包含“学校治理”“教育教学”“资源配置”“学生发展”“特色发展”5 个一级指标，12 个二级指标以及 28 项评价要素（见表 10–2）。评价指标强调五育并举，注重普通高中育人方式的改革，引导普通高中特色、多样化发展。

其评估程序延续前期的实验探索，旨在推动学校形成“制订规划 –

推动实施－评价反思”的闭环管理，建立自我诊断、自我反思、自我改进的内生发展机制。具体操作即每学年要求学校对照上海市普通高中发展性督导评价指标，对学校发展规划目标的达成情况和校本发展措施的成效开展年度自评，并根据自评结果对目标和措施进行动态调整，使之更适合学校发展实际。自评时要主动收集和分析学生、教师、家长、社区等相关利益方的意见建议，形成上下畅通、全员参与的自我评价与自我诊断的机制。高中学校的校本自评机制与成效要作为教育督导部门对学校进行督导评价的重要内容。

《意见》中强调了对督导结果的运用，要求建立公示报告制度、跟踪整改制度、督导问责机制，强化督导评估的权威性和严肃性。

表 10-2：上海市普通高中发展性督导评价指标（2021）

一级指标	二级指标	评价要素	
A1 学校治理	B1 理念规划	C1 办学理念	全面贯彻党的教育方针，坚持正确办学方向，落实立德树人根本任务，坚持“五育并举”，形成了体现新时代教育改革发展精神、符合素质教育要求的办学理念。学校制定适切育人目标，有支撑育人目标的课程设置、教学活动和育人活动体系，育人目标扎实落地。
		C2 发展规划	学校有连续的发展规划，定位准确，目标清晰，措施针对性、可操作性强，适合学校发展基础，体现办学追求。形成了“规划、实施、评价”的学校规划管理闭环机制，教职工对学校发展规划有较高的认同度。
	B2 依法治理	C3 治理结构	落实党的全面领导，重视党建工作，充分发挥党组织的政治核心作用和教职工代表大会的民主监督作用。学校内部治理结构和权力运行规范，党、团、工会组织健全，形成较好的工作协同机制。

一级指标	二级指标	评价要素	
		C4 制度机制	依法制定学校章程，构建以章程为统领的学校规章制度体系。管理制度健全，“立改废”程序规范，各类制度执行有效。学校机构设置合理，各部门职责清晰，运转高效。校园安全风险防控体系完善，关注师生权益保护。
	B3 育人文化	C5 学校文化	实施文化立校战略。践行办学理念倡导的核心价值观，创设人文与科学、规范有序和个性灵动并重的校园文化环境，形成了良好的校风、教风和学风。校园文化活动积极向上、主题鲜明、形式多样。
		C6 管理文化	校级主要领导富有教育理想与追求，勇于改革创新，善于反思进取，具有专业领导力。管理团队具有民主作风、服务意识和实干精神，能有效落实各项改革任务，执行力强，在师生中威信高，能做好思想政治工作和专业发展工作。
A2 教育教学	B4 德育管理	C7 德育载体	通过课程育人、文化育人、活动育人、实践育人、管理育人、协同育人，落实理想信念教育、社会主义核心价值观教育、中华传统优秀文化教育、生态文明教育、心理健康教育。建立学生生涯发展指导制度，引导学生树立正确的国家观、历史观、民族观、文化观，厚植爱党爱国爱人民思想情怀。实施导师制，对学生理想、心理、学习、生活、生涯规划等方面指导有力。完善危机干预机制，使学生心理危机能得到及时、有效地干预。
		C8 德育实效	学校落实《中小学德育工作指南》成效显著，构建了方向正确、内容完善、学段衔接、载体丰富、常态开展的德育工作体系，形成学校全员、全程和全方位育人工作格局。
	B5 课程建设	C9 课程方案	学校有符合新课程改革要求、切合学校实际、满足学生发展需要的学校课程实施整体方案以及学年度课程实施计划，建立了学校课程审议制度。
		C10 课程开发	加强学校特色课程建设，满足学生个性发展、特长发展和全面发展的需要。探索设计跨学科和专题教育课程。开发综合实践类和劳动教育类课程。

一级指标	二级指标	评价要素	
	B6 课程管理	C11 课程执行	建立完善的课程管理制度，严格落实学期课时总量和周活动总量，落实学分管理和学分认定。开齐开足开好国家规定课程，学生每天体育活动 1 小时得到保证。
		C12 课程实施	加强新课程新教材背景下的学科建设，高质量实施普通高中学科教学。推进课程管理信息化平台建设，加大对班级编排、学生管理、教师调配、设施配置等的统筹力度。构建规范有序、科学高效的选课走班运行机制和教学质量监控机制。健全学生综合素质评价管理系统，强化过程评价，探索增值评价，学生成长实时记录工作规范。
	B7 教学改革	C13 教法创新	积极开展基于情景、问题导向的课堂教学改革。持续推进作业设计与实施研究实践。注重课题研究、项目化学习等跨学科综合性教学，强化实验教学。推进信息技术与教育教学深度融合，线上线下教学有机结合，能满足学生差异化学习需求。
		C14 学法指导	尊重学生差异，探索个性化学程设计，对学生学习需求进行精准诊断和分析，并开展分层分类指导。以学生需求为导向改进教学，激发兴趣、指导学法。营造探究氛围，激励学生自主、合作、探究学习。建立高中教师教学述评制度。
A3 资源配置	B8 办学条件	C15 设施设备	学校校舍条件、教育教学设施设备配置和信息化建设水平达到上海市普通高中建设标准要求，学科教室、微实验室、数字化学习空间、图文中心、公共开放空间等个性化学习空间建设能满足学生选课走班教学和育人方式改革需要。心理辅导室运行规范。各类学习空间的设施设备维护良好，开放充分，使用率高。
		C16 资源整合	学校注重利用各类教育基地、高等学校、科研机构、现代企业、美丽乡村等各方面资源，落实文教结合、教体结合、校企合作，构建学校、家庭、社会共同育人体制机制。

一级指标	二级指标	评价要素	
	B9 队伍建设	C17 人员配置	学校党政干部配备完整，教师配置达到市颁标准，学历、年龄、学科结构合理；配足配齐思政课、心理健康教育、实验教学和劳动教育等方面的教师，研究生学历教师比例逐步提高，至少有 1 名正高级教师，教师队伍形成发展梯队。
		C18 师德师风	师德师风建设常态化、长效化，教师团队具有高尚的师德修养和良好的职业操守，能切实遵守新时代中小学教师职业行为十项准则。
		C19 专业发展	学校有与办学理念相匹配的师资培养计划，建立了提升教师育德能力、学科素养和信息化综合素养的校本研训制度。师资队伍的新课程实施能力、学生选课走班管理和学生指导能力能胜任新高考改革的需要；教师的评价、考核和激励机制能为“四有”好教师的培养提供制度保障。
A4 学生发展	B10 全面发展	C20 道德素养	学生有较强的国家意识和文化自信，有社会责任感和集体意识，自觉践行社会主义核心价值观，立志听党话、跟党走，立志扎根人民、奉献国家；有良好的思想道德和行为习惯，积极参加校内外活动、志愿服务和公益劳动，完成至少 60 课时的志愿服务。
		C21 学习素养	学生养成了端正的学习态度和良好的学习习惯，掌握适合的学习方法，表现出较强的求知欲、积极的学习态度和浓厚的学习兴趣，能运用适当的策略和资源达成学习目标。知识结构全面，自主学习能力强，学科素养达到新课标要求。按规定修满学分，高中学业水平考试合格率达标。
		C22 健康素养	学生有较高的体育素养和良好的体育锻炼习惯，能较好地掌握 2 ～ 3 项体育技能。学生体质健康监测合格率与优良率达标率高。学生近视综合防控体系完善，措施落实，目标完成。学生群体具有健康的心理品质。无重大传染病发生。
		C23 美育素养	学生有艺术知识和技能的积累，具有感受美、表现美、鉴赏美、创造美的意识和基本能力。能积极参加学校组织的艺术社团和艺术节活动，具有艺术表达、创意表现的兴趣，掌握 1 ～ 2 项艺术技能。

一级指标	二级指标	评价要素	
		C24 劳动素养	学生崇尚劳动、尊重劳动，具有良好的劳动习惯、积极的劳动态度和扎实的劳动技能。能自觉通过劳动维护个人、教室。寝室和校园的整洁，劳动技术素养与学农等生产劳动实践能力达到国家普通高中通用技术课程标准和上海市学农劳动教育大纲的要求。
	B11 个性发展	C25 自我认识	学生能依据自身潜质选择适合的发展方向，选择适合的社团组织、创新项目和实践舞台。
		C26 自我评估	学生能调节和管理自己的情绪。能有效管理自己的学习和生活。珍爱生命，具有安全意识和自我保护能力。
A5 特色发展	B12 特色实践	C27 改革实验	学校能聚焦深化育人关键环节和重点领域改革，在构建学生德智体美劳全面培养体系、健全立德树人落实机制等方面承担有关课题。开展改革实验研究，师生参与面广，形成了特有的做法与经验，学校自主发展的能力持续增强。
		C28 特色辐射	学校在原有基础上取得明显进步与发展，特色建设促进了学生、教师发展和学校发展，成果显著。教师、学生和家长对特色发展的知晓度和认同度高。办学成果影响面广，先进经验在市内外交流推广，具有示范作用，社会声誉好，满意度高。

4. 思考

上海市学校发展性督导评价的实践给我们带来三点启示：

一是上海发展性督导评价实现从鉴定到改进的转变。其追求的不单纯是“结果、证明”，更重要的是“改进、发展”，从而使评价的功能从侧重于选拔、鉴定转为强化导向、诊断、激励和改进，是为帮助学校而实施的督导评估。督导评估的主要目的在于帮助被评学校回顾和反思自身发展变化的过程，总结和提炼办学经验，明确当前迫切需要关注的问题，厘清未来发展思路，树立发展的信心。

二是上海发展性督导评价为建立学校内部质量保障制度提供了经

验。上海构建了基于学校发展规划的学校督导评估模式，以学校发展规划的制定、实施、总结为督导评估的主线，依法规范学校办学行为，创设学校自主发展空间，引导学校自主发展行为，催生学校自主发展机制，激励学校自主发展潜能，构建学校自主发展与行政监督相统一，学校自评和外部督评相结合的运行方式，促进学校质量的提高、机制的转换、能力的成长和价值的提升，形成规范、自主、具有特色的可持续发展态势。

三是上海发展性督导评估指标体现了统一性与多样性以及动态调整的特点。我国中小学学校数量庞大，学校之间千差万别，这也决定了评估指标必须多元。任何只想用一套指标评估所有学校的努力都会被实践证明行不通。所以，上海研制采取“基础性指标 + 发展指南”的方式为研制指标提供了思路。2021 年，上海按照新政策、新要求、新规范及时修订评价指标，体现了教育发展的最新趋势，体现了“破五唯”以及高中育人方式变革的改革导向，引领普通高中依法办学、落实立德树人、践行“五育并举”，特色发展。

（二）江苏省开展普通高中星级评估

1. 背景

江苏省是教育大省，其高中整体发展水平在全国处于领先地位。早在 2002 年，江苏全省共计 849 所普通高中（其中省级重点高中 213 所、省标国家级示范性高中 97 所），当年招生 43.3 万人，在校生 108 万人。随着江苏经济体制、教育体制改革的不断深化，普通高中教育出现了诸多矛盾和问题：一是高中教育普及水平不断提高，人民群众对优质高中教育的需求日益增长，优质教育资源供给相对不足的矛盾十分突出；二是高中事业发展很不平衡，苏南、苏北之间的地区差别较大；三是农村高中教育投入严重不足，薄弱高中改造或布局调整又一时难以推进；四是重点一枝独秀，大部分学校发展缺乏引领目标，缺乏长效激励机制[1]。针对上述问题，2003 年，江苏省决定不再验收省重点中学，实施普通高中星级评估制度。

2. 基本做法

江苏省普通高中星级评估作为对普通高中实施的一种办学质量等级鉴定、一种面向省内所有高中学校的发展性评估，目的在于使不同星级学校的定位既能符合学校发展的规律，又能最大限度地与以往重点中学的评估相衔接。

江苏省的星级评估分为五个等级：一星级，突出办学合格性。二星级，突出基础发展性，该类学校在一星级的基础上有发展，但发展仍属基础性质。三星级，突出主体骨干性，该类学校有较好的办学条件和常规管理，各方面比较规范和稳定，有一定的声誉。四星级，突出实验示范性，该类学校办学条件基本实现现代化，管理到位，常出新思想、新经验，教育质量高，社会声誉好，在一定区域内有较强的示范性。五星级，突出国际可比性，该类学校有一流的办学条件、师资队伍和管理，文化底蕴深厚，在国内有很高的知名度，并与国外名校有很好的合作，属于素质教育的典范、教育改革的样板、对外交流的窗口。

普通高中星级评估指标体系由“评估指标”和“评估标准”两部分组成。指标是对所有普通高中的普适要求，指标相同，但标准却不一样，体现出强烈的导向性。学校必须全面达到所申报等级评估标准的基本要求，方能获得通过。有一项基本要求不达标，学校便不能通过。每一所学校都能找到现实的坐标和发展的目标。

根据《江苏省普通高中星级评估方案》等文件精神，评估的基本程序是:（1）学校申请。学校学习和对照评估标准，发动教职员工自评，达到目标星级的要求，向教育主管部门提出评估申请。（2）教育主管部

[1] 本刊编辑部．星级评估：优质发展普通高中的新机制——来自江苏省普通高中星级评估实践的报告 [J]. 教育发展研究，2010（22）.

门推荐。凡申请三、四、五星级评估的学校，由县（市、区）教育主管部门向省辖市推荐，由省辖市教育主管部门组织预评，预评合格的向省推荐。（3）组织评估。在审核材料等工作的基础上，评估机构委派专家组赴校进行现场评估，专家组通过听、看、问、查等多种形式逐项检查达标条件，形成专家组意见。（4）专家评审委员会审核。评估机构组织专家评审委员会对各专家组的评估意见进行综合评审，形成审核意见。（5）教育行政部门审批。教育部门对评估机构报送的意见进行审批，并向学校颁证和授牌。

江苏省的星级评估实行省、市两级负责制。三、四、五星级学校的评估由江苏省负责，一、二星级学校的评估委托省辖市负责。省辖市教育行政部门负责指导所辖县（市、区）学校和直属学校的总体规划建设，指定相关机构承担一、二星级学校的评估任务；县级教育行政部门负责辖区内学校的建设指导，向省辖市推荐本地学校参加星级评估。

星级评估工作实行“入星”“晋星”“护星”和“降星”的动态评估机制，一个显著的特点是五年审核一次，能上能下，取消评估结果享用终身制[1]。“入星”是原来的省市重点、国家级示范性高中经过简化的评估后，转到相应的星级。市重点校参照二星级、省重点校参照三星级、国家级示范校参照四星级标准进行转星评估。其他高中进入星级高中系列，必须先参加起始星级——一星级高中评估。“晋星”是学校升格和办学水平整体提升的过程。不同星级的学校，制定发展规划，经过一个加快建设的过程，并达到更高发展目标后，可以提出晋升更高星级的申请。“护星”是星级高中评估实行动态管理、定期复核的制度。学校获得的特定星级称号有效期为五年，有效期结束时，学校应主动向评估机构提出护星审核申请。凡在现星级存续期间，办学条件和水平出现下降

[1]《江苏多所名校被“摘星”督促地方政府关注学校》，网址：https://www.liuxue86.com/a/208557.html.

的，或者发生其他严重问题的学校，将被取消星级称号，或作降星处理[1]。

江苏省发展星级高中的总目标是：通过等级评定，最终消除低星级学校，实现优质教育资源的扩大。截至目前，江苏全省有580所普通高中，其中四星级高中307所，三星级高中172所，优质高中的占比为82.58%。江苏省计划，到2035年，普通高中更加特色多样，95%以上的普通高中达到省定三星级及以上办学标准[2]。

3. 特点

江苏省的星级高中评估具有五个特点：一是标准多元，促进发展。星级评估制定了五个等级的指标体系。评估指标共有五个，包括“办学条件”“队伍建设”“管理水平”“素质教育”“办学绩效”。而在强调一定的硬件标准的基础上，星级越高，学校内涵发展的权重也越大。例如“办学条件”方面，一星级、二星级均有10条考核要求，三星级减为8条，四星级、五星级则只有4条；而在课程改革、教育科研等方面，评估标准对高星级学校都提出了较高要求。在星级评估中，必须每一项都达标才能顺利挂星，其目的是引导学校整体办学质量和水平的提高。

二是定量与定性相结合。星级评估在确定评估结果上采取定量与定性相结合的方式，一是要求学校对照标准条条过关，有一条标准不合格便不能通过评估，等于每一条都是一票否决，这种刚性标准对学校提出了全面要求，有利于以评促建。二是专家组必须在现场考察结束后进行大小反馈，小反馈在学校领导班子中进行，主要诊断学校办学中的内部问题，大反馈是在有政府官员参与的更大范围内进行，肯定学校成绩，对办学的外部环境提出要求。

三是动态评估，强调激励。星级评估不搞终身制，所有星级称号只

[1] 袁益民，孔莹莹 . 星级评估为江苏高中教育洗牌 [J]. 中小学管理，2004（6）.

[2] 叶春生 . 新时代星级高中评估的使命与担当 [J]. 教育研究与评论，2021（6）.

具有五年时效，五年后必须重新评估，评估不通过不得保持原有称号，同时鼓励低星级学校向高星级学校晋升。这种动态机制有利于最大限度地调动学校积极性，有利于保证评估激励作用的长效性。

四是创新评估运行机制。江苏星级评估的运行机制是由江苏省教育厅负责星级评估管理工作，江苏省教育评估院[1]负责星级评估的具体实施。三、四、五星级学校的评估由江苏省教育评估院负责，一、二星级学校的评估委托省辖市负责。这样的机制发挥了政府与中介机构两方面的作用，调动了省市两级的积极性，保证了普通高中星级评估的顺利进行。

五是重视规范评估，提高评估质量。江苏省教育评估院非常重视不断提高星级评估质量，把队伍建设、规范评估、科学研究和民主监督作为提高评估质量的四大支柱。评估院特别强化了星级评估的规范性、公正性、科学性和过程性。例如，健全评估项目主任 A、B 角制度，互相监督，提高透明性，增强公开性；建立评估专家组与被评学校的“双向反馈”制度，增强评估的民主性和监督性；制定并严格执行评估工作的“五不纪律”（不弄虚作假、不私访专家、不超标接待、不馈赠礼品礼金、不安排与评估无关的活动）；评估院质量委员会对实施项目进行过程性“元评估”；对每个评估项目实施“五个有”的要求，评估前有指导，学校迎评和专家评估有《评估手册》，评估中有纪录全过程的工作资料，评估后有及时寄送给被评学校的《评估报告书》，评估结束后向教育厅报送《教育评估质量报告》，评估周期内每年公开发表有关评估的研究论文。正是采取了以上规范科学、严格严密的评估程序、方法和纪律，江苏省的星级评估不仅保证了评估的高质量，同时也消除了对普

[1] 江苏省教育评估院，1997 年成立，是江苏省教育厅设立的专门从事教育评估工作的机构，其职责基本覆盖了江苏省各个教育阶段的教育评估工作。

通高中星级评估工作的一些担心和质疑[1]。

4. 思考

江苏省普通高中星级评估是适应普通高中教育事业发展的创新之举，旨在建立导向正确、体系科学、程序规范、有效的高中教育评估机制，引导学校把内涵发展的着力点放在教学质量与教师素质的提高上，放在校园精神与文化的塑造上，放在高效管理机制和办学特色上。通过评估，促进每一所学校都能进一步明确办学定位，规划发展目标，落实创建措施，全面贯彻党的教育方针，大力实施素质教育，全面推进课程改革，努力办出学校特色，在改革与发展、传承与创新中不断迈上新的台阶。但是我们也看到，星级评估的指标重在鉴定性，还需发挥诊断与改进作用，引导学校自主发展。同时，在新的时代背景下，星级评估还需要进一步完善指标体系，落实国家关于教育评价改革的精神，在破“五唯”上下功夫，改进结果评价，强化过程评价，探索增值评价，融入新政策、新要求、新规范，引导学校探索新时代面向人人的普通高中教育新形态，形成高水平、有特色的课程体系和办学样态，推动人才培养模式的改革创新。

※ 相关链接

江苏省普通高中星级评估指标体系（一星级）

序号	评估指标	评估标准
1	办学条件	1. 独立设置的高中或完全中学；高中规模不少于 18 个班；每班学生不超过 54 人。 2. 生均校舍建筑面积（不含学生宿舍）不少于 $7m^2$；各类用房修缮完好。 3. 有足够的教室。教室用房标准，有一定数量的电教设备；课桌椅齐全、完好。 4. 有语音、美术、音乐等专用教室，室内有必备的教具与设施。 5. 有网络教室、多媒体教室、微机室，电脑数量不少于 1 台 /15 人。

[1] 张扬生 . 星级评估：普通高中发展的加速器 [J]. 江苏教育，2008（7–8）.

序号	评估指标	评估标准
		6. 有实验室，按照教学大纲开出全部实验，学生分组实验 2 ～ 3 人一组。 7. 有图书馆、阅览室，生均藏书量不低于 30 册，报刊杂志种类不少于 100 种。 8. 有卫生室，配备常用器械和药品；有篮球场和田径场，篮球场不少于 2 片；有基本的体育运动设备和器材。 9. 有安全卫生的开水房和食堂，寄宿制学校有学生宿舍，单间学生宿舍居住人数不超过 8 人。 10. 有独立的校园，校园整洁，有绿化用地。
2	队伍建设	11. 领导班子健全、团结，有开拓进取精神；校长有较强的管理能力，成员均符合规定的任职条件，师生员工反映良好。 12. 中层干部懂业务，胜任本职工作，踏实肯干，师生员工反映良好。 13. 能按编制配备专职教师及教辅人员；教师均具有教师资格证书，学历达标率在 65% 以上，具有中、高级技术职务的教师达 40% 以上。 14. 有充实、提高教师队伍的规划与措施，实施效果较好。
3	管理水平	15. 办学思路清晰，有比较可行的发展规划，近期规划实施较好。 16. 管理机构设置合理，职责比较明确，工作运转正常。 17. 初步建立规章制度，探索适应课程改革要求的管理模式，学校教学、后勤、财务、人事等工作运转有序。 18. 重视运用科学管理的手段、方法，弘扬学校正气，收到较好效果。
4	素质教育	19. 德育工作有机构、有队伍、有制度、有基地；根据德育工作规定，开展各项活动。 20. 认真执行国家及地方课程计划，开齐开足必修课程；努力挖掘课程资源，有满足学生基本选择的选修课程。 21. 教师传授知识正确，并积极探索教学方法的改革；半数以上教师能运用现代教育技术辅助教学；多数教师的教学为学生认可。 22. 围绕课程改革，积极开展研究，近三年有多项校级、县（区、市）级课题；有一定数量的教科研论文发表。
5	办学绩效	23. 学生身心健康，发展全面。有一批文艺骨干、体育骨干和小制作小发明的积极分子；综合考试合格率在 85% 以上；每年有一定数量的学生升入高校学习。 24. 学校发展健康，教师队伍基本稳定。 25. 近三年内学校生源稳定。

江苏省普通高中星级评估指标体系（二星级）

序号	评估指标	评估标准
1	办学条件	1. 独立设置的高中或完全中学；高中规模不少于 24 个班；每班学生不超过 54 人。 2. 生均校园面积不少于 $20m^2$；生均校舍建筑面积（不含学生宿舍）不少于 $10m^2$；各类用房修缮管理好。 3. 教室充足，有“三机一幕”或更先进的设施设备；课桌椅齐全、完好。 4. 有语音、音乐、美术等专用教室，室内有满足教学需要的教具与设施。 5. 有闭路电视广播系统；初步形成校园局域网，达“校校通”工程第一层次要求；供学生使用的电脑数量不少于 1 台 /12 人。 6. 有实验室，能按教学大纲要求开出全部实验，学生分组实验 2 人一组。 7. 有图书馆、阅览室；生均藏书量及期刊种类达三级馆要求，年生均购书不少于 1 册；有较丰富、齐全的音像资料；阅览室座位达学生数的 1/15。 8. 有卫生室，并配备常用医疗器械及药品；有 200 米（农村 300 米）以上的跑道，有 3 ～ 4 片篮球场，体育运动设备设施能满足要求。 9. 食堂整洁、卫生；学生宿舍生均建筑面积不少于 $4m^2$；办公用房比较宽敞、美观。 10. 校园整洁，绿化用地较多，已形成一定的功能区划布局。
2	队伍建设	11. 校长熟悉教育，有较强的管理能力；领导班子及干部队伍有良好的个人素质，团结协作，积极肯干，师生员工反映良好。 12. 能按编制配备专职教师及教辅人员；教师均具有教师资格证书，学历达标率在 75% 以上，具有中、高级技术职务的教师达 40% 以上。 13. 骨干教师队伍正在形成。半数以上教师有高中循环教学的经历，大多数学科有县（市）级的骨干教师和教科研成员。 14. 重视教师的培训、培养工作。根据课程改革的要求，有针对性地开展培训，组织学习观摩，并积极引进骨干教师；近年教师整体素质与水平提升明显。
3	管理水平	15. 在认真总结经验，正确分析内外条件的基础上，经一定程序，初步确定办学目标，并制订较可行的发展规划；近期规划实施较好。 16. 管理机构职责明确，工作协调，效率较高。 17. 有比较明确的校风、教风、学风，并努力贯彻在各项工作中。 18. 管理比较全面，规章制度逐步系统化，执行情况较好；积极探索适应课程改革要求的管理模式，改革有成效；基本形成全员聘任制、岗位责任制和考核奖惩制。

序号	评估指标	评估标准
4	素质教育	19. 德育工作机构、队伍、制度、基地落实，多渠道开展工作；教育活动内容比较丰富。 20. 严格执行国家及地方课程计划，开齐开足必修课程，探索开好综合实践课程；多渠道开发课程资源，开拓校本课程，学生有较大的选择空间；部分科目、模块受学生欢迎。 21. 教师重视并积极探索教学方法的改革，积累较多经验；大部分教师能运用现代教育技术，提高教学效果；学生对多数教师的教学反映良好。 22. 高度重视教科研工作。有教科研的机构、规划；多形式开展研究，探讨教育教学中的实际问题；有一批正式发表的教科研论文；有一定数量的体现教改方向的校、县、市级课题或实验项目，并取得阶段性成果。
5	办学绩效	23. 学生身心健康，全面发展，积极参加各项文体、公益活动，有一批文艺骨干、体育骨干，小制作小发明积极分子等，部分学生在学科竞赛、艺术体育比赛中获奖；综合考试合格率 90% 以上；有一定数量的学生升入本科院校学习。 24. 学校实力逐步增强，教师队伍比较稳定；学生、家长及社会对学校评价逐步提高。 25. 每年能完成招生计划，生源稳定。

江苏省普通高中星级评估指标体系（三星级）

序号	评估指标	评估标准
1	办学条件	1. 独立设置的高中，或高中班级占一半以上的农村完全中学；高中规模不少于 30 个班，每班学生不超过 54 人。 2. 生均校园面积不少于 $23m^2$，生均校舍建筑面积（不含学生宿舍）不少于 $13m^2$。 3. 有闭路电视和广播系统；有覆盖主要教育教学和管理活动场所的校园网，达“校校通”工程第二层次要求；供学生使用的电脑数量不少于 1 台 /10 人。 4. 教室有“三机一幕”或更先进的设备；有足够的理、化、生实验室，能按课程标准开出全部实验，学生分组实验 2 人一组；音乐室、美术室、语音室等各类专用教室的教具设施齐全。 5. 图书馆、阅览室开架借阅；生均藏书量及期刊种类达二级馆要求，年生均购书不少于 1 册；有较丰富齐全的、与现行教材配套的音像资料；阅览室座位不少于学生数的 1/12。

序号	评估指标	评估标准
		6. 生均学生宿舍建筑面积不少于4.5m^2，卫生设施齐全方便；食堂整洁卫生，厨房面积达标，设施良好，饭厅座位一般不少于学生人数的70%。 7. 有300米以上（农村400米）跑道的田径运动场和4片以上篮球场，体育设施齐全，器材充足；有卫生室和齐全的常用医疗器械及药品。 8. 校园布局合理，环境整洁，有足够的绿化用地和景点，建筑美观大方。
2	队伍建设	9. 校长长期从事教育工作，对教育工作和学校管理有研究，能吸收先进的办学思想，运用于学校工作，具有改革创新精神；领导班子及干部队伍结构合理，团结协作，熟悉教育，工作负责，师生员工评议良好。 10. 专任教师学历达标率在85%以上，具有中、高级技术职务的教师占50%以上；图书馆、医务室、实验室均有中级及以上职称的专业人员。 11. 有一批功底扎实的骨干教师。有半数以上的教师兼教一门以上的选修课程；60%以上的教师具有高中循环教学经历；大多数学科有县（市）级学科带头人；有一批县（市）级骨干教师；部分科目的师资较强，在县（市）范围内享有声誉，能对外开设示范课、观摩课，具有开发课程的能力；对大多数教师教学，学生比较满意。 12. 基本建立校本培训制度。有面向全体教师的培训培养规划，有中心突出、形式多样的培训活动，有积极的、符合学校实际的保障措施；每年用于教师学习、培训的经费占学校教师工资总额6%以上；培训效果好，经培训，大多数教师适应课程改革要求。
3	管理水平	13. 办学目标明确，发展规划论证充分，切实可行；近期规划实施较好。 14. 各部门职责明确，工作主动，运转顺畅；各项规章制度、岗位规范健全，校务公开，监督周全，常规管理到位。 15. 积极开展人事、分配、后勤等方面的管理改革，进展情况良好；初步建立适应课程改革要求的管理模式，运行正常。 16. 重视优良校风、教风、学风的建设，宣传发动到位，建设措施得力，积累丰富经验，取得明显效果。 17. 各项教育资源利用率较高，计算机成为管理的重要手段。
4	素质教育	18. 认真贯彻各项德育工作规定，德育工作机构、队伍、制度健全，基地落实，基本形成了学校、家庭、社会三结合教育体系；积极开展教育活动，活动内容丰富，形式多样，有针对性，效果较好。

序号	评估指标	评估标准
		19. 有积极的课程发展规划和基本的课程开发、更新制度；严格执行国家及地方课程方案，开齐开足必修课程；充分利用校内外课程资源，积极开拓校本课程，学生选择比较充分；努力提高课程质量，有一批受学生欢迎的高质量课程。 20. 积极进行教育教学方式的改革。大力倡导先进的教育思想，推行讨论式、启发式等教学方式，充分运用已有的信息技术条件，创设教育环境，提高教学效果；涌现一批先进教师和典型经验。 21. 重视评价制度的改革。围绕教师、学生、课程等评价，开展研究，积极实施，工作有总结。 22. 基本建立以校为本的教学研究制度。工作有机构有规划，有积极的措施激励教师围绕教育教学实践开展研究；研究活动丰富多样，定期举办教学研讨和经验交流活动，应用和推广教学研究成果；教师参与面广，每年半数以上教师有研究成果，30% 以上教师的论文在市级以上刊物上发表；有体现教改方向的市级及以上课题或实验项目。
5	办学绩效	23. 学生身心健康，全面发展。综合考试和高考成绩高于一般；文体、公益活动参与面广，出现一批学有专长的骨干，部分学生在各级各类学科竞赛、艺术体育比赛等活动中成绩良好。 24. 重视特色建设，初步形成了某一方面的优势。 25. 学生、家长、往届毕业生、教育同行及社会各界对学校反映较好；学校生源稳定，每年能完成招生计划。

江苏省普通高中星级评估指标体系（四星级）

序号	评估指标	评估标准
1	办学条件	1. 独立设置的高中；规模一般在 36 个班以上，每班学生不超过 50 人。 2. 校园校舍充分满足当前师生学习、生活的需要，并有一定的发展余地；新建学校一般不少于 100 亩。 3. 各类设备设施齐全，配置先进，对学校个性发展形成支撑；达“校校通”工程第三层次要求；生均教学、办公设备固定资产不低于 3000 元。 4. 校园布局合理，环境优美；有独特的设计，有和谐、健康、积极向上的氛围，有很高的文化品位。
2	队伍建设	5. 校长具有先进的办学理念，主持过省及以上重大课题的研究或改革项目的实施，在省辖市范围内有较大影响。 6. 领导班子及干部队伍整体素质好，团结协作，有前瞻的观念、服务的意识、实干的精神，在师生员工中有较高威信。

序号	评估指标	评估标准
		7. 专任教师学历达标率 100%；有一定数量的教师具有硕士学位或研究生学历；具有中、高级技术职务的教师占 60% 以上；图书馆、校医室、实验室工作人员多数具有中级以上职称。 8. 优秀教师群体已基本形成。大多数教师兼教一门及以上的选修课程；70% 以上的教师具有高中循环教学的经历；有一定比例的教师能熟练掌握一门外语，胜任双语教学；有一定数量的教师在省教育教学比赛中获奖；各主要学科有特级教师、省级有突出贡献的中青年专家；大部分科目的师资在县市范围内享有声誉，能对外开设示范课、观摩课，具有开发课程的能力；对绝大多数教师的教学，学生比较满意。 9. 教师培训、培养力度大，形式多样。优秀教师传、帮、带形成制度；赴外校挂职锻炼、出国进修渠道畅通；“派出去”“请进来”活动丰富；个人提高与组织培训结合较好；每年都有专题培训；每年用于教师学习、培训的经费占学校教师工资总额的 8% 以上；培训效益显著。
3	管理水平	10. 根据学校实际和社会发展的需要，经充分论证，形成了明确的办学目标和发展规划；发展规划涵盖全面，重点突出，措施扎实，具有先进性，示范性；近期规划实施情况好。 11. 各项规章制度、岗位职责健全，并在实践中不断完善；制度规范符合改革的要求，有学校特色，为师生员工普遍认可，执行情况较好；基本实现管理手段现代化。 12. 大力推进体制改革和制度创新，探索网络环境下的管理改革，基本建立适应课程改革要求的管理模式，在省辖市范围发挥了示范作用。 13. 经过多年的创建，已形成为广大师生和社会广泛认同的优良校风、教风、学风；“三风”建设促进了工作，提高了管理水平，收到了良好效果。
		14. 学校校务公开，管理民主。各部门职能作用充分发挥，师生参与性强，教职工权益、利益得到尊重与保障，形成了团结奋进的良好局面；建立与社会沟通合作的机制，主动听取学生、家长的意见，接受社会各方面的监督，规范办学行为。 15. 校内校外教育资源得到有效利用；图书馆、实验室、信息中心等各类设施充分开放，为师生研究、学习提供指导与服务。
4	素质教育	16. 德育工作制度化、系列化，针对性强，有特色；重视德育工作在各项工作中的渗透和学生主体作用的发挥，效果明显。 17. 有符合课程改革要求，切合学校实际的课程发展规划；有比较完善的课程开发、更新的制度与机制；有丰富的课程资源和校本课程，学生选择空间大；全面执行国家及地方课程，高质量实施各类课程，有一批深受学生欢迎、能为兄弟学校提供示范的优质课程。

序号	评估指标	评估标准
		18. 大力推进教与学方式的改革。努力创设民主、平等、和谐、互动的教学环境，全面关注学生的发展，引导学生质疑、调查、探究，在实践中学习，形成高效、富有个性的学习策略。各类探索蔚为风气，绝大多数教师有心得，能示范；积极推进信息技术与学科课程的整合，探索网络环境下教学改革，有丰富的成果与经验。 19. 根据素质教育的要求，积极探索评价制度的改革，初步形成了较为可行的课程评价、学生评价、教师评价等体系，推进教育教学改革。 20. 教科研工作扎实，发动面广。教研组、年级组有自己的规划，各教师有自己的目标；学校每年组织骨干力量，围绕实践中的重大问题开展研究，并有所突破；大多数教师每年有研究成果；有多项由本校教师主持或参与的省级以上课题；有一批高水平的论文在省级以上刊物上公开发表；积极进行教改实验，多项实验项目取得阶段性成果，并在省辖市以上范围推广。 21. 积极主办或参与国内外教育交流；通过互派教师、学生等多种方式，加强与国外学校的联系，扩大学校开放度。
5	办学绩效	22. 学生全面发展，各方面素质较好。综合考试优秀率、合格率高，近三年每年有 80% 左右的毕业生能够升入本科院校，一批毕业生为全国一流高校录取；有一定的创新精神和实践能力，各类小发明小创造成果丰硕，较多学生在市及以上各类竞赛中获奖。 23. 在先进办学理念指导下，经多年追求、积淀，形成学校特有的传统优势和办学特色，并成为学校声誉的重要标志。 24. 学校是所在区域实施素质教育的典范、教科研的基地、教育教学改革的先行者，其经验在省辖市区域范围内推广。 25. 充分发挥学校优势，服务社区，多渠道为兄弟学校提供支持；学生、家长、往届毕业生、同行及高等学校对学校评价好。

江苏省普通高中星级评估指标体系（五星级）

序号	评估指标	评估标准
1	办学条件	1. 独立设置的高中，规模适度，每班学生不超过 46 人。 2. 校园宽敞，校舍充足。 3. 设备设施一流，拥有数字化校园的应用系统，生均教学、办公设备固定资产不低于 4000 元。 4. 校园布局合理，环境优美别致，体现了学校办学理念和特色；有标志性建筑物和精心设计的景点，形成了特有的校园文化。

序号	评估指标	评估标准
2	队伍建设	5. 校长办学理念先进，有硕士或博士学位，或具有特级教师称号；教科研成绩显著，出版过专著。 6. 学校领导班子和干部队伍结构合理，团结合作，有较高的道德修养和理论修养，有改革创新的意识和能力，精通业务，踏实肯干，师生员工评价好。 7. 具有硕士学位或研究生学历的教师占该校教师总数的 20% 以上；其他专任教师均达到本科学历；具有高、中级技术职务的教师占 70% 以上：有一定数量的博士和外籍教师。 8. 名师荟萃，整体水平高。绝大多数教师能开设一门以上的选修课；有半数以上的教师在市级及以上范围开设学术讲座；有部分的教师在省教育教学比赛中获奖；有相当比例的教师能够熟练掌握一门外语，胜任双语教学；有 10 名左右的特级教师、省级有突出贡献的中青年专家；各学科的师资力量均较强，具有很强的课程开发能力。 9. 教师培训、培养思路开阔，有特色。教师自我提高的意识强，学校有若干行之有效的措施保障教师提高；学习型的学校基本建立，并积累丰富的经验；每年用于教师学习、培训的经费占学校教师工资总额的 10% 以上。
3	管理水平	10. 在充分把握教育规律和国内外教育发展趋势的基础上，确定学校办学目标，制订发展规划。发展规划观念新、思路新，有创新精神，符合学校实际，体现学校特色；有若干突破性、首创性措施，体现教育未来发展方向；规划实施好。 11. 管理规范，有完善的规章制度和岗位职责，制度规范体现了先进的管理思想，融合了学校特色，为教职工普遍认可并自觉遵守。 12. 大力推进管理机制和制度的创新，在探索建立适应信息化、课程改革要求的管理模式方面，取得了很好成效。 13. 经多年创建，形成了有深刻内涵与鲜明特色的校风、教风、学风。“三风”体现了学校精神，贯穿于各项工作，使学校管理与师生员工的自觉行为有机融合，效果显著。 14. 学校管理民主，工作透明度高，师生参与性强，形成了教职工自我教育、自我提高的机制；学校办学民主，自觉接受社会监督，建立了家长参与学校重大决策和监督学校工作的制度。
		15. 教职工的工作条件、生活待遇不断提高，极大地调动教职工积极性，学校朝气蓬勃，融洽奋进；各项工作有声有色，不断涌现新的经验：办学效益高，社区各种教育资源为学校充分利用，学校自身各类教育资源得到了有效利用。

序号	评估指标	评估标准
4	素质教育	16. 创造性地贯彻党和国家有关德育工作规定，工作有特色：德育与各项工作有机融合，做到教书育人、管理育人和服务育人；以学生为主体开展活动，效果好。 17. 有符合课程改革要求、体现学校办学理念的课程发展规划，有保障课程开发与不断更新的制度与机制；形成了符合素质教育要求、有学校特色的课程体系，学生有充分的选择自由；创造性地执行国家及地方课程方案，高质量地实施各类课程，有一大批深受学生欢迎、能为兄弟学校示范的精品课程；学校开发的校本课程受省内外学校欢迎。 18. 大力优化教与学过程。积极构建旨在培养创新精神和实践能力的教学方式和学习方式，有较成熟的经验和理论总结，在省内外有较大影响；学生每天自学时间达 3 小时以上，每学期能参加 4 次以上课外学术讲座，部分科学类课程实行双语教学；现代信息技术在教学过程中应用普遍，基本实现教学内容的呈现方式、学生学习方式、教师教学方式、师生互动方式的变革。 19. 根据素质教育要求，积极改革评价制度。立足学生、教师及教育的发展，形成了科学的课程评价、学生评价、教师评价和教育教学质量监控等体系；重视社会、家长的评价，建立定期邀请家长随堂听课的制度；有效地促进了教育教学的改革。 20. 教科研参与面广，全体教师及管理人员都自觉参与教科研，学术气氛浓厚；教科研水平高，能抓住实践中的重大问题组织攻关，成果具有较高的理论价值和实践意义；学校平均每年承担有省部级重点课题 1 项以上，一般课题 3 项以上，大多数教师和学校管理人员每年每人平均公开发表论文不少于 1 篇，相当多的成果已成为学校改革与实践的具体行为。 21. 积极举办或参加各类学术交流活动，大力开展国际合作与交流，在与国外学校互派师生、联合办学、合作科研等方面有突破。
5	办学绩效	22. 学生全面发展，素质优秀。有强烈的学习愿望与兴趣，有较强的创新精神、实践能力、终身学习和适应社会生活的能力；学校综合考试优秀率、合格率高；每年绝大多数毕业生为全国一流高校录取；每年都有成批学生在国内外的重大比赛中获奖，或有令人瞩目的发明创造，或有重大影响的先进事迹。 23. 学校有鲜明特色，在国内外有较大影响和较高知名度；毕业生声誉好，为社会所公认，有一批业绩突出的杰出人物。
		24. 不断创新，有独特的办学思想、办学理念，为教育理论界关注；在长期办学实践中探索形成的办学模式、管理模式、培养模式等成为典范，被广泛学习运用。 25. 积极支持兄弟学校建设与发展，参与社区建设，在促进教育均衡发展和区域教育现代化建设中作出了突出贡献。

（资料来源：百度百科）

（三）第三方教育评估的兴起

第三方教育评估是指由教育主管部门组织策划指导，并以独立于政府和学校之外的社会中介组织为操作主体，对学校的办学资格和教育教学水平等进行评估的活动。它能够有效协调政府、学校和社会的关系，弥补当前教育行政部门开展的教育评估和学校内部评估的不足[1]。从第三方教育评估理念提出到第三方教育机构的出现并开展各级各类评估，大体经历了三个阶段。（唐兴、余小波，2020）

1. 第三方教育评估政策演变

（1）政策探索阶段（1985—1992年）

1985年，原国家教育委员会发布《中共中央关于教育体制改革的决定》，提出“教育评价工作要积极吸纳教育界、学界和用人单位等社会力量的参与”。这被视为第三方教育评估理念在我国政策领域的首次提出。1990年10月，国家教委在《普通高等学校教育评估暂行规定》中强调“要在学校评估的基础上，重视社会评估的作用，鼓励学术机构、社会团体加入”，第三方机构或团体参与教育评价工作受到关注。这一时期的第三方评估在教育评价领域得到关注，但处于政策探索阶段，教育评估工作由政府全权负责。

（2）初步建立阶段（1993—2009年）

1993年2月，国务院发布的《中国教育改革和发展纲要》指出“要建立有教育和社会各界专家参加的咨询、审议、评价等机构”，这是我国在教育领域首次明确提出建立“第三方教育评估机构”的要求。同年，我国首家第三方教育评估机构，北京高等学校教育质量评议中心成立，代表着我国第三方教育评估机构建设正式拉开序幕。这一时期的第

[1] 余凯，杨烁，第三方教育评估权威性和专业性的来源及其形成[J]. 中国教育学刊，2017（04）.

三方教育评估机构以独立半官方评估机构为主，在各级教育行政部门的主导下各省市相继成立专门性教育评估机构，如江苏、上海、北京、重庆、广东、辽宁等省市相继建立了教育评估院或教育评估专门机构。江苏不但在全国较早成立了省级教育评估机构，同时专门发文，对教育评估工作进行了准确定位，加强对教育评估工作的统一领导，规定教育厅下属行政处室不可擅自新设评估项目，明确省级教育评估项目确立要由厅长会议决定。上海于 2000 年在原上海市高等教育评估所的基础上建立了上海市教育评估院，建院之初就成立了包括基础教育评估事务所在内的六个所室，配备了相应的人员编制，保障了学校评估工作顺利开展。北京市在市教育委员会的支持下，探索在民办机制下举办教育评估机构的尝试，成立了民办非企业性质的北京教育评估院。2009 年重庆市教育委员会发文，正式成立了重庆市教育评估院。其职责为负责基础教育评估的理论与政策研究和技术研究；负责开发并建设基础教育评估的指标体系和信息资源；接受各级教育行政部门、各类教育机构和其他单位的委托，开展相应的基础教育评估及服务工作[1]。在独立半官方教育评估机构的带动下，专业公司评估机构开始出现，但整体数量较少，发展规模小，主要以大学排行机构为主。同时，社会组织第三方评估公司在 2000 年开始出现并形成初步规模，遍布全国众多省市。

（3）持续完善阶段（2010 年至今）

2010 年 7 月，国务院发布的《国家中长期教育改革和发展规划纲要（2010—2020 年）》强调："推进管办评分离，鼓励专门机构和社会中介机构参与教育评价，建立现代评价制度"。2013 年，十八届三中全会进一步明确了管办评分离的教育改革发展战略。自此，"第三方"评估机构作为"社会参与"的中坚力量，开始正式走上教育评估主战场并发

[1] 陈效民等 . 基础教育学校评估新视界 [M]. 北京：高等教育出版社，2012.4.

挥自己的独特作用[1]。

2. 第三方教育评估机构的类型

2019年10月通过“天眼查”软件查询到1613家事业单位法人登记的教育评估机构。全国以“教育评估”命名的在民政部门注册登记的教育评估机构共有68家。[2]总的来看，目前国内承担第三方教育评估主体角色的组织和机构主要有三种类型：第一种是政府主导型教育评估机构，是省教委下面的直属事业单位，以上海市教育评估院为代表。上海市教育评估院是在政府职能转变中进行探索性创建发展而来的，其前身是上海市高等教育评估事务所（简称高教评估事务所），成立于1996年4月22日，是全国首家具有高等教育评估资格、专职从事高等教育评估、具有社会咨询服务功能的中介机构。2000年底，在进行机构改革时，上海市政府不断思考建立公共管理新体系以及未来教育评估的发展战略等问题。经过不断研究探索，上海市教委按照构建支撑上海教育的三大服务型专业机构，即教育科学研究院、教育考试院和教育评估院的整体思路，在高教评估事务所的基础上，决定组建上海市教育评估院。这也是目前我国成立最早、规模最大、业务范围最广的专业性教育评估机构，其业务涵盖基础教育、高等教育、职业教育、成人教育、民办教育、中外合作办学等领域的教育评估工作。第二种是设置在事业单位内部，如广东省教育研究院的教育评估室。2000年，广东在全国率先成立了教育发展研究与评估中心，统筹全省的教育评估工作。2011年，该中心并入广东省教育研究院，更名为教育评估室。10多年来，广东教育评估在发展中积累了丰富的实践经验，建立了约2000人组成的专业素质高、业务能力强、思想作风过硬的教育评估专家队伍，组织实施包括幼儿园等级评估、普通高中等级评估、普通高中教学水平

[1] 曹一红．基于责任观的第三方教育评估机构专业化建设[J]. 上海教育评估研究，2021（2）.

[2] 闫艳．基础教育学校评估：教育生态学的视野[M]. 杭州：浙江大学出版社，2020.6.

评估、国家示范性高中评估、省级和国家级重点中等职业学校评估、省示范性中等职业学校评估等在内的各级各类学校的教育教学质量、科研工作、办学水平、办学效益、选优定级等评估（评审）工作。评估业务工作、评估组织、评估人员以及评估指标迈入了系列化、制度化、程序化和专业化的进程[1]。第三种是部分社会行业组织和企业，如广东省教育评估协会。它是经广东省民政厅批准成立、广东省教育厅指导的具有独立法人资格的专业性非营利教育评估组织，成立于2013年10月，主要开展各级各类教育评估、监测、认证标准的制定，开展教育评估、监测、认证、鉴定、咨询、规划、督导及其相关的业务，开展教育评估及相关方面的科学研究和智库建设，开展教育评估监测及相关方面的专业培训，开展教育评估及相关领域的知识普及和宣传推介，加强与境内外有关机构的交流与合作。成立以来承接了广东省教育厅委托的示范性幼儿园、普通高中、中等职业学校的评估以及省内外100多项评审项目和规划的编制，是国内重要的第三方省级教育评估机构[2]。

3. 第三方评估机制探索

近年来，全国各地教育部门高度重视并积极推进第三方教育评估工作，委托第三方机构开展了一系列重要的教育评估项目，在构建第三方教育评估体制机制方面进行了一些实践探索，取得积极进展。

全国各省、地、市教育行政部门积极探索设立教育评估院和评估监测中心等机构。根据《中国教育督导报告》（2021年）统计，“已建立事业单位性质、辅助教育督导工作的教育质量监测评价或教育督导评估专业机构有524个，在调查样本（1961个）中占比26.72%”。[3]第三方评估机构接受教育行政部门委托开展教育评估监测项目，如上海教育评

[1] 莫玉音 . 广东省教育评估机构现状及第三方教育评估机构发展的研究 [J]. 上海教育评估研究，2016（12）.

[2] 摘自广东教育研究院官网。

[3] 樊平军主编 . 中国教育督导报告（2021）[M] . 北京：社会科学文献出版社，2021.12.

估院和江苏省教育评估院的评估项目主要来源于市教委和省教育厅的委托，具体包括：承担教育厅（教委）研究确定的教育评估项目的组织实施工作；承担各级各类教育质量状况调查与评价工作；组织开展教育评估理论研究，参与教育评估政策制定；组织开展教育评估专业培训和咨询服务，指导基层教育评估业务工作等。两院的评估项目相对固定，评估工作内容清晰明确。以江苏省教育评估院为例，其主要致力于"江苏省教育现代化建设监测与评估""江苏省县（市）区义务教育优质均衡发展督导评估""江苏省优质幼儿园评估""江苏省普通高中星级学校评估"等多项拳头评估项目[1]。

有些省市加大培育第三方机构的工作力度，直接委托有资质的第三方机构开展评估监测，取得良好效果。2016年，北京市制定实施了《委托第三方机构开展教育评估监测工作暂行办法》（京教督〔2016〕10号），从基本原则、评估资质认定、委托管理、工作程序、监管和评鉴5个方面，对委托开展教育评估监测的主要事项、工作程序、各方权利与义务等相关内容进行明确界定。2017年，北京市制定了《教育评估监测项目委托实施管理办法》《教育评估监测第三方机构库管理办法》《教育督导评估与质量监测专家委员会管理办法》《教育评估监测委托实施项目成果验收办法》等文件，为规范引入和运用第三方力量参与教育评估监测提供了制度保障。北京市通过筛选，将37家第三方机构纳入市政府教育督导室教育评估监测第三方机构库，为各级各类学校在选择第三方机构提供了很好的参考。浙江省政府采购第三方专业评估监测机构参与教育督导评估监测工作正在推开，如全省对县域教育现代化发展水平的监测就是委托浙江省教育现代化研究与评价中心实施。自《浙江省教育督导条例》颁布后，有4个设区市安排经费约340万元、34个县安排经费约1660万元，共计花费2000余万元用于采购第三方专业监

[1] 闫艳．基础教育学校评估：教育生态学的视野[M]．杭州：浙江大学出版社，2020.6.

测与评估服务，管、办、评分离的现代学校制度已显端倪[1]。

4. 思考

（1）第三方教育评估具有独立性和专业性的特点

第三方教育评估有两个特点。一是独立性，即与第一方“政府”和第二方“学校”既无行政隶属关系，亦无经济利益和其他利害关系。这是评估的逻辑起点，也是保证客观、公正、科学的前提。二是专业性，这是第三方评估的基础。因为它必须在评价理论指导下，针对具体评估项目编制相对科学的评估工具，以保证评估在客观、公正、科学的“标准”下，依据标准评估。

（2）第三方教育评估具有重要的现实意义

首先，第三方教育评估弱化了行政色彩，保障教育评估各参与方的充分协商，化解各方矛盾；其次，第三方教育评估能够规范评估行为，使评估业务更加有章可循；最后，第三方教育评估可以增强评估透明度，遏制灰色交易，保护当事方利益。第三方评估主体最大的价值在于，通过独立性尽可能地减少与各方的利害关联，从而保证取得客观公正的评估结果。

（3）完善第三方教育评估机制的现实路径

一是加大力度培育专业化的第三方教育评估机构，特别是积极培育第一种类型的机构，即政府主导型教育评估机构。因为从现状来看，这一类机构做得最好。二是要切实转变政府管理职能，合理划分教育行政职责和教育督导职责，健全有效实施第三方教育评估的政策标准。研制覆盖各级各类教育的评估标准、工具、规程，形成系列教育评估工作实施方案，为有效实施第三方教育评估提供基本遵循。三是强化教育评估结果的使用效能。其中的关键是结果公开、评用结合、奖惩挂钩和社会监督，基础是高质量的评估结果。要健全完善教育评估结果发布的相关

[1] 胡加良 . 浙江省教育督导条例实施效果评估研究 [J]. 教学月刊 · 中学版，2021（1 · 2）.

制度，坚持“谁组织、谁发布、谁负责”原则，实现教育评估结果分级发布，接受社会公众监督；还要建立健全教育评估结果的问责机制。四是加大对第三方教育评估实施的监督监管力度。只有做到管和评的主体合作前有资质审核、合作中有跟踪监管、合作后有绩效评估，才能有序推进第三方提供良好的教育评估服务。

第十一章　学校督导评估发展的未来走向

一、我国学校督导评估面临的新形势与新任务

（一）学校督导评估面临的新形势

1. 学校督导评估面临着我国由教育大国向教育强国转变的新形势，到 2035 年，我国将建成教育强国、实现教育现代化，把新时代中国特色社会主义教育体系建设推进到新阶段。当前，我国的义务教育进入巩固提高阶段，高中阶段教育也进入普及阶段，大学教育也开始由大众化阶段进入普及阶段，各级教育普及程度都达到或超过中高收入国家平均水平，新增劳动力接受过高等教育的比例超过一半，平均受教育年限达到 13.8 年，相当于大学一年级水平，全民终身学习的现代教育体系初步建成。我国教育正处于“由大到强”的历史发展进程中，由教育大国向教育强国转变。教育强国包括三个方面，即思想政治教育强国、文化科学教育强国、技术教育强国。建设思想政治教育强国，就要坚持社会主义办学方向，坚持党对教育事业的全面领导，坚持马克思主义、毛泽东思想和习近平新时代中国特色社会主义思想的主导地位，全面贯彻党的教育方针、促进学生全面发展，为党育人、为国育才。各级各类教育都要坚持育人为本，以立德树人为根本任务，各级各类教育都要肩负起培养德智体美劳全面发展的社会主义事业建设者和接班人的重大任务，必须坚持正确的政治方向。建设文化科学教育强国，就要把世界先进科学文化与中华优秀传统文化有机结合起来，增强文化自信，推动中华优

秀传统文化的传承与创新，建设高质量的基础教育，全面推进素质教育和创新教育，提高国民的创新素质，建设世界一流大学、一流学科和世界一流的本科教育体系，培养世界一流的创新人才。建设技术教育强国，即要构建适应技能中国建设需要的职业技术教育体系，增强职业教育适应性，大力培养技术技能人才，建设技能中国；建设技能人才培养的职业继续教育体系，推进职业技术教育的终身化。

2. 学校督导评估面临着持续提高教育公益性、普惠性、公平性的新形势。党中央根据我国社会主要矛盾的新变化，针对人民对美好生活的向往，提出促进全体人民共同富裕的目标要求和战略部署："十四五"时期，全体人民共同富裕迈出坚实步伐；到 2035 年，全体人民共同富裕取得更为明显的实质性进展；到 21 世纪中叶，全体人民共同富裕基本实现。共同富裕是社会主义本质的必然要求。共同富裕是全体人民通过辛勤劳动和相互帮助最终达到丰衣足食的生活水平，也就是消除两极分化和贫穷基础上的普遍富裕。党和国家提出的共同富裕目标，要求教育服从并服务于这个目标。教育是实现经济社会共同富裕的基础，也是实现共同富裕的重要内容。教育公平是教育政策的基本价值导向，是社会公平的基础。我国教育是社会主义教育，是为人民大众服务的教育，要坚持以人民为中心，需要不断提升人民群众对教育的获得感、幸福感和安全感，教育公平需要迈出重大步伐。但由于各方面原因，城乡之间、区域之间的教育差距在不断扩大，经济上的差距进一步拉大一些社会群体的教育差距。因此，要推进整个社会的共同富裕，必须从教育公平抓起，坚持并强化各级各类教育的公益性、普惠性，缩小城乡之间、区域之间的教育差距，使我国各级各类教育的公益性、普惠性、公平性达到世界一流水平。

3. 学校督导评估面临着进一步提高教育普及程度和教育质量的新形势。教育普及程度和教育质量评价是学校督导评估的核心和根本任务。我国的义务教育已经进入全面提高教育质量的新阶段，学前教育和高中段教育已经进入普及阶段，高等教育也正在由大众化阶段向普及阶段过渡，各级各类教育正在由数量扩张向全面提高教育质量转变，人民群众“有学上”的问题基本解决，“上好学”的需求日益强烈。从学前教育、义务教育，到高中阶段教育以及高等教育的普及程度和教育质量需要持续提升，现代教育体系需要日趋完善。这都要求进一步拓宽人民群众受教育的渠道，教育普及程度和终身教育体系达到更高水平。这就需要我们建立科学、有效的教育评价机制，引导确立科学的育人目标，确保教育正确的发展方向，改变单一化、工具化、功利化的教育评价方式，改变传统教育评价过分注重选拔与甄别的倾向，使教育评价回归教育本真，更多地体现人的全面发展，从注重“知识评价”向“能力素养评价”拓展，从注重“分数结果评价”向“全过程评价”转变，从注重“单向度评价”向“多向度多元综合评价”提升，推动多维度、全过程、立体式、综合性评价。

（二）学校督导评估面临的新任务

我国学校督导评估面临建立并完善以立德树人为核心、以提高教育质量为目标的学校督导评估体系的新任务。教育评价事关教育发展方向，有什么样的评价指挥棒，就有什么样的办学导向。习近平总书记高度重视，就深化教育评价改革作出一系列重要指示批示，特别是在2018年9月10日全国教育大会上进行了集中论述，明确提出健全立德树人落实机制，扭转不科学的教育评价导向，强调有什么样的评价指挥棒，就有什么样的办学导向；要坚决克服唯分数、唯升学、唯文凭、唯论文、唯帽子的顽瘴痼疾，从根本上解决教育评价指挥棒问题，扭转教育功利化倾向；对学校、教师、学生、教育工作的评价体系要改，坚决改变简单以考分排名评老师、以考试成绩评学生、以升学率评价学校的导向和做法；国家机关、事业单位、国有企业要率先破除唯名校、唯学历是举的导向，建立以品德和能力为导向的人才使用机制，给全社会带个好头，担负起育人的社会责任。

学校督导评估体系建设，要坚持以立德树人为主线，以破“五唯”为导向。以立德树人为主线，就要着眼于全面贯彻党的教育方针，牢记为党育人、为国育才使命，把落实立德树人根本任务，培养德智体美劳全面发展的社会主义建设者和接班人作为主线，贯穿于教育评价改革各项任务始终，引导确立科学的育人目标，确保教育的正确的发展方向，坚定不移走中国特色社会主义教育发展道路。以破“五唯”为导向，就是从党中央关心、群众关切、社会关注的问题入手，紧扣破除“唯分数、唯升学、唯文凭、唯论文、唯帽子”的顽瘴痼疾，立足基本国情，坚持积极、稳慎、务实，改进结果评价，强化过程评价，探索增值评价，健全综合评价，既大力破除不科学、不合理的教育评价做法和导向，又着力构建科学的、符合时代要求的教育评价制度、机制。

二、我国学校督导评估存在的问题及原因分析

（一）我国学校督导评估存在的问题

经过几十年的发展，我国的学校督导评估体系已经建立并走上制度化、规范化发展轨道，取得了一定成效。但还大致存在以下问题：

1. 学校督导评估未能发挥应有的价值导向作用

学校督导评估的实践以及理念、内容和方法长期严重滞后，尚未把立德树人和实施素质教育作为学校督导评估的根本任务。学校督导评估实践中对育人为本、立德树人、实施素质教育等基本问题关注不够、重视不够、缺乏有力措施，“五唯”成为我国教育久治不愈的痼疾。“唯分数”评价学生，将分数作为评价学生的唯一标准，分数第一，忽视了学生思想品德、身心健康、能力素质等发展成长的重要因素，不利于学生德智体美劳全面发展，损害了学生的身心健康，脱离了教育的育人本

质。“唯升学”评价学校，片面追求升学率，把升学率作为评价学校的唯一标准、教育政绩的具体体现，违背了教育规律，不利于营造健康的教育生态。“唯文凭”评价人才，忽视了人的品性、能力和素质，不利于鼓励学生多样化成长、成才。“唯论文”评价教师，把论文作为教师职称评定、发展晋升的核心指标，忽视了教师教书育人的本质。“唯帽子”评价学科，把“帽子”作为评价人才和学科的重要指标，忽视了学科建设的本质、职责、使命和作用，不利于推进学科建设回归学术性的本质。这些问题的存在，距离全面贯彻党的教育方针，落实教育立德树人根本任务，培养德智体美劳全面发展的社会主义建设者和接班人，还有较大差距。

总体来看，学校督导评估在端正教育发展方向，推进育人为本、立德树人根本任务，实施素质教育，纠正片面升学率等基本问题方面未能发挥应有的正确评价导向作用和制度保障作用。

2. 对学校督导评估功能的认识不够全面

教育评估具有多种功能，如鉴定、检查、选拔、激励、导向、诊断、改进等。教育评估功能的多重性是由教育评估目的的多样性决定的，也就是说，当评估目的不同，其评估功能也就有所不同。为此，要发挥教育评估的应有功能，必须对教育评估的目的有正确的认识。而目前学校督导评估实践中存在两种现象：

一是重鉴定轻发展。现行学校接受的评估往往是外部控制下的鉴定性标准化督导评估方式。这种督导评估方式以鉴定、选拔和奖惩为目的，以量化打分为主要方法，用统一的标准去评价所有学校并做出谁优谁劣的横向比较结论，忽视了评价对象的现实背景、特点和进步程度。这种督导评估方式强调督导评估主体的监督作用，轻视乃至忽视学校发展性、个性化的自我评估和主观能动作用的发挥；重视绩效与办学条件改善，轻视乃至忽视教育质量的督导评估，很难为学校提供专业的、能够解决实际问题的、富有前瞻性指导意义的服务和帮助。在行政化的“以评促建”的情况下，学校总是处于疲于应付甚至消极应对的过程之中，难以形成学校教育质量自我改进和自我提升的质量保障机制。

二是忽视问责与改进。在学校督导实践中，有些地区的督导机构为了减缓被督导学校的压力，与学校建立平等、轻松的伙伴关系，激发学校自我评估和主动发展的内驱力，提议实施发展性学校督导，这与我国建立新型政校关系、扩大学校办学自主权、建立现代学校制度的方向基本一致，是值得倡导的。但需要注意的是，少数地区为了“体现”发展性学校评估理念，从一个极端走向另外一个极端，放弃了问责、督促与管理职能的行使，只提供一些定性评估意见与建议。这种对发展性督导的理解是失之偏颇的，在实践上也是有害的。

3. 独立的学校督导评估体系尚未建立起来

我国长期以督政为主，督学为辅，督学为督政服务，缺少独立的大规模学校督导评估实践。由于我国教育督导评估制度的建立和发展是伴随义务教育的实施、普及和提高而逐步发展起来的。因此，全国的教育督导评估工作在很长时期主要围绕“两基”，特别是围绕九年义务教育的普及和义务教育均衡发展而展开，以落实政府责任为重点。在落实政府责任、促进教育发展、改善办学条件和提高普及率等方面开展工作，而对于全面提高各级各类学校教育质量，大规模开展独立的学校督导评估尚未提上工作日程。因此，独立的学校督导评估体系、制度、机制尚未建立起来。

这种以监督为主的教育督导在一定历史时期符合我国的教育实际，但随着教育公共服务职能的转变，以及学校对提升教育质量要求的不断增强，社会的新形势、教育的新情况也对督导职能提出了新的要求。我们需要建立独立的学校督导评估体系，引导学校办出特色、办出水平，促进学生德智体美劳全面发展。

4. 学校督导评估体系的科学性、专业性不够

第一，缺乏科学的评估方案。一是评估指标设计不够科学，操作性不强。各地的学校评估指标基本采用国家评估指标体系，各地在遵循这些一级和二级指标的前提下，根据当地的实际情况，制定出三级指标，甚至四级指标。但总体来看，各地的学校督导评估指标体系设计有比较明显的经验性和主观判断性，并且存在基础性指标权重过大，发展性指标设计的权重较小；管理性指标权重过大，教学性指标权重过小以及没有根据国家推进基础教育改革与发展的新思路、新举措和新要求及时进行动态更新等问题。在教育督导过程中存在不分层次、不分类别、不按性质，用“一把尺”去衡量所有学校的现象，针对不同发展阶段、不同地区、不同学校的适应性评估不够。二是评估方法比较传统，缺乏实效性。督导评估主要采取查阅书面资料、听取汇报等形式，偏重主观评判、缺少数据支撑，在一定程度上制约了督导的有效性和结果的权威度。三是督导评估的指导与建议实用度不高，对学校、教师和学生的发展帮助不大。四是评估结果运用不够。督导评估工作存在“一次性”的现象，督导结束后并未做到持续跟踪指导与工作落实，督学职能履行不到位、对学校教育教学的促进作用不显著。

第二，评估主体单一。目前从事学校督导评估的大多数主体仍然是单一的、自上而下的政府部门。各级教育督导机构一般在教育部门内部办公，行使职责时往往把政府的派出机构角色变成了教育部门的派出机构，相当于教育部门自我督导，第三方的“味道”不够。很难保证学校评估的规范性、中立性、客观性、准确性和延续性。

第三，评估者专业程度不够。我国的学校评估专家以兼职为主，没有经过严格的资格审查和认定。另外，对于入选专家库的专家，也没有进行专门的职业技能系统培训，很多专家在评估过程中往往凭经验做事，导致对数据采集、指标体系的分析结论缺乏科学性和说服力，也使

得教育评估更像是一种事务性工作，而非研究性工作，降低了教育评估的专业性。

（二）我国学校督导评估问题原因分析

通过研究发现，导致产生上述问题的原因主要有以下几个方面。

1. 育人为本的教育理念长期得不到确立和实施。教育的工具性、功利性不断得到强化。改革开放以后，我国确立了以经济建设为中心，实行改革开放政策，这无疑是十分正确的。在教育发展上，从西方引进的人力资本理论认为教育是人力资本的核心，人力资源管理理论是人力资本理论的基础。人力资本理论教育学便成为我国教育决策、教育政策的理论基础之一，在理论、政策和实践上片面突出了教育为经济社会发展服务的功能和作用，教育的工具性、功利性得到强化，教育的育人功能受到忽视。

2. 学校督导评估制度的建立是一个渐进过程。我国中小学督导评估之所以形成片面强调督导评估鉴定功能，片面强调标准化评估，忽视学校发展性、主动性、个性化，其原因在于我国教育督导评估制度的形成和发展尚处于义务教育普及阶段。学校办学条件尚有欠缺，学校之间发展不均衡的现象依然十分突出。标准化或统一性的指标适用于教育基础设施建设、基本条件等方面的评估，如经费投入、办学条件、教师学历要求等，这对促进学校标准化建设是十分必要的。但当教育督导评估转向以提高教育质量为重点的时候，就需要在课程建设、教学改革和文化构建等内涵建设领域进行分类指导。并且充分发挥校长、教师的积极性和创造性，提升学校自主发展的能力和水平。片面强调学校的统一标准，忽视学校的差异、发展和个性化，用一个标准要求所有的学校、所有的县区教育，其结果是千校一面，各地教育发展模式单一，不利于教育创新，不利于培养创新人才。与此相关的教育督导评估方式，容易形成片面强调自上而下的督导评估，轻视乃至忽视学校自身的自我评价和主动发展，学校成为被动的被评价者，这也是导致学校督导评估质量不高的重要原因。

3. 学校督导评估的法制建设滞后。我国的学校督导评估制度一直是教育督导制度中的一个组成部分，在教育督导体系中是督学中的一部分工作内容。学校督导评估的地位与作用得不到重视，国家层面缺少健全学校督导评估体制机制的政策法规，所以，我国一直没有形成独立的学校督导评估体系。而缺乏独立的学校督导评估体系，是制约我国学校督导评估在落实立德树人、提高教育质量方面发挥制度保障作用以及影响督导评估专业化水平的重要因素。

另外，专门性的教育督导评估的法规文件亟待更新。在 2012 年以前，我国专门针对督导评估制定的行政规章仅有两部，一部是《教育督导暂行规定》(1991)，另外一部是《普通中小学督导评估工作指导纲要(修订稿)》(1997)。这两部规章的颁布，对解决我国当时教育督导评估工作无法可依的问题起到了很大的作用，但随着我国教育督导工作实践的不断发展，这两部规章法律效力不足与对督导评估实践回应性不强等问题逐渐暴露出来。2012 年国家制定与颁布了《教育督导条例》，但还需要制定与颁布更多专门性的学校督导评估的法律法规，以使教育督导工作的开展能够得到充分的法律保障。

三、对完善我国学校督导评估体系的建议

为了解决好现行学校督导评估中的问题，结合教育评价改革的趋势，未来的学校督导评估应进行相应的改革。为此，提出以下建议：

(一)学校督导评估尽快转到以立德树人为中心、全面提高教育质量的轨道上来

长期以来，学校督导评估以普及为重点，以扩大办学规模、提高办学标准和促进学校均衡发展为中心、为重点，在某一个时期这样做是正

确的。但基础教育全面进入普及阶段以后，特别是在“五唯”痼疾久治不愈的情况下，学校督导评估的中心和重点应该按照国家关于评价改革方案的新要求，不失时机地把学校督导评估转到以立德树人成效和提高教育质量为中心、为重点的轨道上来，聚焦立德树人，突出诊断功能，强化分类评价，彰显中国特色。学校督导评估应构建以立德树人成效为根本标准，以德智体美劳全面发展为价值导向，以定量与定性评价相结合为基本方法的评估体系。

（二）转变学校督导评估的职能，兼顾评估的改进与问责功能

我国在学校督导评估制度设计上体现出“督”与“导”并重、问责与改进兼顾的基本取向。但过去一段时期，很多地区的学校督导评估过分强调了问责、管理、控制或等级评定，增加了校际之间的竞争以及学校的办学压力，对学校发展的诊断、改进和发展功能没能充分发挥出来。当下，我们需要建立学校教育质量保障机制，提升学校自主发展能力建设。在保障学校基本办学条件的基础上，重点研究如何在现行督导评估制度之下建立学校积极参与的内在保障机制，真正实现学校教育质量的改进，促进学校内涵发展。

在注重督导评估发展性的同时，也不能忽视问责。问责与改进，或者说管理与发展，是学校评估的两个重要功能，两者既相互对立，又相互促进。“督”与“导”并重，既强调改进与发展，又不能忽视问责与管理，应该成为我国学校督导评估改革的基本方向，两者可以有所侧重，但不可失之偏颇。

（三）构建以政府及教育主管部门为主导、第三方专业机构共同参与的评估管理体制机制，促进形成独立的学校督导评估体系

促进“管办评”分离是我国基本的政策导向，构建“政府管教育、学校办教育、社会评教育”格局，已经成为我国教育改革发展的必然要求。从《国家中长期教育改革和发展规划纲要（2010—2020 年）》开

始，我国明确提出“推进中央向地方放权、政府向学校放权，明确各级政府责任，规范学校办学行为，促进管办评分离，形成政事分开、权责明确、统筹协调、规范有序的教育管理体制。”党的十八届三中全会通过的《中共中央关于全面深化改革若干重大问题的决定》再次明确提出要促进基础教育管办评分离。教育治理的“多元主体、共同参与、协调互进、高效有序”的教育体制改革新格局，为基础教育管办评分离提供了行动框架，是基础教育管办评分离的新型治理模式。

第三方教育评价在督导评估具有不可替代的优势和作用。主要表现在:（1）第三方评价与被评价方无隶属和利益关系，因而能不受干扰地进行评价，可以避免在发现问题、分析原因和作结论时避重就轻;（2）第三方评价的独立性有助于保障评价过程的公正、公开;（3）第三方评价机构拥有专业的评价人才和技术，拥有专业的理论基础和工具，可大大提高评价的科学化水平，有利于增强评价结果的可信度和权威性。

因此，政府委托第三方专业机构开展教育评估成为重要的管理方式。21 世纪以来，全国各省、地、市教育行政部门积极探索设立教育评估院等，委托开展教育评估项目，也有些省市加大培育第三方的工作力度，直接委托有资质的第三方开展评估监测，取得了良好效果。当下，我们需要破解体制机制难题，制定相关法律法规，明确政府、学校和社会等各方治理主体之间的关系，积极推进教育“管办评分离”，整合、培育专业化社会支持机构；需要探索建立各级教育督导机构通过政府购买服务方式、委托第三方评估机构和社会组织开展教育评估的工作机制，构建独立的学校督导评估体系。

（四）尽快完善学校督导评估政策与标准，提高学校督导评估工作的科学性与专业性

国家层面应尽快制定学校督导评估标准、工具、规程，形成系列学校督导评估方案，为各地开展学校督导评估工作提供基本遵循。建议学

校督导评估方案应该把指令性要求与指导性要求结合起来，基础性要求与发展性要求结合起来。基于此，学校督导评估方案的指标应该包括刚性指标与弹性指标两种形式。其中，刚性指标主要反映的是指令性与基础性的要求，弹性指标主要反映的是指导性与发展性的要求。此外，在指标制定的过程中，还要充分考虑学校的类型差异，如薄弱学校与优质学校、城市学校与农村学校之间的差异等[1]。同时，建立学校评估标准更新机制。学校评估所依据的教育管理规范和标准是动态的，这就要求学校督导评估的内容要及时做出调整和完善，建立指标设置调整机制，在保持评估指标体系总体框架相对稳定的前提下，适时地对评估指标进行修订，保证评估指标体现最新要求，满足教育改革发展需要。

在完善学校督导评估政策标准中，需注重吸收已有的学校评估经验，不断完善督导评估的方法与技术。本书前面所提供的学校认证的理念、方法、体系以及国内、国外的学校督导评估实践，均为完善我国学校督导评估体系提供了参考，如“以推动学校持续发展为评估的价值取向、兼顾问责与改进、评估标准的统一与多元、有明确的学校评估实施程序、重视配套工具的开发、倡导多主体平等协商与价值认同、注重评估结果的使用与后续跟进、强调评估人员的专业素养”等国内外学校评估的经验，均为我国建立科学的学校督导评估体系提供了直接参照。

（五）加强学校督导评估理论、政策和实践的研究与试验

伴随我国教育事业的改革和发展，学校督导评估的范围越来越广、任务越来越重，党和国家、学校和人民群众对督导评估的要求越来越高。随着教育督导评估重要性、紧迫性和艰巨性的凸显，督导实践对于教育督导事业发展的理论指导、政策指导和经验指导需求也越来越迫切，这就亟需加强国家和省两级教育督导理论、政策、实践的研究，需要在一些师范院校、重点大学建立学校督导评估研究中心，特别是需要

[1] 樊平军主编．中国教育督导报告（2021）[M]．北京：社会科学文献出版社，2021.12.

国家建立教育督导评估与认证中心，集中一批研究力量，出成果、出人才、出效益。

参考文献

1. 张民选 . 关于高等教育认证机制的研究 [J]. 教育研究，2005（2）.
2. 阎凤桥 .“铁笼”是如何建造的？—— 国际学校认证制度在中国建立过程的案例分析 [J]. 北京大学教育评论，2007（1）.
3. 莫景祺 . 国际学校认证理念与方法 [M]. 北京：人民教育出版社，2015.1.
4. 戴维・弗林 . 美国新英格兰学校与大学协会与教育质量认证 [C]. 中外合作办学认证圆桌会议论文集 .
5. 赵中建，顾吉祥，于家太 .《学校管理体系与 ISO9000 标准——江阴高中实验学校应用 ISO9000 实例》[M]. 上海：华东师范大学出版社，2003.11.
6. 孙建荣 . 国际视野下的高等教育教学评估——兼谈美国高等学校认证中的院校自评要求 [J]. 中国大学教学，2006（5）.
7. 孙建荣，杜升燕 . 教育质量与质量证据：2013 年美国高等院校认证标准 [J]. 上海教育评估研究，2012（3）.
8. 邱白莉 . 如何评价一所好学校——美国的做法 [J]. 江苏教育，2004（6A）.
9. 本刊记者 . 国际教育质量保障的中国实践——NCCT 外籍人员子女学校认证 [J]. 教育发展研究，2007（9A）.
10. 莫景祺 . 评估认证：学校教育国际化的有效途径 [J]. 中小学管理，2011（12）.

11. 段素菊，赵旭明 .CITA 认证：发展性评估的理论与实践探微 [J]. 国家教育行政学院学报，2007（4）.
12. 江国强 . 教育认证——一种适合社区学校评估的新方式 [J]. 成才与就业，2009（17）.
13. 程化琴，邵金荣 . 关于建立我国民办学校评估制度的思考 [J]. 教育发展研究，2006（3B）.
14. 袁益民 . 教育的和谐发展呼唤和谐的学校评估——关于建立我国学校督导评估新机制的建议 [J]. 中小学管理，2009（3）.
15. 莫景祺 . 我国中小学评估政策的演变及发展趋势 [J]. 教育发展研究，2008（13−14）.
16. 季明明 . 国内外民办教育认证评估现状与前景 [J]. 教育发展研究，2005（12B）.
17. 韩晓，季诚钧 . 中国教育督导政策的类型与内容 ——基于“北大法宝”法律数据库的 80 份政策文本分析 [J]. 教学月刊·中学版，2021（7·8）.
18. 胡加良 .《浙江省教育督导条例》实施效果评估研究 [J]. 教学月刊·中学版，2021（1·2）.
19. 李亚东，田凌辉 . 关于民办学校评估的理性思考 [J]. 民办教育动态，2002（1）.
20. 韩清林 . 中国特色教育督导制度 30 多年发展的回顾与思考 [J]. 教育实践与研究，2011（11−A）.
21. 袁益民 . 教育评估的体制创新 [M]. 南京：江苏科学技术出版社，2007.7.
22. 李凌艳，李勉，张东娇，褚宏启 . 基础教育阶段学校评估的国际比较 [J]. 北京师范大学学报（社会科学版），2010（2）.
23. 史燕来，李斐章 . 吉林省普通中小学校督导评估研究及其实践价值

[J]. 教育测量与评价，2009（10）.

24. 左晓梅 . 我国普通中小学校督导评估方案述评 [J]. 教育测量与评价，2011（11）.

25. 韩立福 . 我们需要构建什么样的中小学校教育督导评估制度 [J]. 教育测量与评价，2009（1）.

26. 温久德 . 中小学校素质教育督导评估实践 [J]. 北京教育，2013（12）.

27. 闫艳 . 教育生态学视野下基础教育学校评估研究 [J]. 教育学报，2019（2）.

28. 张东娇 . 论国家教育评估能力建设——从国际经验和中国学校评估设计欠缺谈起 [J]. 教育研究，2012（4）.

29. 袁益民 . 教育评价改革的关键是提高评价的专业性 [J]. 上海教育评估研究，2021（10）.

30. 闫艳 . 基础教育学校评估：教育生态学的视野 [M]. 杭州：浙江大学出版社，2020.6.

31. 王晓姝 . 中小学校内涵发展督导评估体系 [M]. 北京：教育科学出版社，2016.9.

32. 陈效民等 . 基础教育学校评估新视界 [M]. 北京：高等教育出版社，2012.4.

33. 郭振有 . 英国的教育督导制度 [J]. 人民教育，1998（1）.

34. 赵德成 . 英国学校督导体系变革的特点及其启示 [J]. 外国教育研究，2011（2）.

35. 张姝，黄培森 . 英国中小学督导制度的新进展及启示 [J]. 首都师范大学学报（社会科学版），2015（5）.

36. 赖水随 . 英国的教育督导制度 [J]. 教育，2017（2）.

37. 张瑞海 . 英国学校督导常用工具的特点及启示 [J]. 北京教育，2015（5）.

38. 张男星，孙继红 . 芬兰教育评估机构的重组与实践——访芬兰教育评估中心主任哈里 · 佩奥托涅米 [J]. 大学（研究版），2017（9）.
39. 黄晓婷 . 中国教育财政政策咨询报告（2015−2019）[C]. 北京：社会科学文献出版社、群言出版社，2019.10.
40. 丁瑞常，刘强 . 芬兰为何没有教育督导制度 [J]. 辽宁教育,2015（9）.
41. 余振 . 新加坡中小学教育督导评估政策及其启示 [J]. 武汉市教育科学研究院学报，2007（2）.
42. 胡雪，郝春东 . 新加坡卓越学校模式及对我国教育督导的启示 [J]. 武汉市教育科学研究院学报，2007（2）.
43. [新加坡] 李国宏 . 新加坡的学校质量保障系统 [J]. 世界教育信息，2010（8）.
44. 董红军 . 源于全面质量管理体系的学校评估模式——新加坡卓越学校模式（SEM）简评 [J]. 中小学校长，2012（12）.
45. 路一凡 . 新加坡：换一种思路考核督导 [N]. 中国教育报，2019−3−1.
46. 周光礼，薛欣欣 . 改革开放 40 年中国教育督导制度回顾与展望 [J]. 湖南科技大学学报（社会科学版），2018（5）.
47. 洪松舟 . 浙江省中小学校发展性评价的实施现状与思考 [J]. 上海教育科研，2015（6）.
48. 樊平军主编 . 中国教育督导报告（2021）[M] . 北京：社会科学文献出版社，2021.12.
49. 卢立涛 . 发展性学校评价研究中的三个基本问题 [J]. 山西师大学报（社会科学版），2009（1）.
50. 赵德成著 . 学校评估：理论、政策与实践 [M]. 上海：华东师范大学出版社，2015.4.
51. 肖甦等著 . 世界主要国家教育督导的历史与现状：基于 21 世纪初国际比较的视野 [M]. 太原：山西教育出版社，2019.3.

52. 赵德成 . 中小学办学质量自我评估的国际比较分析 [J]. 教育学报，2013（2）.
53. 叶春生 . 新时代星级高中评估的使命与担当 [J]. 教育研究与评论，2021.（6）.
54. 本刊编辑部 . 星级评估：优质发展普通高中的新机制——来自江苏省普通高中星级评估实践的报告 [J]. 教育发展研究，2010（22）.
55. 袁益民，孔莹莹 . 星级评估为江苏高中教育洗牌 [J]. 中小学管理，2004（6）.
56. 张扬生 . 星级评估：普通高中发展的加速器 [J]. 江苏教育，2008（7−8）.
57. 曹飞 . 对京、沪、苏发展性学校评价的研究及思考 [J]. 中小学管理，2009（10）.
58. 莫玉音 . 广东省教育评估机构现状及第三方教育评估机构发展的研究 [J]. 上海教育评估研究，2016（12）.
59. 唐兴，余小波 . 我国第三方教育评价机构现状研究 [EB/OL]，https://www.sinoss.net/uploadfile/2020/0416/.
60. 曹一红 . 关于教育评估职业化建设的探讨 [J]. 知与行，2017（5）.
61. 曹一红 . 基于责任观的第三方教育评估机构专业化建设 [J]. 上海教育评估研究，2021（2）.
62. 余凯，杨烁 . 第三方教育评估权威性和专业性的来源及其形成 [J]. 中国教育学刊，2017（4）.
63. 褚宏启 . 基于学校改进的学校自我评估 [J]. 教育发展研究，2009（24）.
64. 教育部基础教育质量监测中心编著 . 如何开展中小学校督导评估 [M]. 北京：教育科学出版社，2013.10.

附录　相关法律、法规文件及内容一览表

序号	发布时间	文件名称 / 发布者	内容摘录 / 概要
1	1986 年 9 月 11 日	《国务院办公厅转发国家教育委员会等部门关于实施〈义务教育法〉若干问题意见的通知》，国务院办公厅	第 34 条提出：逐步建立基础教育督学（视导）制度。国家和地方逐步建立基础教育督学（视学）机构，负责对全国或本地区范围内义务教育的实施进行全面的视察、督促和指导，并协同当地人民政府处理有关实施义务教育的各项问题。
2	1991 年 4 月 26 日	《教育督导暂行规定》，原国家教育委员会	第 2 条提出，教育督导的任务是：对下级人民政府的教育工作、下级教育行政部门和学校的工作进行监督、检查、评估、指导，保证国家有关教育的方针、政策、法规的贯彻执行和教育目标的实现。 第 3 条提出：教育督导的范围，现阶段主要是中小学教育、幼儿教育及其有关工作。
3	1991 年 5 月 21 日	《国家教委关于印发〈普通中小学校督导评估工作指导纲要〉等两个文件的通知》，原国家教育委员会	对督导评估的目的和内容以及试点单位、任务、步骤等作了具体的规定。
4	1993 年 2 月 13 日	《中国教育改革和发展纲要》，中共中央、国务院	第 32 条提出：建立各级各类教育的质量标准和评估指标体系。各地教育部门要把检查评估学校教育质量作为一项经常性的任务。要加强督导队伍，完善督导制度，加强对中小学学校工作和教育质量的检查和指导。

附录

序号	发布时间	文件名称 / 发布者	内容摘录 / 概要
5	1994 年 7 月 3 日	《国务院关于〈中国教育改革和发展纲要〉的实施意见》，国务院	第 10 条提出：按照邓小平同志提出的“教育要面向现代化、面向世界、面向未来”的要求和教育方针，研究制定各级各类学校的基本办学条件标准和质量标准，建立和完善教育监测评估和督导制度。 第 14 条提出：政府要切实转变职能，改善对学校的宏观管理。政府的主要职能是：制订教育的方针、政策和法规；制订各类高等学校设置标准和学位标准；制订教育事业发展规划和审批年度招生计划；提出教育经费预算并统筹安排和管理以及通过建立基金制等方式，发挥拨款机制的宏观调控作用；逐步建立支持教育改革和发展的服务体系；组织对各类学校教育质量的检查和评估等，对学校进行宏观管理。属于学校的权限，坚决下放给学校。为保证政府职能的转变，使重大决策经过科学的研究和论证，要建立健全社会中介组织，包括教育决策咨询研究机构、高等学校设置和学位评议与咨询机构、教育评估机构、教育考试机构、资格证书机构等，发挥社会各界参与教育决策和管理的作用。
6	1994 年 12 月 28 日	国家教委办公厅关于印发《中小学校督导评估工作座谈会纪要》的通知，原国家教育委员会	会议要求：已进行试点的省、自治区、直辖市，要在总结经验的基础上，争取尽快在所辖各县、区全面开展对中小学校的督导评估工作，并争取经过若干年的努力，对所辖每所中小学都能有计划地进行督导评估，从而形成学校自评与县、区督导评估相结合的制度。对中小学校的督导评估按职责分工，应以县、区为主组织实施。凡尚未进行县、区试点的地方都要积极创造条件，尽快开展县、区试点工作。国家教委将在适当时候对这项工作进行专项督导检查。 会议对进一步开展中小学校督导评估工作提出如下意见：1. 制订科学、可行的督导评估方案，并在实践中逐步完善。2. 要建立一支相对稳定的对中小学校进行督导评估的队伍。3. 建立和完善学校自评制度，增强学校自我约束和调节能力，是搞好学校督导评估工作的基础。4. 开展对中小学校督导评估工作必须有计划地扎扎实实地进行，防止一哄而起和搞形式主义。5. 为保证评估工作的客观性、准确性，必须建立规范化的督导评估程序和制度。6. 加强对中小学校督导评估制度的科研工作。

序号	发布时间	文件名称 / 发布者	内容摘录 / 概要
7	1995 年 3 月 18 日	《中华人民共和国教育法》，全国人民代表大会常务委员会	第 24 条规定：“国家实行教育督导制度和学校及其他教育机构教育评估制度。”
8	1997 年 2 月 27 日	《普通中小学校督导评估工作指导纲要》（修订稿），原国家教育委员会	国家教委要求：1998 年前在全国范围内全面推行对中小学校进行督导评估的制度。 对督导评估目的、适用范围、内容、方式、结果、队伍建设等作了全面的规定。
9	1997 年 10 月 29 日	《关于当前积极推进中小学实施素质教育的若干意见》，原国家教育委员会	第 6 条提出：各地要依据《普通中小学校督导评估工作指导纲要（修订稿）》，制订工作计划和评估方案，并认真组织实施，逐步在全国范围内全面推行普通中小学校督导评估制度。坚决改变以升学率高低为主要指标评估教育成绩优劣、办学水平高低、教师工作好坏的做法。在开展对中小学校督导评估的过程中，学校要认真做好自我评估工作，充分发挥学校领导和教师的主体作用。要积极改革和完善对干部、教师的评价工作，使督导评估起到改进学校工作，提高教育质量的作用。
10	1999 年 6 月 13 日	《中共中央国务院关于深化教育改革全面推进素质教育的决定》，中共中央、国务院	“进一步健全教育督导机构，完善教育督导制度，在继续进行‘两基’督导检查的同时，把保障实施素质教育作为教育督导工作的重要任务。”
11	1999 年 8 月 20 日	《关于加强教育督导与评估工作的意见》，教育部	《意见》提出：要全面建立和完善对普通中小学校的督导评估制度。各地要按照原国家教委下发的《关于当前积极推进中小学实施素质教育的若干意见》（教办〔1997〕29 号）和《普通中小学校督导评估工作指导纲要（修订稿）》（教督〔1997〕4 号）要求，以监督和引导学校实施素质教育为中心内容，全面开展对普通中小学校的综合督导评估工作。要把对中小学校的督导评估同考试制度改革结合起来，引导学校逐步把升学竞争转变为提高办学水平和提高教育质量、效益的竞争。要理顺学校评估工作体制，对学校的各类评估工作应以综合督导评估为主，各有关部门相互配合，减少评估项目，减轻基层和学校负担，提高评估效益和信度。除普通中小学外，还要通过试点，取得经验后，逐步开

序号	发布时间	文件名称 / 发布者	内容摘录 / 概要
			展对中专学校、职业学校、技工学校、幼儿园、特殊教育学校、社会力量举办的中等及中等以下学校和其他教育机构的督导评估工作。
12	2001 年 5 月 29 日	《关于基础教育改革与发展的决定》，国务院	第 39 条提出：加强和完善教育督导制度。坚持督政与督学相结合，继续做好贫困地区“两基”评估验收工作，保证验收质量；对已实现“两基”的地区，建立巩固提高工作的复查和督查制度。积极开展对基础教育热点难点问题的专项督导检查。在推进实施素质教育工作中发挥教育督导工作的保障作用，建立对地区和学校实施素质教育的评价机制。“十五”期间，国家和地方对实施素质教育的先进地区、单位和个人进行表彰。
13	2001 年 9 月 8 日	《国家教育督导团关于加强基础教育督导工作的意见》，国家教育督导团	第 17 条提出：继续贯彻原国家教委关于《普通中小学校督导评估工作指导纲要（修订稿）》。“十五”期间，全面建立起对普通中小学校的督导评估制度，有计划、有步骤地对所辖中小学进行全面督导评估。义务教育学校和幼儿园一般由县级负责督导评估，高中阶段学校一般由地市级进行督导评估，有条件的地方经省级批准也可由县级负责督导评估。“十五”期间地县两级按分工对所有的学校进行一轮督导评估。同时开展对民办中小学及其他基础教育机构的督导评估工作。 第 18 条提出：对学校的综合评估实行归口管理，由教育督导部门组织实施，各有关部门配合。教育督导部门可委托社会中介组织，按有关标准、程序组织开展对学校的评估工作。
14	2002 年 12 月 28 日	《中华人民共和国民办教育促进法》，全国人民代表大会常务委员会	第 41 条提出：教育行政部门及有关部门依法对民办学校实行督导，建立民办学校信息公示和信用档案制度，促进提高办学质量；组织或者委托社会中介组织评估办学水平和教育质量，并将评估结果向社会公布。
15	2007 年 1 月 19 日	《教育部关于规范普通中小学校检查、评估工作的意见》，教育部	规定：建立和完善对学校综合督导评估制度。各级教育督导机构要将学校办学条件、教育经费、校长教师、教学管理、教育质量、安全、卫生等内容全部纳入综合督导评估体系，定期对学校进行综合督导评估，使检查评估逐步走上科学、规范的轨道。

序号	发布时间	文件名称 / 发布者	内容摘录 / 概要
16	2010 年 5 月 5 日	《国家中长期教育改革和发展规划纲要（2010—2020 年）》，国务院	规定：要促进管办评分离，形成政事分开、权责明确、统筹协调、规范有序的教育管理体制。
17	2012 年 9 月 9 日	《教育督导条例》，国务院	第 14 条提出：督学对责任区内学校实施经常性督导，每学期不得少于 2 次。县级以上人民政府对下一级人民政府应当每 5 年至少实施一次专项督导或者综合督导；县级人民政府负责教育督导的机构对本行政区域内的学校，应当每 3 至 5 年实施一次综合督导。
18	2012 年 5 月 4 日	《教育部关于加强督学责任区建设的意见》，教育部	规定：督学责任区建设是教育督导制度建设的重要组成部分，并从省、市、县三级督学责任区建设的原则、职能及工作任务、要求和管理等方面进行了规定。
19	2012 年 9 月 5 日	《教育部关于进一步加强中小学校督导评估工作的意见》，教育部	第 9 条提出：规范督导评估管理。实行定期督导评估制度，每 5 年至少对中小学校实施一次综合督导评估；推行督学责任区制度，对责任区域的中小学校进行经常性督导；实行归口管理制度，对学校各项评估检查进行统筹安排，严格控制和减少对学校评估检查项目和次数，逐步将相关的评估检查内容纳入综合督导评估范畴。 第 13 条提出：省级教育督导机构根据本意见制定工作规划，按照整体推进、分类指导的原则，制定适合本地区学校改革发展的督导评估标准和实施办法，建立督导评估模式，确定督导评估周期，组织对市、县的工作检查和督导评估。 第 14 条提出：市、县两级教育督导机构按照省级教育督导机构确定的标准和周期，制订实施计划和工作规范，对所属中小学校进行督导评估。

序号	发布时间	文件名称 / 发布者	内容摘录 / 概要
20	2013年1月26日	《教育部关于2013年深化教育领域综合改革的意见》，教育部	规定：健全教育监测评价机制。研制学生综合评价标准，探索建立中国特色教育质量监测评价办法。启动中小学生课业负担、学生体质健康状况、人民群众教育满意度的监测评估，2013年年底前，各县（市、区）公布辖区内所有学校监测结果。建立健全政府、行业、企业和第三方机构深度参与的职业教育质量监测评估体系。发挥社会组织、中介机构的教育评价作用。推广中小学“绿色评价”，组织开展试点。以质量、创新、贡献为导向，改进高校科研评价体系。健全教育质量监测评估机构。
21	2013年6月3日	《教育部关于推进中小学教育质量综合评价改革的意见》，教育部	在“加强专业基础能力建设”中提出：依托有条件的高等学校、教育科研、教研部门建立中小学教育质量专业评价、监测机构。
22	2013年9月17日	《国务院教育督导委员会办公室关于印发〈中小学校责任督学挂牌督导办法〉的通知》，国务院教育督导委员会办公室	要求配足责任督学，在2013年底前将挂牌督导制度覆盖所有中小学校，并及时将有关实施情况报国务院教育督导委员会办公室。
23	2013年12月18日	《国务院教育督导委员会办公室关于印发〈中小学校责任督学挂牌督导规程〉和〈中小学校责任督学工作守则〉的通知》，国务院教育督导委员会办公室	对责任督学的任务、工作方式、工作纪律等做了规定。
24	2014年2月7日	《深化教育督导改革转变教育管理方式的意见》，国务院教育督导委员会办公室	规定：评估监测——建立教育督导部门归口管理、专业机构提供服务、社会组织多方参与的专业化教育质量评估监测体系，对各级各类教育进行科学、系统、权威的评估监测，为改进教育教学、管理、决策提供依据和支撑。

序号	发布时间	文件名称 / 发布者	内容摘录 / 概要
25	2015 年 5 月 4 日	《关于深入推进教育管办评分离 促进政府职能转变的若干意见》，教育部	要求：以推进科学、规范的教育评价为突破口，建立健全政府、学校、专业机构和社会组织等多元参与的教育评价体系。
26	2016 年 7 月 29 日	《教育部关于印发〈督学管理暂行办法〉的通知》，教育部	对督学的聘任、责权、监管、培训、考核等做出了明确规定。
27	2020 年 2 月	《关于深化新时代教育督导体制机制改革的意见》，中共中央办公厅、国务院办公厅	第 8 条提出：加强对学校的督导。完善学校督导的政策和标准，对学校开展经常性督导，引导学校办出特色、办出水平，促进学生德智体美劳全面发展。重点督导学校落实立德树人情况，主要包括学校党建及党建带团建队建、教育教学、科学研究、师德师风、资源配置、教育收费、安全稳定等情况。指导学校建立自我督导体系，优化学校内部治理。完善督学责任区制度，落实常态督导，督促学校规范办学行为。原则上，学校校（园）长在一个任期结束时，要接受一次综合督导。各地要加强对民办学校的全方位督导。 第 9 条提出：积极探索建立各级教育督导机构通过政府购买服务方式、委托第三方评估监测机构和社会组织开展教育评估监测的工作机制。
28	2020 年 10 月	《深化新时代教育评价改革总体方案》，中共中央、国务院	第 6 条提书：改进中小学校评价。义务教育学校重点评价促进学生全面发展、保障学生平等权益、引领教师专业发展、提升教育教学水平、营造和谐育人环境、建设现代学校制度以及学业负担、社会满意度等情况。国家制定义务教育学校办学质量评价标准，完善义务教育质量监测制度，加强监测结果运用，促进义务教育优质均衡发展。普通高中主要评价学生全面发展的培养情况。国家制定普通高中办学质量评价标准，突出实施学生综合素质评价、开展学生发展指导、优化教学资源配置、有序推进选课走班、规范招生办学行为等内容。

序号	发布时间	文件名称 / 发布者	内容摘录 / 概要
29	2020 年 9 月 15 日	《教育部等八部门关于进一步激发中小学办学活力的若干意见》，教育部、中央组织部、中央宣传部、中央编办、国家发展改革委、公安部、财政部、人力资源社会保障部	提出：建立健全以发展素质教育为导向的学校办学质量评价体系，强化过程性和发展性评价，更加注重评价学校提高办学质量的实际成效，并作为对学校核定绩效工资总量、对校长教师实施考核表彰的重要依据，引导和促进学校持续改进提高办学水平。
30	2021 年 4 月 7 日	《中华人民共和国民办教育促进法实施条例》，国务院	第 49 条规定：有关部门应当支持和鼓励民办学校依法建立行业组织，研究制定相应的质量标准，建立认证体系，制定推广反映行业规律和特色要求的合同示范文本。
31	2021 年 3 月 1 日	《义务教育质量评价指南》，教育部、中共中央组织部、中央编办、国家发展改革委、财政部、人力资源社会保障部	提出：学校办学质量评价主要包括办学方向、课程教学、教师发展、学校管理、学生发展等五个方面重点内容，旨在促进学校落实德智体美劳全面培养要求，深入实施素质教育，充分激发办学活力，不断提高办学水平和育人质量。
32	2021 年 12 月 31 日	《普通高中学校办学质量评价指南》，教育部	提出：把立德树人成效作为根本标准，坚持以学生全面培养全面发展为核心，聚焦学校办学质量，构建普通高中学校办学质量评价体系。评价内容主要包括办学方向、课程教学、教师发展、学校管理、学生发展等 5 个方面，共 18 项关键指标和 48 个考查要点。